21世纪学前教师教育系列教材

总主编 朱家雄

幼儿园
组织与管理

主 编 左志宏
副主编 郭 绒

中国人民大学出版社
·北京·

前言

幼儿园管理涉及幼儿园工作的方方面面，如保教工作、环境创设、安全工作、人员聘用与培训等。科学合理的幼儿园管理是幼儿园各项工作有效运行的保证，是实现幼儿园教育目标的前提和基础。掌握幼儿园管理知识、巧妙运用幼儿园管理的技能与技巧，是幼儿教育工作者，尤其是幼儿园管理者开展管理工作的必备素质。近几年，我国幼儿教育相关领域的政策法规陆续颁布，如《幼儿园教师专业标准（试行）》《3—6岁儿童学习与发展指南》以及《幼儿园工作规程》等。加之国家全面二孩生育政策的落实、新一轮学前教育三年行动计划的开展，这些都推动幼儿教育的发展翻开崭新的一篇。在此大环境下如何顺应时代发展的潮流、抓住机遇、实现幼儿园的有效管理，成为广大幼儿教育工作者尤其是幼儿园管理者亟须思考的问题。当前幼儿园管理还存在一定程度的问题。细致梳理幼儿园管理相关的理论知识和实践经验，编写一本紧跟时代发展潮流、系统完整并具有较强实用价值的幼儿园管理方面的教材实属必要。鉴于此，笔者组织团队，结合自身从事幼儿园管理领域的科研与教学工作的若干理论思考和实践经验，参考相关的幼儿园管理文献资料，在力求凸显国家最新幼儿教育政策法规精神的基础上，编写了《幼儿园组织与管理》这本教材。

本教材从当前幼儿园管理中的问题出发，结合幼儿园教育工作者的实践经验与兴趣需要，融合学前教育管理的最新理念，编写了幼儿园目标与管理过程、组织与制度管理、保教工作管理等共八章内容。每一章由本章导航、主体内容、案例以及课后习题等模块组成。这些模块的优化组合凸显了本教材的四大特色——时代性、理论性、可读性与实践性。首先，时代性。本教材在编写过程中参考了国家近几年颁布的幼儿教育相关文件，并结合幼儿园管理方面最新科研成果与实践经验。其次，理论性。本教材的编写是建立在团队成员多年从事幼儿园管理领域的科研、教学与实践基础之上，加之广泛参考各学者有关幼儿园管理方面的权威书籍、期刊、论文等，力求保证理论的典型性与权威性。再者，可读性。本教材在编写过程中注重教材的生动性与形象性，以保证教材的可读性。每一章节对应的知识点下面，我们特意安排了“拓展阅读”和“身边的故事”等栏目，不仅能引发读者的兴趣，更有助于扩展读者的知识、加深读者对章节内容的理解。最后，实践性。理论源于实践，最后要归于实践，实践是理论的目的和归宿。在理论阐述的同时，本教材通过在每一章节中插入大量生动形象的案例，帮助读者加深对于章节知识的理解，引发读者的深入思考，做到理论联系实际。此外，每一章结束，我们还设计了“做一做”“想一想”“试一试”等练习题，以帮助读者巩固所学知识，更好地做到理论联系实际。

特别需要指出的是，本教材是集体力量与智慧的结晶，主要编写人员如下：绪论由合肥师范学院何婧编写；第一章由漳州城市职业学院黄瑾编写；第二章由华东师范大学雷妍、左志宏编写；第三章由华东师范大学左志宏编写；第四章由上海市浦东新区康弘幼儿园徐玉杰编写；第五章由上海市嘉定区天恩幼儿园李雪飞编写；第六章由北京师范大学郭绒编写；第七章由北京师范大学郭绒编写；第八章由上海市浦东新区康弘幼儿园徐玉杰编写。本书在编写过程中得到了华东师范大学学前教育系、上海市浦东新区康弘幼儿园、上海市嘉定区天恩幼儿园、漳州市机关幼儿园的大力支持，同时，中国人民大学出版社王雪颖编辑对本书的编写给予了细致温暖的关心与帮助，在此一并感谢。此外，本书的编写还参考了相关的书籍、期刊，在此对相关作者表示衷心的感谢！

由于编者能力所限，书中难免存在疏漏与不当之处，恳请同行与读者批评指正。

本教材可供学前教育专业本科生、专科生以及中等职业学校学生作为教材使用，也可为学前教育工作者在日常的教学、科研以及实践工作提供借鉴与参考。

左志宏

2020 年 5 月

目录

绪　论 …… 1
第一节　管理概述 …… 1
一、管理的含义 …… 1
二、管理的职能 …… 2
第二节　幼儿园管理概述 …… 5
一、幼儿园管理的含义 …… 5
二、幼儿园管理的学科性质 …… 5
三、学习和研究幼儿园管理的意义 …… 6
四、如何学习“幼儿园组织与管理”这门课 …… 7
第一章　幼儿园目标与管理过程 …… 14
第一节　幼儿园目标 …… 14
一、目标的概述 …… 15
二、幼儿园目标的结构 …… 16
三、幼儿园目标管理的实施 …… 20
第二节　幼儿园管理过程 …… 22
一、幼儿园管理过程概述 …… 22
二、幼儿园管理过程的运行 …… 25
第二章　幼儿园组织与制度管理 …… 39
第一节　幼儿园办园模式 …… 39
一、公办幼儿园连锁办园模式 …… 40
二、“公建民营”办园模式 …… 44
三、农村幼儿园办园模式 …… 45
第二节　幼儿园组织机构设置 …… 48
一、幼儿园组织机构设置概述 …… 49

二、幼儿园组织机构设置原则 …… 50
三、几种典型的幼儿组织机构 …… 51
四、幼儿园的非正式组织 …… 56
第三节　幼儿园的规章制度 …… 58
一、幼儿园规章制度的概述 …… 58
二、幼儿园规章制度的类型与内容 …… 60
三、幼儿园规章制度的制定和执行 …… 63
第三章　幼儿园保教工作管理 …… 67
第一节　幼儿园保教工作管理概述 …… 67
一、幼儿园保教工作的含义 …… 68
二、幼儿园保教工作的地位 …… 70
三、幼儿园保教工作的保教结合原则 …… 70
第二节　幼儿园保教工作管理的内容和过程 …… 74
一、幼儿园保教工作管理的内容 …… 74
二、幼儿园保教工作管理的过程 …… 76
第三节　班级是实施保教任务的基本单位 …… 82
一、班级保教工作的内容 …… 82
二、班级保教工作的特点 …… 83
三、班级保教工作的策略 …… 86
第四章　幼儿园课程与教科研活动管理 …… 90
第一节　幼儿园课程管理 …… 91
一、幼儿园课程 …… 91
二、幼儿园课程管理 …… 94
三、幼儿园课程管理的内容 …… 95
四、幼儿园课程管理的要求 …… 106
五、幼儿园课程资源的管理 …… 109
第二节　幼儿园教科研管理 …… 117
一、幼儿园教科研活动的意义 …… 117
二、幼儿园教科研活动制度的建设 …… 118
三、幼儿园教科研活动的组织 …… 124
第五章　幼儿园环境与安全管理 …… 132
第一节　幼儿园环境与安全管理概述 …… 132
一、幼儿园环境管理 …… 133

二、幼儿园安全管理 …… 140
第二节　幼儿园环境与安全管理的内容及制度建设 …… 143
一、幼儿园环境创设与管理的内容及制度建设 …… 143
二、幼儿园安全工作管理的内容及制度建设 …… 148
第六章　幼儿园人力资源管理 …… 153
第一节　幼儿园员工选聘与任用 …… 153
一、幼儿园员工任职条件与职责 …… 154
二、幼儿园员工选聘与任用的原则 …… 156
第二节　幼儿园教职工培训与教育 …… 158
一、新教师入职培训与教育 …… 158
二、骨干教师培训与教育 …… 165
三、管理者培训与教育 …… 169
第三节　幼儿园团队建设与员工激励 …… 175
一、幼儿园团队建设的内容与方法 …… 175
二、幼儿园员工考核与激励 …… 180
第七章　幼儿园公共关系管理 …… 186
第一节　幼儿园公共关系管理概述 …… 186
一、幼儿园公共关系的含义 …… 187
二、幼儿园公共关系的对象 …… 188
三、幼儿园公共关系的作用 …… 189
四、幼儿园公共关系管理的原则 …… 191
第二节　幼儿园公共关系管理的内容 …… 193
一、幼儿园家长工作 …… 193
二、幼儿园社区工作 …… 200
三、幼儿园其他公共关系 …… 207
第八章　幼儿园组织文化建设 …… 209
第一节　幼儿园组织文化建设概述 …… 209
一、幼儿园组织文化的含义与特征 …… 210
二、幼儿园建设组织文化的重要意义 …… 211
第二节　幼儿园组织文化建设的内容 …… 213
一、幼儿园精神文化塑造 …… 213
二、幼儿园制度文化建设 …… 221
三、幼儿园物质文化创设 …… 223

第三节 幼儿园组织文化建设的策略 …… 225
一、建构共同愿景——引领幼儿园组织文化 …… 226
二、柔化园所制度——保障幼儿园组织文化 …… 227
三、创设人文环境——渗透幼儿园组织文化 …… 229

参考文献 …… 232

绪 论

本章导航

管理的含义与职能
幼儿园管理的含义与性质
学习和研究幼儿园管理的意义
如何学习“幼儿园组织与管理”这门课

管理是一种古老的社会现象。自从人类社会出现，就有管理现象的存在。在当下，管理也是非常热门的一个词，各行各业都离不开管理，比如，教育管理、酒店管理、人力资源管理等。

幼儿园作为学前教育重要的组织机构，当然也离不开管理。随着教育改革的不断深入和管理理论的纵深发展，人们越来越认识到要想办好幼儿园，只凭经验是远远不够的，管理水平及办园质量会直接影响教育质量和幼儿的全面发展。因此，学习幼儿园管理理论，把握幼儿园管理规律对幼儿园工作具有重要的意义。

第一节 管理概述

一、管理的含义

什么是管理？对于这个问题的认识，学者们可以说是仁者见仁，智者见智。到目前为止，还没有形成一个统一的定义。

国外管理理论发展的三个时期的代表人物对此有不同的表述：

古典管理学派的代表人物之一，被尊为“管理理论之父”的法国管理学家亨利·法约尔（Henri Fayol）认为：“管理活动存在于所有的人类组织中”，“管理是管理者通过完成各种职能来实现目标的一个过程”。①

行为科学管理学派的代表赫西·布莱查尔特认为：“管理是个体与群体共事，以达到组织的目标。”

现代科学管理学派的代表赫伯特·A. 西蒙认为：“管理就是决策。”他认为决策的制定贯穿管理的全过程，包括确定目标和实现目标的手段两方面。

我国的管理学家也对管理进行了多角度的研究，其中较有代表性的观点有以下几种：

翟立林教授认为：“管理是通过组织计划来行动，把一个机构所拥有的人力、物力、财力充分运用起来，使之发挥最大效果，以达到机构的目标、完成机构的任务。”②

程正方教授认为：“管理是人类一种有组织、有目的、有领导的活动方式，是组织活动不可缺少的组成部分。”③

上述研究者从不同侧面、不同角度揭示了管理的含义。通过对其归纳和总结，我们试对管理做如下表述：管理就是管理者或管理机构对一定组织系统的人、财、物、时间、空间、信息等资源进行计划、组织、指挥、协调和控制等工作，以有效实现组织预定目标的过程。这一定义有以下几层含义：第一，管理是一个过程；第二，管理的核心是实现目标；第三，管理的本质是追求效率；第四，管理实现目标的手段是通过对各种资源的合理配置和有效使用。

二、管理的职能

职能，简单来说就是职责和功能。管理职能是指管理活动自身所具有的职责和功能作用，即管理工作应有的一般过程和基本内容。

最早提出管理职能概念的是法国著名管理学家亨利·法约尔，他认为“管理就是实现计划、组织、指挥、协调和控制”，管理活动的五项基本要素也就是管理的五大职能，这五大职能构成了一个完整的管理过程。后来很多管理学家提出了一些补充和修改意见，但基本还是以这五大职能为基础。

（一）计划职能

计划是管理者为组织的未来确定目标和提出达到这一目标的方法、步骤的管理活动。“凡事预则立，不预则废”，计划可以说是管理活动的首要职责，它为事物未来的发展规定了方向和进程，主要解决两个基本问题：一是干什么，二是怎么干。

计划是行动的纲领。不论什么管理活动，确定目标后制定好严密周全的计划都是成功

① 亨利·法约尔. 工业管理和一般管理. 北京：团结出版社，1999：4.

② 翟立林. 现代管理学概论. 上海：上海社会科学院出版社，1990：11.

③ 程正方. 现代管理心理学. 北京：北京师范大学出版社，2004：13.

管理行为的第一步。可以说，计划是管理工作的基础，是管理活动中最重要的职能。

（二）组织职能

组织职能是管理者为有效实现组织目标而建立和协调组织机构的过程。通过对组织内的各个要素进行分派和组合，组织职能起到发挥集体力量、优化资源配置、提高劳动生产率等重要作用。

组织指作为实体的组织机构，这是发挥管理效能的重要工具。同时，组织活动过程本身也是一种管理活动，例如，确定组织的任务目标、根据目标分配任务、建立指挥体系等都是组织在管理行为中的具体表现。

（三）指挥职能

指挥即发令调度。管理的指挥职能是管理者运用组织权限，发挥领导权威作用，按照既定目标的要求，把所有的管理对象集合起来，形成一个高效的指挥系统，保证人、财、物在时间和空间上的相互衔接。

指挥带有强制性。管理者主要通过命令、指示等形式来调控管理对象的行为，使其服从和服务于组织的统一意志，全力以赴实现组织目标。

（四）协调职能

协调职能是管理活动中带有综合性、整体性的一项职能。具体说来，指的是管理者通过一定的手段和方法，使组织中各项活动之间不发生矛盾、冲突和重叠，以建立默契的配合关系，协同一致，高效达成组织的目标。

协调包括人与人的协调、物与物的协调、人与物的协调。其中最重要的是人与人的协调。在管理活动中，一定要处理好人际关系，激发和调动组织成员的工作积极性。

（五）控制职能

美国著名的管理学家巴达维曾说过，企业的日常工作如果不通过有效控制，使它在轨道上正常运转，最好的计划、政策都是要落空的。可以说，没有控制，组织就不能有效发挥作用。具体说来，控制职能指的是管理者用一定的标准来检查实际工作情况，发现差距，分析原因，采取措施予以纠正，以保证执行过程及工作结果符合计划要求，或者根据实际情况对原计划做适当调整，使其更符合实际。

控制一般包含三个要素：一是有明确的执行标准；二是对照标准衡量实际工作；三是采取措施纠正工作偏差。三者相互关联，缺少其中任何一个要素，管理活动就会处于失控状态。

通过上述分析，可以发现管理中的计划、组织、指挥、协调、控制五大基本职能虽然各自发挥着自己的独特作用，但它们又是一个紧密联系、不可分割的整体，在管理实践中，它们常常是复杂地交织在一起。任何一个职能出现问题，都会影响到其他职能作用的发挥，最终影响组织目标的实现。

专栏 0-1

拓展阅读

法约尔的 14 条管理原则

亨利·法约尔是管理思想的古典理论家（Classical theorists）的杰出代表，他把管理看作一组普遍的职能，即计划、组织、指挥、协调和控制。

法约尔把管理实践看作有别于会计、财务、生产、分销和其他典型生意职能的一种功能。他强调，管理是工商企业、政府，甚至家庭中所有涉及人的管理的一种共同活动。他的 14 条管理原则（Principle of management）如下：

1. 工作分工的原则。这条原则与亚当·斯密的“劳动分工”原则是一致的。通过专业化使雇员们的工作更有效率，从而提高了工作的成效。

2. 有权必有责的原则。职权管理者必须有命令下级的权力，职权赋予管理者的就是这种权力。但是，责任应当是权力的孪生物，凡行使职权的地方，就应当建立责任。

3. 纪律严明的原则。纪律是雇员必须遵守和尊重统治组织的规则，良好的纪律是有效的领导者造就的。对管理者与工人关系的清楚认识关系到组织的规则。明智地运用惩罚以对付违犯规则的行为。

4. 统一指挥的原则。每一个雇员应当只接受来自一位上级的命令。

5. 统一领导的原则。每一组具有同一目标的组织活动，应当在一位管理者和一个计划的指导下进行。

6. 个人利益服从整体利益的原则。任何雇员个人或雇员群员的利益，不应当置于组织的整体利益之上。

7. 报酬并有所得的原则。对工作人员的服务必须付给公平的工资。

8. 集中与分散相结合的原则。决策制定是集中（集中于管理当局）还是分散（分散给下属），只是一个适当程度的问题，管理当局的任务是找到在每种情况下最适合的集中程度。

9. 纵向沟通和横向沟通相结合的原则等级链从最高层管理到最低管理的直线职权代表一个等级链，信息应当按等级链传递。但是，如果遵循等级链会导致信息传递的延迟，则可以允许横向交流，条件是所有当事人同意和通知各自的上级。

10. 有序的原则。人员和物料应当在恰当的时候处在恰当的位置上。

11. 公平的原则。管理者应当和蔼地和公平地对待下级。

12. 稳定人员的原则。雇员的高流动率是低效率的，管理当局应当提供有规则的人事计划，并保证有合适的人选接替职务的空缺。

13. 激发首创精神的原则。允许雇员发起和实施他们的计划将会调动他们的极大热情。

14. 激发团结精神的原则。鼓励团队精神将会在组织中建立起和谐和团结。

资料来源：互动百科. 法约尔的十四条管理原则. http://wiki.pinggu.org/doc-view-41459.html. 2020-05-29.

第二节　幼儿园管理概述

一、幼儿园管理的含义

幼儿园管理是幼儿园管理者或相关管理机构为了实现一定的教育目标，按照一定的原则，采用一定的手段和方法，对幼儿园内外的人、财、物、时间、空间、信息等资源进行计划、组织、指挥、协调、控制等工作，以有效实现预定工作目标的过程。

广义的幼儿园管理包括两方面内容：一是幼儿园组织的内部管理，比如幼儿园的保教工作管理、卫生保健工作管理、总务工作管理等；二是教育行政管理，比如学前教育事业的发展规划、学前教育专业人员的培养规划、学前教育机构的分布与设置、学前教育经费的划拨与使用等。狭义的幼儿园管理则专指幼儿园组织的内部管理。应该看到，幼儿教育并不是孤立的社会现象，幼儿园也不是封闭的社会组织，而是处于一定的社会系统或社会环境中，受社会各方面因素的影响。因此我们应从广义的角度来理解幼儿园管理的含义。

二、幼儿园管理的学科性质

幼儿园管理是在幼儿园保教活动和管理活动基础上产生的，并随着幼儿园保教活动和管理活动发展而发展的。围绕幼儿园教育自身的性质和任务，幼儿园管理在体现出传统管理特征的同时，又具有浓厚的教育性。从学科属性上来说，带有明确的学科特点。

首先，幼儿园管理是一门边缘和交叉学科。它既是教育科学的一个组成部分，又是管理科学的一个分支，与心理学、教育学、医学、哲学、法学等学科都有广泛的联系。

其次，幼儿园管理又是一门实践性很强的应用学科。幼儿园管理的主要任务是运用科学的工作方式和管理手段来统筹协调幼儿园内外的各种资源和关系，实现科学育人和服务家长的工作目标。

幼儿园管理与管理科学和教育科学的关系可以用图 0－1 表示：

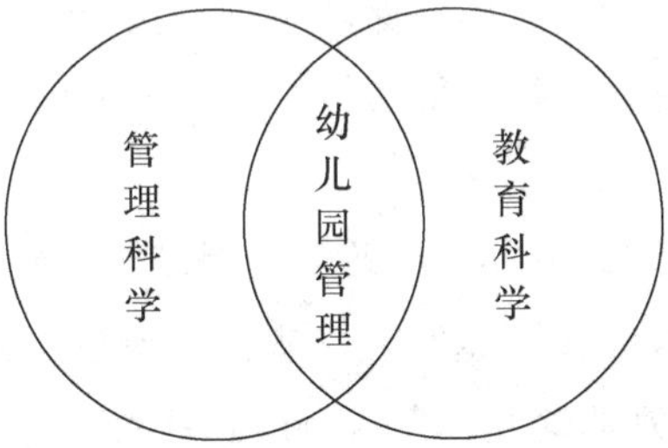

图 0－1　幼儿园管理与管理科学和教育科学的关系

三、学习和研究幼儿园管理的意义

（一）学习和研究幼儿园管理是提高保教质量、促进幼儿身心全面和谐发展的需要

美国学者尤·布朗芬布伦纳（Urie Bronfenbrenner）提出了生态系统理论。他认为，环境（或自然生态）是“一组嵌套结构，每一个嵌套在下一个中，就像俄罗斯套娃一样”。发展的个体处在从直接环境（像家庭）到间接环境（像宽泛的文化）的几个环境系统的中间或嵌套于其中。每一系统都与其他系统以及个体交互作用，影响着发展的许多重要方面。这一环境层次包含四个系统，从内向外分别是：微观系统、中间系统、外层系统、宏观系统。

微观系统位于环境层次的最里层，指的是个体活动和交往的直接环境，这个环境是不断变化和发展的。对大多数婴幼儿来说，微观系统仅限于家庭。随着婴幼儿的不断成长，活动范围不断扩展，幼儿园、学校和同伴关系不断纳入婴幼儿的微观系统中。对幼儿来说，幼儿园是除家庭以外对其影响最大的微观系统。

中间系统位于环境层次的第二层，指的是各微观系统之间的联系或相互关系。布朗芬布伦纳认为，如果微观系统之间有较强的积极的联系，发展可能实现最优化。相反，微观系统间的非积极的联系会产生消极的后果。

外层系统位于环境层次的第三层，指的是那些儿童并未直接参与但却对他们的发展产生影响的系统。例如，父母的工作环境就是外层系统影响因素。

宏观系统位于环境层次的最外层，指的是存在于以上三个系统中的文化、亚文化和社会环境。宏观系统实际上是一个广阔的意识形态。它规定如何对待儿童，教给儿童什么以及儿童应该努力的目标。

布朗芬布伦纳进一步指出，这些系统中的每一个系统都对儿童的发展具有复杂的生态学意义；各个系统是相互联系、相互制约的，其中任何一个系统的变化都会波及另外一个系统；儿童的发展过程是其不断地扩展对生态环境的认识的过程，从家庭到幼儿园再到社会；儿童的生态过渡（生态环境的变化）对其发展具有举足轻重的作用。

幼儿园既作为幼儿发展过程中与幼儿联系最紧密、直接作用于幼儿的微观系统，又作为中间系统。良好的幼儿园管理可以提高保教质量，直接促进幼儿的发展，同时幼儿园通过创设良好的外部环境，与家庭、社区形成教育合力，又可间接促进幼儿身心全面和谐地发展。

（二）学习和研究幼儿园管理是办好幼儿园、提高人才素质和管理水平的需要

办好幼儿园，除了师资、设施、经费外，非常关键的一点就是管理水平。人们常说，“一个好园长，就意味着一所好的幼儿园”。由此可以看出，幼儿园管理者是幼儿园工作的核心。幼儿园管理者和学前教育行政人员的政策水平、管理水平如何，直接关系到幼儿教育的质量和效益。好的管理者能够统筹全局，协调多方资源，把幼儿园现有的师资及物质

条件转化成优质的教育。

当幼儿教师面对一个班的幼儿，也涉及班级管理的问题。如何制定班级计划，如何建立生活常规，如何组织幼儿活动，如何推进班级事务等，这些都需要教师掌握幼儿园管理的相关知识，并灵活运用于工作实际中。所以，对于幼儿教师来说，只有认真学习管理知识，掌握管理技巧，才能使自己的工作更加富有成效，不断提高保教质量。

总之，通过学习和研究幼儿园管理，幼儿教育工作者可以更深刻地认识幼儿教育的性质和特点，掌握有关管理的理论和方法，全面提高自身的素质和能力，办好幼儿园。

（三）学习和研究幼儿园管理是探索规律、发展幼儿教育事业的需要

长期以来，广大的幼儿教育工作者在幼儿园教育实践中积累了丰富的幼儿园及班级管理的经验，但这些经验多是感性的、零散的，经验的系统化、概念化以及理论深度还很不够。而随着社会经济发展水平的不断提高，公共幼儿教育取得了长足进步，涌现出多种形式的幼儿园。《国家中长期教育改革和发展规划纲要（2010—2020年）》更是将幼儿教育提到了重要的位置，幼儿教育的规模、受益范围在不断扩大。为此需要以科学的态度认真研究各种类型的幼儿园，努力探索规律，用科学的方法管理不同办园体制与管理体制的幼儿园，从而提高办园质量，满足多样化的社会需求，推动幼儿教育事业的健康发展。

四、如何学习“幼儿园组织与管理”这门课

要想学好“幼儿园组织与管理”这门课程，一方面需要端正学习态度，另一方面需要掌握必要的方法。具体说来，在学习过程中，需要将纵向深入研究和横向联合学习结合起来。

（一）纵向深入研究——认真钻研，勤于思考，掌握科学的研究方法

学习“幼儿园组织与管理”，需要认真研读教材内容，掌握本学科的知识体系，善于思考和总结。同时，“幼儿园组织与管理”又是一个相对年轻的学科，还有很多理论尚不成熟，可以将本课程的学习和对幼儿园管理的研究结合起来，加深对相关问题的认识和解决。具体说来，学习和研究幼儿园组织与管理的主要方法有案例法、调查法和行动研究法等①。

1. 案例法

案例法是研究管理现象的一种独特方法，一般认为是美国哈佛大学工商管理学院于1908年首创的。案例法主要是将幼儿园管理中的一些常见问题、矛盾或典型经验撰写成描述性的文字材料，供学习者、研究者进行分析和讨论，主要目的在于理论联系实际，增强学习者、研究者分析问题和解决问题的能力。案例法的案例、故事都来自实际，因此对

① 张燕. 幼儿园管理. 北京：人民教育出版社，2009：15.

这些问题的研究和教学具有较强的现实针对性，对学习者的理论综合运用能力的要求也较高。研究者通过案例分析法去归纳观点、得出结论，既加深了对理论的理解，也有利于将理论运用于实际。

专栏 0－2

拓展阅读　　**幼儿园管理案例：谈园长的任期责任目标**

案例：

7 月初，某幼儿园的教职工们议论的话题是：徐园长上任了，第一件事一准儿又要修整幼儿园的场地，这个暑假大家又不能休息了。议论缘于前几位园长在任期内都将修整场地列入任期责任目标的内容，几次更换了场地的材质。

6 年前，幼儿园的院子里有 3 块天然的土质活动场地。海棠、白杨、垂柳等绿树环绕，梧桐树成荫，场地的边上还有一个大沙坑。孩子们兴致勃勃地在场地自由玩耍。春夏季节地上长出小草，一派生机。而一条用彩色石子和水泥铺就的小径直通教学楼，避免了雨后泥泞。但桂园长在任时，看到邻近某园的场地铺上了九格砖，显得干净整齐，并且彻底解决了雨后泥泞的问题，于是就筹集资金，改土质地为九格砖地。不料仅仅几个月，砖就被三轮车、汽车压裂破损。一年后，桂园长看到附近中小学的操场是平整的三合土地，刮风时不起土，下小雨时不粘泥，于是又改砖地为三合土地。当年，该园因此获得上级教育部门颁发的“环境建设显著进步奖”。

桂园长退休后，上级教育行政部门发出指令，要求扩大幼儿户外活动的场地并使之完整化，达到人均 2 平方米。继任的王园长于是决定修建一个柏油场地。幼儿园安排幼儿放假回家一周。园长亲自组织教职工集体劳动。把十几棵直径 20～30 厘米的树木砍掉，将三块活动场地连成一体。王园长四处奔走，请来市政部门的路桥施工队铺上沥青，操场变成了平滑宽阔的柏油场地。然而，新问题又出现了。只要孩子们在柏油场地上跌倒，皮肤擦伤就很严重。在炎热的夏天，小朋友们走在场地上都嚷嚷烫脚，家长们的意见很大。

不久，王园长到南方的幼儿园参观，看到那里的塑胶场地既安全又美观，孩子们怎样奔跑、跳跃都不会跌伤，只是造价很高。王园长认为，塑胶场地安全科学，又一劳永逸。她用了一年多的时间，动员各方面力量，筹集资金 30 多万元，将柏油场地改成塑胶场地，按照城区教育系统制定的幼儿园评估标准，修建了 30 米长的跑道。幼儿园终于被评为一级园所，王园长感到很欣慰。

由于干部轮换，王园长调离，继任的徐园长接受了有关专家和媒体的说法——塑胶场地质地柔软，缺乏一定的硬度，婴幼儿长期在塑胶场地上活动，会影响骨骼的正常生长。再加上一些家长纷纷提出“不能因为幼儿园的塑胶场地好看，就影响孩子的生长发育”，于是徐园长筹划拆除一部分塑胶场地，改为绿草地，以实现绿地面积达到场地总面积 40%

的任期目标。

6 年之间，三位园长分别制定和实施了自己的任期目标。为此，幼儿园投入了大量的人力、物力、财力和时间，幼儿的活动场地几易面貌，幼儿园也获得了一定的荣誉。然而，孩子从中又得到了什么？

评析：

园长任期目标必须统筹考虑、系统安排。不断翻修场地，反映的是 3 位园长在制定和落实任期目标的过程中，虽然具有目标责任意识，但是缺乏统筹考虑和系统安排。现代管理追求系统整体的效能，并非某个局部的利益或“亮点”。系统是同类事物按照一定关系组成的整体。它的基本组成部分是要素，各要素按一定结构相互联系和制约。系统的主要特性是整体性，即各要素不可分割。整体与局部有机联系，一旦摆脱整体，局部将失去存在的意义。整体与局部出现矛盾或不一致是常见的，管理者必须及时进行调整，方可使管理的整体功能大于各局部要素的功能之和。

根据系统理论，可将园长任期责任目标视为一个完整的系统，任期责任目标的要素（即各项任务、内容）和结构（即时间进度）既相互联系，又相互制约。为幼儿创设良好的活动环境、修整场地是园长任期目标整体中的一部分。该园多次翻修场地，正是由于缺乏必要的规划和协调所致。管理者只有从整体利益出发，根据园所的实际情况统筹安排，设计好绿地、活动场地的比例，才能达到良好教育环境的基本要求——绿化、美化、儿童化。案例中的幼儿园可以根据实际情况划分一定区域，铺上塑胶跑道，确保幼儿的活动安全；适当保留部分有一定硬度的场地，以满足幼儿充分活动、骨骼正常生长发育的需要。经过系统的考虑和安排，既可保留幼儿园的自然风貌，又可融入时代发展的气息。

园长任期目标应当避免急功近利、盲目“追风”。当前，有的校长（园长）为了追求“亮点”或“标志性”工程，不惜投入巨资。他们千方百计找银行贷款，甚至组织教职工集资，而毫不顾及在任期内是否有偿还借贷的能力。面对幼儿园之间激烈竞争的态势和日益攀升的“装修热”“翻修潮”，园长必须保持清醒的头脑，根据幼儿园的经济实力、园所文化和自然条件，创设必要的教育环境。

幼儿的利益大于管理者的“政绩”。现代管理学理论认为，一个系统通常只有一个目的，子系统必须服从系统的目的。假如没有明确目的，管理系统肯定低效能或无效能。我们将园长的任期责任目标视为一个系统，由它折射出办园的出发点和归宿，应该是“一切为了孩子”而不是“一切为了政绩”。

幼儿园的场地建设，首先应当考虑幼儿日常生活和游戏的需要。久居“水泥森林”的孩子们十分喜爱自然环境。天然场地绿树成荫，任孩子们嬉戏玩耍、充分发挥想象力，是富有童趣的儿童乐园。无论幼儿园的场地多么需要改造，都应当给幼儿保留一块土地，保持幼儿园的自然风貌。案例中，某幼儿园的场地几经折腾，虽然园长获得了“政绩”和荣誉，但孩子们却几次被迫放假回家。回到幼儿园，他们面对的又是光秃秃的一片场地，有着矮草、海棠、葡萄、白杨、垂柳、梧桐和大沙坑的“百草园”不见了。孩子们失去了最喜爱、可以自由玩耍、进行畅想的游戏活动场所，失去了以往的欢乐。“一切为了孩子”“儿童权利至上”“儿童利益优先”等观念有待于根植在管理者的头脑中、落实在管理行动上。

“为幼儿提供健康、丰富的生活和活动环境，满足他们多方面发展的需要，使他们在快乐的童年生活中获得有益身心发展的经验”，这才是幼儿园管理与经营的根本目的。园长制定任期责任目标，应抱着科学的发展观，采取实事求是的态度，花较少的钱办更多的实事，切不可搞形式主义、劳民伤财的“泡沫工程”，尤其应当杜绝盲目创“一流”等急功近利的做法。

资料来源：幼儿园管理案例：谈园长的任期责任目标. http://www.krbb.cn/article-details.asp? id=3307&xlid=10.2020-09-08.

2. 调查法

调查法是指对幼儿园管理中某个方面的问题或某项工作，通过观察、问卷、访谈、开座谈会或查阅记录等方式了解情况、收集资料，并对资料进行加工、整理、分析，得出结论的研究方法。

3. 行动研究法

行动研究法是指幼儿教育的实践人员或理论工作者，立足幼儿教育实践的现场，直面幼儿园管理中的现实问题。

（二）横向联合学习——联系幼儿园教育实际，联系相邻学科和相关知识，联系有关社会现象和问题

1. 联系幼儿园教育实际

学习“幼儿园组织与管理”这门课程的最终目的是为幼儿教育的实践服务的，理论联系实际是学好这门课程的必由之路。在校之间理论联系实际的方法是多种多样的，比如去幼儿园见习、实习，访问幼儿园一线的园长和老师，尝试做一些教育实验以及各种有关的专业活动等，尝试运用所学知识分析、解决幼儿园管理实践中的现象或问题，从而提高自己的理论修养和分析、解决实际问题的能力。

2. 联系相邻学科和相关知识

幼儿园管理是一门年轻的学科，是在不断吸收和综合其他相关学科的理论和知识的过程中，变得越来越完善的。与幼儿园管理相关的学科知识很多，如学前教育学、学前儿童心理学、中外学前教育史、幼儿园五大领域的教学法、教育科学的其他诸学科以及哲学、社会学、法学等。相关学科的学习有利于从多种角度更好地理解和领会幼儿园管理的理论，有利于学科知识的相互补充、相互拓展，有利于相关学科的学习和研究方法、思维方式相互迁移、相互利用等。

3. 联系有关社会现象和问题

近几年，许多新的管理理念、管理模式不断涌入，社会上的思潮、风气、各种现象也会对幼儿园管理造成或大或小的影响。在学习过程中，我们需要经常运用学过的理论知识对来自社会的问题进行理智分析，对各种新的管理理念、管理模式进行冷静判断，批判吸收，有选择地借鉴。

专栏0-3

拓展阅读

幼儿园管理的“加减乘除”

园长是幼儿园的最高负责人，是幼儿园的法人。其所处地位之重要，所起作用之重大，是不言而喻的。为此，园长要做个令教师、家长尊敬和爱戴的好领导。具体来说，可以从“加减乘除”四方面做起。

加——增加各方面的理论知识

现代的幼儿园应当是一个知识性、科学性、研究性和民主合作性水平较高的教育机构，应当是一个“学习型组织”。因此，园长也应当成为学者型园长，而不再是仅仅以经验为财富、以经验论资本、凭经验当能手的经验型园长。朱熹说过，“问渠那得清如许，为有源头活水来”。园长不注意充电，其管理水平就会停滞不前，甚至下降。特别是伴随着新的《幼儿园工作规程》的实施、教育改革的不断深入，园长在管理中将面临许多新情况和新问题。这一现实决定了园长应树立终身学习和创造性学习的理念，从理论学习出发，用先进的理论指导自己的管理实践。一般来说，园长不仅要掌握广博深厚的专业知识和相近学科的基础知识，还要掌握现代的文化科学知识，提高自己的人文素养。园长不仅要吸收他人归纳的已经获得确证的知识，同时还要拥有历经自身体验的“实践智慧”，并在管理的具体实践中不断完善自己的知识体系，使自己的管理实践上升为理论。

减——减少繁杂的事务性工作

园长每天都面临着很多的事务，但精力有限、分身乏术，不可能也不需要事必躬亲。教育是一项超前性的社会实践活动，园长应成为幼儿园发展的设计师而不是上级的传声筒，应成为师生成长中的教练员而不是裁判员。园长要有高瞻远瞩的战略眼光和较强的理性思维能力，要能敏锐地感知社会经济发展对教育的要求，合理规划幼儿园的发展。由于园长的决策直接关系幼儿园工作的长远发展，这就决定了园长要抓住核心问题，从繁杂的事务性工作中走出来，委职授权、统筹安排，调动各部门的积极性，保证各项任务的顺利完成。从这个意义上说，减少繁杂的事务性工作实际上意味着实行民主管理。民主，是对组织产生稳定、凝聚作用的重要因素。管理心理学研究表明，让不同成员以不同形式参与管理，就可以把个人目标和集体目标统一起来，产生强大的凝聚力，增强个体的事业心和责任感。

乘——扩大非权力性影响力

作为领导者，园长对教师与幼儿的影响，主要由权力性影响力和非权力性影响力两部分构成。其中，非权力性影响力主要由园长自身所表现出来的良好的人格修养、真挚而友善的感情、渊博的学识、出色的管理才能等因素构成，它是自然产生的，具有非强制性的特点。非权力性影响力的激励作用和影响力要比权力性影响力广泛、持久，因此良好的非权力性影响力可以强化权力性影响力，有时还会起到权力性影响力起不到的作用。"君子至德，嘿然而喻，未施而亲，不怒而威。"（《荀子·不苟》）一个园长，在幼儿园内部的人员管理或协调上，并非仅仅依靠其职权的高低、规章制度的严格，其非权力性影响力在其中还占有主要地位，甚至起着决定性的作用。园长不可能在方方面面都比别的教师突出，但必须在品德、学识、气质、风度等方面获得广大教师的认同，这样才会赢得教师的尊敬与爱戴，产生良好的非权力性影响力。因此，园长要努力提高自身的人格力量，通过正确的教育思想、高尚的师德、出色的才能，廉洁治园，无私奉献，逐步实现有效领导。

除——除去权威心理意识

1996 年，国际 21 世纪教育委员会提出了一份《教育——财富蕴藏其中》的报告，指出"人既是发展的第一主角，又是发展的终极目标"，强调要把人作为发展的中心。这种教育新理念"应该使每个人都能发展、发挥和加强自己的创造潜力，也应有助于挖掘出隐藏在我们每个人身上的财富"。具体到幼儿园管理中，对教师的管理是其中的第一要素，"以教师为本"是我们进行管理必须坚持的准则。要充分调动教师的积极性，首要一点就是园长自己要消除权威心理，营造一个平等、团结、尊重的组织氛围，这对于主体意识突出的教师们将具有极大的感召力。在管理中，园长与教师固然存在着哲学意义上的主客体关系，从而表现为领导与服从的关系，但那绝不是老板与下属的关系。园长与教师虽然有分工的不同，但每个人在人格上是平等的。教师具有较强的自主性，具有管理与被管理的双重身份，有能力也有义务为幼儿园的工作出力。因此，园长要强化平等意识和服务意识，淡化权力意识，既要以"园长"的角色形象出现，又要尽力保留自己"教师"的角色形象，尊重教师的工作、尊重教师的合理需要，彻底清除居高临下的意识，切实体现出教师是主人、园长是公仆的观念，而不能动辄就以园长的身份颐指气使。

资料来源：幼儿园管理的"加减乘除". http://www.krbb.cn/article-details.aspx? id=13149&xlid=6. 2019-12-14.

做一做

通过阅读书籍或网络查询，搜集并整理出幼儿园管理的相关法律法规。

想一想

1. 你是否理解以下内容呢?

(1) 管理的含义。

(2) 幼儿园班级管理性质。

2. 你是否掌握以下内容呢?

(1) 管理的职能。

(2) 幼儿园管理的含义。

3. 你是否能综合运用以下内容呢?

(1) 综合运用各种方法学习幼儿园组织与管理。

(2) 能够用幼儿园组织与管理的相关知识进行案例分析。

试一试

找一本《幼儿园班级管理》的教材读一读,以小组为单位讨论比较幼儿园班级管理和幼儿园管理的异同。

第一章

幼儿园目标与管理过程

本章导航

目标的含义及作用

幼儿园目标的结构

幼儿园目标管理的实施

幼儿园管理过程的特点

幼儿园管理过程的运行

幼儿园管理是一个动态的过程，只有按照合理的程序，采用适当的方法，才能使之有效地运行。目标是构成管理活动的根本要素，是确保成员统一思想、统一行动，达成共同奋斗目标的前提。幼儿园管理过程与方法的确定需要在幼儿园目标的指导下进行。

幼儿园目标、管理过程与方法是影响管理成效的重要因素。因此，本章将着重介绍幼儿园目标的结构及目标管理的实施，同时详细阐述幼儿园管理过程的特点及运行，以帮助读者了解幼儿园目标及管理的概况。

第一节　幼儿园目标

目标既是人类活动的出发点，也是落脚点。一项工作的质量情况很大程度上取决于目标的达成情况。幼儿园目标是国家教育目标在幼儿教育领域的具体体现，是幼儿园一切活动的出发点与核心。幼儿园管理者对于幼儿园目标的明确把握、对有效进行幼儿园管理具有重要意义。幼儿园的管理活动不能与幼儿园目标相违背。

一、目标的概述

人类的社会活动与其他动物的活动本质区别之一就是人类是有意识有目的地进行活动的。恩格斯提出："在社会历史领域内进行活动的，全是具有意识的、经过思虑或凭激情行动的、追求某种目的的人，任何事情的发生都不是没有自觉的意图，没有预期目的的。"① 这说明人类的社会活动总是与一定的目的相联系，达到这一目的的活动过程效率如何与主体预先设定的目标是否恰当有十分密切的关系。

（一）目标的含义

关于目标概念的解释，不同学科或学派有所不同。在动机理论中，目标指被激发的行为系列所指向的终止状态或条件；在目的行为理论中，目标指主体在行动之前预期达到的结果；在教育领域中，目标指教学或教育活动应达到的最终结果②。

尽管上述的说法有一定的差异，但实质是一致的，他们都将目标看成一种预想的成就或结果。据此，我们可以认为，目标是个人或组织在某项活动开始前预先设定的力争达到的未来状态。值得注意的是，目标与目的虽然都是人们所追求的理想状态，但目的更为抽象，是对预设的终结状态的描述，目标则是目的的具体化。一个组织的目的的实现通常是依靠若干个目标的逐步完成而达到的。

（二）目标在幼儿园管理中的作用

1．导向作用

幼儿园的一切管理活动必须指向一定的预设目标。明确目标有利于引导幼儿园中各个部门、组织、成员同心同德地向正确的方向努力工作，进而取得良好的管理效果。目标的这种指向作用可以用一个公式来表达：

目标方向×工作效率＝管理效能

以上的公式说明，正确目标方向（正向）能使工作效率与管理效能形成正比关系，即工作效率越高，管理效能越好，行动结果就越接近预设的目标方向；相反，如果目标方向错误（负向），则工作效率与管理效能成反比关系，即工作效率越高，管理效能越低，行动结果将与预设目标背道而驰，渐行渐远。

2．助推作用

明确、具体、切实可行的目标在管理过程中可以起到助推器的作用。它能激发团队成员参与活动的热情，提高工作效率。期望理论认为：目标是一种刺激因素，人们对目标的价值看得越大，估计实现的概率越高，目标激发出来的力量就越大。即：

---

① 中共中央马克思恩格斯列宁斯大林著作编译局．马克思恩格斯选集：第4卷．北京：人民出版社，1975：243.

② 顾明远．教育大辞典．上海：上海教育出版社，1998：1119.

激励力量=目标价值×期望概率

以上的公式说明目标的激励力量大小取决于目标价值和期望概率两个方面，因此，幼儿园管理者应该在提出科学、明确目标的同时让员工充分理解目标的重要价值，并且为员工提供实现目标的有效途径，让他们看到实现该目标的希望，从而最大程度地激发全体员工的工作信心和动机，争取工作效率的最大化。

3. 调控作用

目标也具有调控作用，即调节和控制幼儿园人与组织的各项活动。从幼儿园管理的组织系统而言，组织结构由各个层级、各个部门构成，层级与部门的行动依从一个总目标展开。部门领导将根据部门在组织系统中所处的位置确定与之适应的组织目标，并激励组织成员齐心协力完成。在这一过程中，目标就相当于一种调控阀，有了它，管理者与被管理者可以自觉调控和规范自己的工作行为，不断地端正方向、统一思想，并协调与其他各部门之间的关系。

4. 标准作用

目标的导向、助推、调节作用的发挥必须建立在可量化、可作为衡量人们工作成效的标尺的基础之上。换而言之，组织工作从制定目标开始，以目标的达成为终结，因此，目标也成为衡量成员工作业绩的重要标准，这意味着目标必须能够考核，这是在构建组织目标时必须注意的问题。在幼儿园管理中应注意能量化的目标尽量量化，但是不宜量化的目标应弹性化、等级化处理。如教师的教学能力，我们可以将其划分为“优秀”“良好”“合格”“不足”四个等级，目标可以表述为：教学能力“优秀”的教师要达到总数的20%，“良好”的教师要达到总数的35%以上，“合格”的教师要达到40%以上，“不足”的教师要控制在总数的5%以内。

二、幼儿园目标的结构

幼儿园目标主要包括教育目标和管理目标。教育目标是幼儿园的根本目标，它的实现有赖于各项管理工作的密切配合。而管理目标应该为教育目标服务，以实现教育目标为出发点。因此，二者相辅相成，密不可分。

（一）幼儿园的教育目标

幼儿园的教育目标，即幼儿园的教育目的，是幼儿园关于幼儿培养的质量和规格的设计。一方面，国家教育目标是整个国家教育活动的出发点和落脚点。幼儿园教育目标必然受制于国家教育目标，是国家教育目标的具体体现。另一方面，幼儿园工作目标必然受到幼儿园具体现实情况的影响。幼儿园的园情是制定幼儿园工作目标的现实依据。因此，设计幼儿园教育目标应注意两个方面的因素。

1. 要考虑国家教育目标的总体要求和社会政治经济发展的需求

国家的教育方针和总目标是为适应社会政治、经济发展需要培养储备人才而进行的国民教育宏观策划。幼儿园教育目标的设计与实施应将其作为导向，决不能与之背道而驰。

第一，幼儿园的教育目标要符合我国幼儿园教育的总目标。2016年3月1日，我国新版《幼儿园工作规程》正式实施，新《幼儿园工作规程》指出："幼儿园的任务是：贯彻国家的教育方针，按照保育与教育相结合的原则，遵循幼儿身心发展特点和规律，实施德、智、体、美等方面全面发展的教育，促进幼儿身心和谐发展。"同时，新《幼儿园工作规程》对幼儿保育和教育的目标做了明确规定："促进幼儿身体正常发育和机能的协调发展，增强体质，促进心理健康。培养良好的生活习惯、卫生习惯和参加体育活动的兴趣"，"发展幼儿智力，培养正确运用感官和运用语言交往的基本能力，增进对环境的认识，培养有益的兴趣和求知欲望，培养初步的动手探究能力。""萌发幼儿爱祖国、爱家乡、爱集体、爱劳动、爱科学的情感，培养诚实、自信、友爱、勇敢、勤学、好问、爱护公物、克服困难、讲礼貌、守纪律等良好的品德行为和习惯，以及活泼开朗的性格。""培养幼儿初步感受美和表现美的情趣和能力。"可见，我国幼儿园教育目标从幼儿的德、智、体、美诸方面入手，强调促进幼儿的全面发展，强调保育工作与教育工作的相互渗透、有机融合。

第二，幼儿园的教育目标要依照我国关于幼儿学习与发展的领域目标来设计。《3—6岁儿童学习与发展指南》分别对幼儿在健康、语言、社会、科学、艺术五大领域的学习与发展要求进行了描述，并提出了相应的目标。幼儿园的五大领域目标是对幼儿园总目标的具体化，是幼儿园工作的主要依据。因此，幼儿园教育工作必须考虑到幼儿园的五大领域目标。

专栏1-1

拓展阅读　　**《3—6岁儿童学习与发展指南》中的五大领域目标**

领域一：健康

1. 身心状况

目标1　具有健康的体态

目标2　情绪安定愉快

目标3　具有一定的适应能力

2. 动作发展

目标1　具有一定的平衡能力，动作协调、灵敏

目标2　具有一定的力量和耐力

目标3　手的动作灵活协调

3. 生活习惯与生活能力

目标1　具有良好的生活与卫生习惯

目标 2　具有基本的生活自理能力

目标 3　具备基本的安全知识和自我保护能力

领域二：语言

1. 倾听与表达

目标 1　认真听讲并能听懂常用语言

目标 2　愿意讲话并能清楚地表达

目标 3　具有文明的语言习惯

2. 阅读与书写准备

目标 1　喜欢听故事，看图书

目标 2　具有初步的阅读理解能力

目标 3　具有书面表达的愿望和初步技能

领域三：社会

1. 人际交往

目标 1　愿意与人交往

目标 2　能与同伴友好相处

目标 3　具有自尊、自信、自主的表现

目标 4　关心尊重他人

2. 社会适应

目标 1　喜欢并适应群体生活

目标 2　遵守基本的行为规范

目标 3　具有初步的归属感

领域四：科学

1. 科学探究

目标 1　亲近自然，喜欢探究

目标 2　具有初步的探究能力

目标 3　在探究中认识周围事物和现象

2. 数学认知

目标 1　初步感知生活中数学的有用和有趣

目标 2　感知和理解数、量及数量关系

目标 3　感知形状与空间关系

领域五：艺术

1. 感受与欣赏

目标 1　喜欢自然界与生活中美的事物

目标2 喜欢欣赏多种多样的艺术形式和作品

2. 表现与创造

目标1 喜欢进行艺术活动并大胆表现

目标2 具有初步的艺术表现与创造能力

资料来源：《3—6岁儿童学习与发展指南》，见教育部网站，2012-10-09。

2. 要考虑幼儿园的办学条件、生源情况，弹性化地设计教学工作目标

国家的教育政策方针以及《3—6岁儿童学习与发展指南》中的各领域目标是幼儿园教育工作目标制定的方向标，但是在实践中，每所幼儿园都有自身的特点和资源优势，在不违反国家教育政策教育方针的前提下应注意权衡利弊，因地制宜、灵活变通地设计适合本园的教学工作目标。从宏观层面来看，我国是一个地域辽阔、文化多元、经济发展不平衡的国家，不同地区的幼儿园在办学条件、教育观念等方面差异较大，难以同时达到相同的教育教学目标；从微观层面来看，儿童的发展受限于社会因素、家庭因素以及自身的发展状态。正如《3—6岁儿童学习与发展指南》中指出，每个幼儿在沿着相似进度发展的过程中，各自的发展速度和到达某一水平的时间不完全相同。要充分理解和尊重幼儿发展进程中的个别差异，支持和引导他们从原有水平向更高水平发展，按照自身的速度和方式达到《3—6岁儿童学习与发展指南》所呈现的发展“阶梯”，切忌用一把“尺子”衡量所有的幼儿。

（二）幼儿园的管理目标

幼儿园的管理目标是指幼儿园在一定时期内预期达到的目的和取得的成果。管理目标的实现需要幼儿园管理者应用科学的管理方法，充分利用园所的人、财、物，实施有效的组织管理。它包括幼儿园的发展规模、师资水平、后勤保障、制度建设等各项园所建设要达到的近期、中期、长期规划的预期标准。

幼儿园的教育目标和管理目标，是学校目标管理系统中既有区别又有联系的两种目标。所谓区别，是指各有其规定性，学校教育目标是培养人的方向和规格，而学校管理目标则是学校管理活动的方向和标准，也就是为了更好地发挥管理的职能作用所提出的标准以及怎样组织好教育、教学活动进而发挥人、财、物作用的标准。教育目标具有长期性和稳定性，管理目标则随着学校工作计划的修订而时常变化。所谓联系，是指学校管理目标的制定要以教育目标的实现为目的，而教育目标的实现则有赖于管理目标的实现。

专栏1-2

拓展阅读 **挣扎在理想与现实之间的教育目标**

某私立幼儿园坐落在城乡接合部，在读的幼儿多为农民工子女。幼儿园宣传栏上贴

着该幼儿园的教育目标：全面贯彻《幼儿园工作规程》，增强现代化教育意识，树立科学的育儿观、儿童观，促进儿童的全面发展。培养身心健康，善于学习，独立自主，诚实勇敢，有礼貌，爱劳动，爱集体等体、智、德、美全面发展的幼儿。但是，在课程设置上该幼儿园则明显侧重于知识的传授，幼儿园从小班便开设了书写课，还不大会握笔的孩子就被要求一天写一张数字；中班除语文、数学、书写课外还开设英语课，英语课的主要内容是让幼儿背诵、书写英语字母和简单的单词；大班在生活作息、课堂教学、作业要求等方面完全与小学同步，目的是实现与小学的全面对接。园长自豪地说："这是我们幼儿园的特色，这些孩子的家长长期在外打工，完全没有时间教育孩子。我们通过加强幼小衔接的教学管理，提高了幼儿的学习能力，使他们能更快地适应小学的学习。"

思考：该幼儿园的做法是否妥当？教育目标的设置如何实现理想与现实的平衡？

三、幼儿园目标管理的实施

（一）目标管理的含义及实施意义

目标管理简称 MBO（Management By Objectives），最早是由美国著名管理学家彼得·德鲁克在 20 世纪 50 年代的一次演讲中提出的。他认为目标是成果的意象状态，管理人员通过确定目标、调动集体参与行动的积极性，有效控制行动进程，提高行动效率，从而达到行动目标。简而言之，目标管理指以目标为中心进行管理活动的一种现代管理方法。其核心是把组织的目的、任务转化为目标，并使组织的总目标与各个部门、个人的目标融为一体，形成组织、部门、个人目标方向一致，明确具体、切实可行的目标体系。它强调以目标指导行动，以成果和贡献作为管理活动的重点，特别强调目标实现的整体意识，具有向量性、整体性、时效性和激励性等特点。它利用人在集体活动中的自尊和上进心理，强调下放权限和自我控制，重视对人的管理；认为整体目标要经过上下级充分的协商讨论，取得下级的认同，部门和个人目标要由下级自己制定；目标管理要实现情、理、法和责、权、利在管理活动中的有机统一，主张目标成果的确立先于行动，以成果定措施，变"软"管理为看得见的"硬"管理。由于目标具有层次性，能使抽象的目的转化为实际可行的具体方案，因此现代管理研究都无不把目标管理作为一种行之有效的管理模式。

（二）目标管理在幼儿园的实施

幼儿园目标管理过程，一般可概括为"一个中心、四个阶段、九项工作"。一个中心即围绕目标这个中心。四个阶段即目标的确定、目标的分解、目标的实施以及目标的考评。九项工作即在整个目标管理过程中，管理者要做好：（1）论证决策，能综合考虑各方面因素，对上了解国家相关的政策法规，对下广泛听取群众意见，选择具有前瞻性和可行性的目标作为幼儿园的总目标；(2) 协商分解，确定总目标之后，幼儿园管理者通过民主协商的方式，将总目标逐层分解，落实到各个部门和每一个成员身上；(3) 定责授权，即明确各个部门及个人的工作职责，并授予相应的权力；(4) 咨询指导，对于教职工在落实目标的过程中遇到的困难和问题，管理者要热情提供帮助，给予物质、精神以及信息上的支持；(5) 反馈控制，在目标实施过程中，管理者应通过多种渠道收集信息，以保证得到及时、真实、可靠的信息，防止管理失控；(6) 调节平衡，对出现的偏差，管理者应采取有效的措施加以修正；(7) 测评成效，管理者将检查各部门成员的工作完成情况，根据完成结果与目标的接近程度做出评定；(8) 实施奖惩，管理者根据测评结果对部门成员进行奖优罚劣；(9) 总结经验，管理者与各部门及成员共同反思完成目标任务全过程中的得失，以便在今后的工作中进一步改进。

专栏 1-3

身边的故事　　**目标管理在区域学前教育研训管理中的应用**

某市教育局为了进一步促进某区幼儿教师的专业化发展，应用目标管理的方法，对幼儿教师开展阶段化、递进式、多层级专业培训。具体做法如下：

第一，在学期初向教师发放《幼儿教师专业发展需求调查表》，调查内容包括：教师的专业弱点、培训需求、兴趣爱好、喜欢的培训形式等，调查表收齐后由各幼儿园的教研室在专家的指导下进行归纳、汇总、分析，形成各幼儿园多层级、分目标的教师培训管理体系。

培训对象	培训内容	培训方式	培训目标
新教师	教案撰写、课堂教学、班级管理、家校沟通	集体培训、专项组培训	熟悉幼儿园规章制度，能进行初步的教学和班级管理，具备基本的家校沟通能力
入职 1—3 年的教师	主题设计、课堂教学、课程研讨、家校沟通	集体培训、年级组培训、自主学习	提升各领域主题活动的设计能力，规范一日工作流程，提高家校合作水平
入职 3—5 年的教师	教学反思、评课总结、论文写作	专项组培训、自主学习	熟练掌握幼儿教育教学技巧，善于观察儿童，具备反思教学过程，评价、分析教学效果的能力
一级教师（职称）	优质课程设计与实施	专家指导、年级组培训、自主学习	能够独立承担各类青年教师教学比赛以及对外观摩课展示、评比任务，成为年级中的骨干青年教师

续前表

培训对象	培训内容	培训方式	培训目标
高级教师（职称）	课题研究、论文写作、教学指导	专家指导、自主学习	能够指导青年教师开展教育教学研讨活动，能针对实际工作中的问题开展课题研究，将教学经验进行总结并提升至理论水平
教研组长、年级组长	幼儿园管理、教学教研、课题研究	专家指导、集体研讨、自主学习	掌握幼儿园管理理论，能对实践中遇到的管理、教研问题进行深入剖析，具有较强的教研策划和组织管理能力，能充分发挥骨干示范作用

第二，在培训对象、内容、方式、目标确定之后，该区采用共同管理、互相评价的方式开展培训。辖区内的幼儿园各自派出骨干教师，组成培训工作管理小组，负责本区幼儿园培训的组织、协调、评价、反馈的工作。各幼儿园轮流承担培训总负责工作，具体包括：培训调查、准备学习资料、聘请专家指导、组织学习、活动评价及反思、活动结果反馈、档案资料的整理等。参与管理拓宽了幼儿园管理者的视野，有效地提升了他们的组织管理能力及评价反思能力。

第二节　幼儿园管理过程

幼儿园管理虽然是一个复杂、动态的不断发展的过程，却有规律可循。幼儿园管理者对于幼儿园管理过程科学规律的有效把握，对于其开展幼儿园各项工作，有效管理幼儿园的人、财、物都极具重要价值。因此，幼儿园管理者必须明确幼儿园管理过程到底是如何运行的，到底有何规律可循，如何实现幼儿园管理的有效运行。

一、幼儿园管理过程概述

（一）幼儿园管理过程的含义

关于管理过程，国内外有不少学者都进行过有益的探讨。有学者从管理职能的角度对管理过程加以解释，比较知名的是法约尔的管理五要素——计划、组织、指挥、协调、控制；有的学者则引进系统论、信息论、控制论的观点，探索管理过程，提出系统理论（System Theory）。其基本思想是：管理者将管理对象视为一个动态系统，以整体优化的观点，协调系统与上下各部门及其他有关部门之间的关系，从而最佳地实现管理目标。基本要素有：人、财、物、信息和任务，其中人是最重要的要素。其活动过程一般可以分为四个阶段：系统研究、系统计划、计划执行和工作检查①。还有学者认为管理过程包括四种活动：计划、组织、领导和控制。

虽然国内外学者从不同角度对管理过程进行了不同的诠释，但是其中也有许多共性的要素，它们都是以目标为中心，以计划、执行、检查、总结为基本步骤展开的活动。因此，我们认为幼儿园管理过程是幼儿园管理者指挥本组织内的成员，为达到幼儿园的预定目标，以育人工作为中心，按计划有步骤进行共同活动的程序②。如图 1－1 所示：

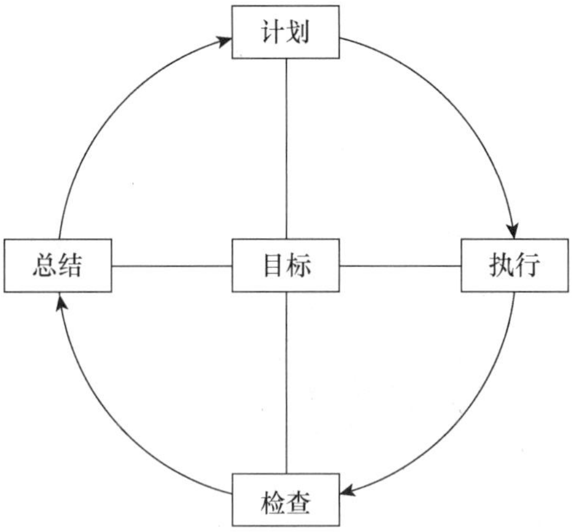

图 1－1

（二）幼儿园管理过程的特点

幼儿园管理过程是一个以育人为中心而展开的，一系列管理职能在主客体的相互作用中发生、发展和演变的动态的运转过程。它具有以下几个特点：

1. 教育性

幼儿园的性质和任务决定了幼儿园管理过程的教育性。首先，这表现在管理目标上，管理过程的运行必须以管理目标为核心，幼儿园教育目标是管理目标的根本，所有的管理工作都是为了更好地实现教育目标。其次，幼儿园管理过程中的每一个环节以及各个环节的每一项管理活动，都是直接或者间接地施教于人的活动，对幼儿的成长都具有重要的影响作用。因此，在幼儿园管理过程中，管理者应当注意，每一项管理活动都应是唤起儿童美好品行的教育因素。

2. 有序性

幼儿园管理是一个有始有终、分阶段循序运转的过程。这个序指的是计划、执行、检查、总结，它们的顺序不能颠倒，环环相扣，全部过程的完成构成一个循环、一个周期。各个环节之间并不是孤立存在的，它们互相关联、互相促进。

---

① 张慧敏. 幼儿园组织与管理. 北京：人民邮电出版社，2014：165.

② 张济正. 学校管理学导论. 上海：华东师范大学出版社，1990：190.

3. 周期性

幼儿园的目标是分阶段展开的，每一个目标都会有不同的计划、执行、检查和总结的过程，幼儿园的管理工作也正是在连续不断设定目标、实施管理的进程中逐渐前行的。这一周期性的特点，使幼儿园管理工作呈现螺旋式上升的循环运转。如图 1－2 所示：

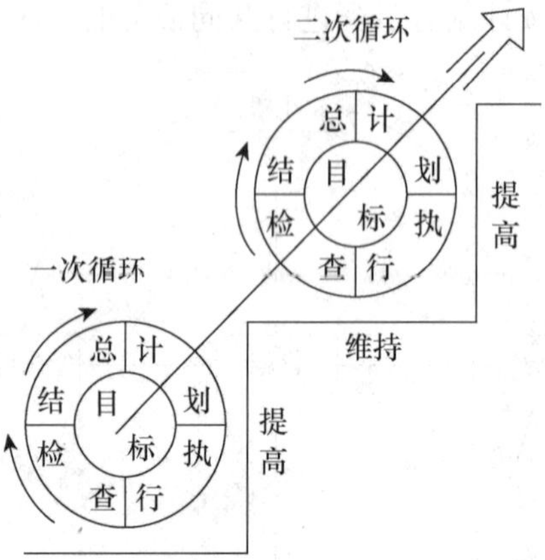

图 1－2

专栏 1－4

身边的故事

为什么人多反而力量变小了？

某市开展全市幼儿园安全专项检查工作，某幼儿园园长为了进一步强化幼儿园安全工作，增强师幼安全意识，确保顺利通过市安全专项检查工作，特抽调保教主任和两名年级组长共同配合副园长完成自查整改工作。该副园长分管安全工作近十年了，具有丰富的安全管理工作经验，增加了两位帮手，原本应该是如虎添翼，顺风顺水才是。然而，令人意外的是自查整改工作进行得并不顺利，两位帮手推诿扯皮、工作拖拉，最后很多事情还是得副园长亲力亲为，不仅没提高工作效率，反而给她带来了很多阻力。为什么人多力量反而使小了呢？

在团队合作中，很多人相信“人多力量大”“三个臭皮匠顶个诸葛亮”，觉得人越多工作效率越高，但是事实是不是这样呢？法国人马克斯·瑞格曼（Ringelman，1913）做了一个拔河比赛的实验，他要求被试分别在单独的与群体的情境下拔河，同时用仪器来测量他们的拉力。结果发现随着被试人数的增加，每个被试平均使出的力减少了。一个人拉时平均出力 63 公斤；三个人的群体拉时，平均出力是 53.5 公斤；八个人时是 31 公斤。这种个人与群体其他成员一起完成某件任务时，付出的努力或者效率比单独时少称之为社会惰化。造成社会惰化的主要原因是团队成员对任务目标的理解不到位，不能体验到自己在团队中的责任感和荣誉感，团队难以形成朝同一个目标努力的凝聚力。因此，为了避免这一情况的发生，管理者应该在工作开始前让团队成员明晰任务的目标、职责与分工，及时反馈工作成果，给予积极的肯定，使成员体验到成就感和责任感，提高团体的工作效率。

二、幼儿园管理过程的运行

（一）幼儿园工作计划的制定

1. 计划的含义

计划是幼儿园管理的首要职能，任何管理活动的实现都离不开计划。“凡事预则立，不预则废”，这里的“预”指的就是计划。计划指的是管理者对未来活动所进行的运筹、策划活动，是一种预定行动方针的程序，它包括预测、决策、确定组织目标、制定政策、规范、编制预算等一系列活动。

2. 制定计划的依据

（1）上级的指令信息。

制定计划应该在充分了解上级的指令信息的情况下进行，这些指令包括国家教育方针、党和政府的有关政策、法令、法规，以及教育行政部门的具体指示和要求。幼儿园管理者应该注意保持对国家相关政策法规的敏感性，认真解读上级部门对某一时期工作的具体指示和要求，与时俱进、把握正确的办园方向。

（2）理论的指导和经验的借鉴。

理论包括马克思主义的一般理论、先进的教育科学理论和管理学理论，这些经过反复验证的科学理论，能确保制定计划不违背客观规律；与此同时，管理者还应善于借鉴国内外成功的管理经验、同行的宝贵经验为我所用。

（3）幼儿园的实际情况。

幼儿园的实际情况包括两个方面：一是幼儿园以往的工作基础，已获得的成绩、自身的优势、存在的不足、人际关系等。这些都是制定计划的实践依据，构成制定计划的立足点。二是幼儿园当下的实际情况，包括幼儿园当前的人力、物力、财力、社会影响力等。幼儿园管理者要学会将当下的条件与以前的基础做比较，对于过去的基础应当客观分析、取长补短，对当前的条件要因地制宜，前后有机结合，从而使计划更具有现实性和可操作性。

3. 制定计划的步骤

（1）综合分析，提出计划设想。

综合分析指管理者制定计划前广开渠道、深入调查、了解各部门的实际情况，对丰富的信息资源做客观的判断和比较分析，然后提出计划设想，拟定初步的行动方案。

(2) 集思广益，修改方案。

前期的计划设想只是雏形，形成正式计划方案之前还需要广泛征求群众的意见，这个环节既是体现管理者民主、包容的管理风格，也是完善计划方案不可缺少的环节。通过广泛讨论，管理者往往可以发现计划设想中存在的不足，及时调整方案，避免执行过程中可能遇到的困难；同时也可以激发员工参与管理的热情，发挥他们当家作主的精神，为计划的实施打下良好的基础。

(3) 会议通过，上级报备。

经过民主讨论之后，管理者根据群众提出的各种建议认真修改计划的初稿，对于群众所提出的共性问题慎重处理，反复推敲，形成计划全文，然后在园务会议或者全体教职工大会决议通过，并上报上级主管部门备案。

(二) 幼儿园工作计划的执行

执行过程是将计划付诸实践的过程。计划制定得再好，没有切实执行也是空谈，因此，执行计划是整个管理过程的中心环节和实质性阶段。

1. 统筹组织

统筹组织指管理者为实现计划的目标和任务，对幼儿园的人、财、物等资源进行统筹和有效整合的活动。其中组织资源是工作的重心，建立健全组织结构，安排适当的人员担任合适的工作，形成一个职责明确、配合默契的组织系统。分配资源要注意不要搞平均主义，这样容易助长成员互相推诿的心态，也不要认为资源越多越好，应当责权相当，避免内耗。

2. 指导控制

指导控制是提高组织运行效率、把握工作进展方向的重要保障。指导是指管理过程中，管理者对组织成员进行指导、引导的活动。世界上没有两片完全相同的叶子。在执行过程中，下属总会有与领导思路不同、做法不同的时候。这个时候，作为管理者要具体情况具体分析，如果是工作人员对计划理解不正确、不完整，管理者就应耐心讲解，及时纠正、防止工作结果与预定目标的背离；如果是工作人员对计划理解到位，只是对工作方法存有异议，那么管理者应广开言路、拓展思维、尊重下属的创造精神，不要过于强调个人意志，搞“一言堂”；如果是成员在计划执行过程中遇到阻碍，打不开局面，此时，管理者应及时帮助，提供建议，点拨思路，使其走出困境。但是应注意：引导而不强加，批评而不强制，帮助而不包办。简而言之，指导是为了提高工作效率，控制是为了保证管理活动沿着预定目标方向发展，控制离不开有技巧的指导，指导离不开把握方向的控制，两者相辅相成，相互关联。

3. 协调关系

执行计划的过程中，总会出现方方面面的矛盾，上下级之间、各部门之间、教师与教师之间、教师与家长之间等的情况。此时，就需要管理者从中协调，化解难题。首先，要冷静分析，耐心体察下情，尽可能多地收集多方面的信息，兼听则明，偏信则暗，尽量从局外人的角度综合各方面的信息，客观分析问题的成因；其次，采取恰当的措施协调关系，如调整计划、修改要求、调配人员、疏通思想等。

4. 激发斗志

激发斗志简单地说就是“鼓劲”“加油”“鼓气”，在执行计划过程中无论是组织或个人都难免会有遭遇困难的时候，有时甚至会出现工作倒退或逆行的情况，这是事物发展的客观规律。这时需要管理者及时采取鼓励的措施，可以是精神上的，也可以是物质上的。使用两种奖励应注意态度公正、分寸得当，要考虑下属的个性特点、心理需要，将物质鼓励和精神奖励有效结合起来，避免单纯“向钱看”，也不能只讲奉献，不讲实际；应敏锐体察群众的诉求，从群众所处的角度出发，给予相应的支持。

（三）幼儿园工作的检查与评价

幼儿园工作的检查与评价是指管理者依据计划要求及具体标准，有针对性地对各方面的情况进行考查、评估以及时肯定成绩、纠正偏差、解决问题的管理活动。检查与评价是管理者及部门成员的双边活动，是活动主体对活动结果的阶段性审核与反馈。它使计划与执行更为紧密地联系在一起，确保执行方向与计划方向一致，同时也为后期的总结奠定基础，因此它属于中间环节。

检查与评价的方式多种多样，以检查主体为标准可划分为领导检查、教职工的自我检查和互相检查；以时间为划分标准有平时的分散检查、阶段性的集中检查；以内容为标准可划分为专题性检查和全面性检查。无论使用哪种检查方式都要注意以下几点：

第一，避免走过场的现象。检查与评价有监督整改的职能，实施过程中难免会给成员带来压力，容易得罪人，有些管理者为了避免矛盾便敷衍了事，停留在听听报告、看看材料的层次上，如此一来，这一环节的作用就无法体现。因此，检查与评价实施中应注意发扬敢抓敢管的精神，发现问题及时纠正，评价对事不对人、对公不对私。

第二，走群众路线，调动全员参与的积极性。检查与评价是管理者与成员的双边活动，不能片面地理解为管理者对成员实施管理职能的单边过程。管理者组织检查与评价时也应该接受群众的监督与检查，双方共同促进、共同发展。

第三，领导要坚持原则，抱有公心。检查过程中管理者应充分认识到自身角色的重要性，始终以公平、公正、客观的态度进行评价。不能厚此薄彼，用不同的“尺子”量不同的人，应责归其主、奖惩分明。这样成员才能对评价检查结果心悦诚服，及时地纠正自身的错误。

（四）幼儿园工作的总结与反馈

总结是对计划、执行、检查诸环节的实施效果进行回顾、分析和评价的活动。它是帮助人们找出经验教训，提炼工作规律的有效环节。反馈则是将抽象、概括出来的带有规律性的结论反馈给管理者及成员的过程。总结与反馈是提高领导者管理水平与成员工作效率的重要途径，是对旧的工作周期的反思，也为新的工作周期的有序开展奠定良好的基础。

1. 总结的分类

总结可分为全面总结和专题总结。全面总结是指幼儿园的常规性总结，如学期或学年总结；专题总结是对某一工作的总结，可以是个人或某个部门甚至是全园性的某项工作的总结。例如某幼儿园开展了“将地方文化融入区域活动”的教学改革实验，园长可以根据该教学改革活动的进度需要定期或者不定期地开展总结与反馈。

2. 总结的基本步骤和注意事项

（1）总结的基本步骤。

第一，简要回顾，主要是将计划执行情况做简要概括，包括工作进度、取得的成绩、未完成的计划等，这个环节应避免事无巨细或过于烦琐，不要记流水账，要抓大放小，突出重点。第二，分析原因，即对本周期的工作的成功与失败做分析与说明。第三，提升认识，在深入思考的基础上，提炼带有规律性的总结，这一结论应能够对下阶段的管理工作起到参考与指导的作用。第四，提供建议，结合现实，针对下阶段工作的目标与重点提出可供参考的建议。

（2）总结中的注意事项。

第一，应注意全面性与客观性。管理者评价工作成果时要尽量做到顾及全面，不仅要关注到每个部门、每位成员的成长情况，还应注意不要唯成绩论。原计划中的目标全部实现固然是好，但是无法实现时也不应就此否定教师的努力和付出，要结合教师的工作态度、努力程度、客观条件等因素等诸多方面进行客观总结，发挥总结的激励性作用。第二，做好日常资料的积累工作。好的总结是在对丰富的相关资料的归整、提炼中形成的。计划实施得再好，如果不注意及时收集与提炼资料，管理工作的水平也很难得到提高。“教育研究的途径就是这样：从初步的观察和简短的记录，到广泛而深入地研究学生认识过程的实质……从收集事实、分析事实、研究事实，到做出概括而抽象的结论。这是我们学校领导每天都应当走的一条路。”① 第三，总结要鼓励全体教职工参与。虽然总结是根据检查环节收集的材料和分析的问题，拟定总结提纲，自上而下提出要求，但是总结实施过程不能局限于自上而下的形式，应该发动群众积极参与，并以下级为基础，逐级而上完成总结工作。全员参与的总结，不仅能使总结内容更加丰富真实，也能发挥教职工的主观能动性，促使大家进行反思，积累经验，提高工作效率。

---

① ［苏联］瓦·阿·苏霍姆林斯基. 和青年校长的谈话. 赵玮，等译. 上海：上海教育出版社，1983：243.

综上所述，幼儿园管理的过程是幼儿园管理者为实现预定目标而开展各种管理活动的运行过程，计划、执行、检查、总结是任何一所幼儿园在管理过程中都必须进行的活动，这些活动的相互衔接便构成了管理的动态过程。

专栏 1-5

身边的故事　　**管理过程中计划无法执行怎么办?**

吴副园长是某幼儿园业务园长，她在保教工作常规检查过程中发现中餐至午睡前这段时间各班的管理比较混乱，保育员先要承担餐前的清洁工作，然后准备餐具、送餐，安顿幼儿就餐，最后还要赶紧清洁教室确保幼儿准时入睡。这个时段，配班老师并没有主动帮助保育员，因此有很多保育员无法及时完成整理教室、洗餐巾等工作，只能偷偷利用幼儿午睡时间脱岗去完成这些事情，存在很大的安全隐患。吴副园长思索良久，决定进一步规范这段时间内保育员及配班老师的工作流程，为此，她制定了《中餐至午餐时段常规工作细则》并且在教研会上将这个细则公布。令她意外的是，几乎所有年级组长都不赞成实施这一细则，尤其是小班年级组长陈老师意见最大，她认为小班原本工作量就大，保洁工作不能及时完成也是因为孩子年纪小，吃饭速度慢，并不是如吴副园长所说的配班老师没帮忙。为此，教研会只能草草收场，吴副园长的计划只能中断。

会后，吴副园长思索良久，到底是什么原因导致这个计划无法实施呢？吴副园长找到了保教主任和年级组长，分别私下沟通了解她们的真实想法。保教主任非常感谢园部坚持保教并重的态度，并表示会更加努力工作尽量避免麻烦配班老师；年级组长们则表示这个细则颁布得太突然，让她们完全没有思想准备，况且原来的分工大家都习惯了，一下子说改就改，如果配班老师不配合，到时候很可能出现互相推卸责任的情况。吴副园长听完后陷入了沉思，意识到自己之前的决定过于草率，没有充分听取各方面的意见，计划受阻也是情理之中的事。因此，她决定召集一次全园教师大会，将制定细则的原因告诉教师们，然后拟定一份细则的征求意见稿，让全园教师都有话语权。最后，吴副园长充分尊重了老师们的意见，对细则进行了完善，既强调保教结合又给班级足够的弹性执行空间，她的“保教精细化管理”终于得以实施。

专栏 1-6

身边的故事　　**焦作市实验幼儿园家长学校工作计划**

一、指导思想

认真贯彻落实《幼儿园教育指导纲要（试行）》和《3—6 岁儿童学习与发展指南》精神，以科学发展观统领幼儿园的各项工作。我们需要坚持“在服务中提升品质”的主旋律，要关注幼儿园内部的和谐与外部的和谐，要关注幼儿的发展、教师的发展和幼儿园的发展；我们需要坚持“用爱心服务成长”的大方向，要关注幼儿习惯的养成，有创新地开展工作，努力促进我园基础教育事业有效、均衡、持续发展，争办人民满意的教育。

二、工作思路

2017年幼儿园工作思路是：认真贯彻《幼儿园管理条例》《幼儿园工作规程》和《幼儿园教育指导纲要（试行）》，以“发展孩子、服务家长、成就教师”为教育理念，围绕安全工作一条主线，抓好园所文化、教师队伍、家长及社区工作三项建设，规范管理，突出特色，促进均衡，优质服务。努力“营造一个家的氛围，让每一个孩子健康快乐地成长”。

三、主要工作目标

1. 规范管理

增强教职员工对幼儿园发展前景的信心。创新幼儿园管理机制，继续进行人性化管理。

2. 强化队伍

完善师资队伍培养机制，加强骨干教师队伍与新教师的管理与培养，全体教师参与评价课程实践，加强教研。加强保育员业务培训。

3. 优质服务

进一步树立服务思想，落实安全责任与措施。

4. 家园共育

召开家长会，继续开展家访和家长开放日的活动。

四、主要工作及措施

1. 规范管理，重视有效的过程管理

制定“谁分管谁负责”的责任考评制度，重申幼儿园各项规章制度，保障幼儿园各项工作的顺利开展与有效实施。

2. 建设积极向上的园风

以“爱岗敬业、创造奉献”的园风精神为核心，宣传和提倡园内要有“互相帮助的人气、默默奉献的风气、艰苦奋斗的勇气和不拘小节的大气”，精心打造校园生活中的每一处环境、每一个细节，积极营造民主、开放的教学氛围，以人为本的育人氛围，健康和谐的人际氛围，使全体教职员工形成一个共同的理念：工作者是幸福与快乐的，变“要我做”为“我要做”，使幼儿园成为教职员工快乐的精神家园。

3. 营造良好的人文环境

（1）强化队伍。加强骨干教师队伍与新教师的管理与培养，提高教师教学能力、科研能力、基本功的培训和运用现代教育信息技术能力。

（2）根据幼儿园园本培训计划，进行每周一次的教师教学能力的培训。

（3）加强教研，提升教师专业素养。

（4）加强师资队伍基本功的培训。

(5) 加强教师对教育案例、教育教学的反思能力，提高她们的业务素养。多开展相互观摩活动。

(6) 教师一周一例会制度。

4. 组织各类人员外出参加业务培训

本学期各个班级重点抓常规管理。强化教师的管理意识，以良好的团队形象、优质的服务态度、全新的工作理念，出色完成各项工作任务。

五、明确幼儿园办园理念，突出幼儿园办园特色

1. 加强教研，促进教师的专业提升

2. 加强普通话的推广，发展幼儿的语言表达能力

3. 加强园本教研，教师进行说课，评课和反思

六、保教工作

1. 加强园内教育教学常规管理

培养幼儿生活、学习、户外活动好常规。根据常规目标研讨常规训练的措施与方法。班级开展常规竞赛评比。

2. 开展扎实有效的教研活动

组织教师认真研讨教材，解读分析教材，根据幼儿实际，合理运用教材，设计符合幼儿发展的活动方案，使每位幼儿在原有基础上得到提高。在教学中努力做到“眼中有孩子、心中有目标、随时有教育”。

3. 开展评课与反思活动

在教师中开展以下活动：上一节公开课，写出教后反思。通过评价，不断提高幼儿园保教质量。

4. 努力做好教学业务档案资料的管理，注意各种教学资料的积累

七、后勤工作

1. 更新观念，增强服务意识

调动全体后勤人员的积极性，牢固树立师生利益、家长利益的朋友关系，以满足师生、家长的合理要求为出发点和归宿，全心全意为师生和家长服务。

2. 抓好幼儿保健管理

(1) 保证幼儿膳食质量，通过了解听取家长、教师的意见，更加科学合理地安排幼儿膳食。

(2) 加强生活护理和消毒制度的执行，加强检查、督促。

(3) 继续加强对卫生保健工作的管理。认真落实《幼儿园食品一日流程管理及考核办法》，加强食品从采购、入库、制作、入口等环节的管理，杜绝食品浪费。严格把好食品的卫生关和流失关。

3. 常抓不懈，提高安全防范意识

(1) 强化“安全责任重于泰山、安全人人有责”的意识，全园教职工对照自己的工作岗位制定相应的安全计划或安全教育、安全逃生等方案，预防各类安全事故发生。

(2) 强化一日活动各环节的安全细化工作和安全检查措施，确保幼儿在园学习、生活安全、愉快。进行一月一次安全大检查，每月一次教学及食品卫生抽查，每天行政检查，并做好安全检查记录。

(3) 提高安全意识，加强有关业务学习，提高各岗位工作人员的安全意识和应对能力，进一步明确各自职责对教师加强突发事件的处理能力的培训，进行消防知识的讲座、模拟演习等活动。

(4) 结合一日活动各环节，对幼儿进行安全教育，使幼儿掌握一些自我保护的技能，提高幼儿的保护能力。

(5) 加强门卫职能意识、加强巡视、晨检、消毒隔离、食堂卫生安全的管理和检查等工作，对发现的安全隐患及时汇报、及时维修和排除，杜绝因食品卫生、消毒不严等不良事故的发生。

4. 落实财产管理责任制

继续执行财产登记和维修申报制度，制定财产管理、使用、赔偿等细则，提高全体教职员工和幼儿爱护园所财产的意识。

5. 卫生环境，责任到人

八、家长社区工作

1. 积极开展丰富多彩的家长活动

通过家委会、组织亲子活动、开好家长会。以电话联系、家访等多种形式继续开展好“全员大家访”活动。

2. 各班每月更新家长园地

利用“家长宣传栏”“家长会”“家长开放日活动”等形式，对家长进行育儿指导和培训，加强沟通与交流。

3. 提升家园互动质量

积极参加社区等各级组织举办的文艺活动、技能比赛、亲子游戏。寻找家长共同关注的育儿问题，开展互动，半日活动汇报，家长资源进课堂，提高家园工作质量。

九、月份工作安排

1. 三月份工作安排

(1) 教师2月8日（农历正月十二）到校，做好开学前各项准备工作。2月13日（农历正月十七）幼儿园开学并正式上课。

(2) 各部门制定学期各项工作计划。

(3) 期初工作检查：幼儿园改扩建、班生数、环境创设、课程设置等情况。

(4) 组织开展庆祝“三八”妇女节活动。

(5) 幼儿园保教工作常规抽查。3—6月进行常规抽查，检查重点是进课堂听课、观察幼儿常规、检查周计划、幼儿一日作息，教师和保育员一日工作安排等书面材料，实地观察环境布置、早操、户外活动、家教园地、活动区游戏开展情况等。

(6) 制定联动帮扶计划，制定2017年的“送教下乡”活动计划、方案。

2. 四月份工作安排

(1) 以“课程设置”“区域活动”“游戏”为重点，进行园本教研。

(2) 带班教师做好带班工作，园领导随机下班听课。

3. 五月份工作安排

(1) 组织庆祝“五一”国际劳动节活动。

(2) 组织幼儿体检工作。

(3) 开展学前教育宣传月活动。

(4) 下班听课，检查各班一日活动各环节的组织与指导。

4. 六月份工作安排

(1) 开展“六一”儿童节庆祝活动。

(2) 围绕“回归游戏的幼儿园课程研究”的研讨主题，开展幼儿园管理经验交流会。

(3) 开展小班年段开放日活动和大班包粽子民俗活动。

(4) 开展小学、幼儿园幼小衔接活动及大班毕业典礼。

(5) 对教师常规工作进行检评。

(6) 各部门撰写工作总结。

(7) 各班进行全面家访。

(8) 学期闭学式，做好综合表彰与假期教育。

5. 七月份工作安排

(1) 组织学期教师绩效工作考评。

(2) 做好各类资料整档工作。

(3) 7月1日学期结束。

(4) 做好幼儿园招生工作。

专栏1-7

身边的故事

某幼儿园2017年春季学期保教工作计划

一、指导思想

本学期，我园坚持以《幼儿园教育指导纲要（试行）》和《3—6岁儿童学习与发展指南》

为指导，以省级示范园为准绳，大力加强幼儿园保教工作的管理，坚持求真务实、求精创新的工作作风，创设良好的环境，优化一日活动，进一步提高师资整体素质和教科研水平，提升保教服务质量，使幼儿园的教育教学工作真正发挥实效，促进幼儿身心和谐、全面、健康发展。

二、本学期保教工作重点

1. 加强师德教育，廉洁从教，树立幼儿园教师应秉持的专业理念与师德修养

2. 坚持以《漳州市机关幼儿园教师工作考核细则》规范教师日常工作，加大检查力度，推进教学秩序常态化、规范化

(1) 加大日常巡班力度，关注教师带班情况，也了解教师需求，引领教师职业发展方向。

(2) 教学安全工作常抓不懈，确保幼儿健康成长。

(3) 严格按照《漳州市机关幼儿园教师工作考核细则》落实检查与考核制度，全面规范教师工作行为，树立为人师表的教师形象。

(4) 改变每两月公布一次考核情况为每月公布一次，以便及时反馈、及时督促，及时呈现教师的各项工作成绩。

3. 青年教师“师带徒”培养工作：加强师徒工作交流，落实每月随堂听课制度，加大日常工作指导，每月提交听课反馈表，切实促进教师成长

4. 深入开展“回归游戏的幼儿园课程研究”课题研究，推进幼儿园课程游戏化的实践改革

5. 加强园本培训学习活动

(1) 以“好文章共分享”活动促教师学习，结合教研重点优选幼教好文，在教师中推广阅读，教师结合工作实践撰写读文心得，定期分享优秀的读文心得，促进教师阅读活动的落实。

(2) 开展岗位练兵活动，促进教师间的相互交流，相互学习，共同提高。

青年教师：技能比赛（三月份：讲故事与美工，四月份：弹唱与舞蹈）

骨干教师：进行特色展示课活动，展现骨干教师的优秀经验，促进青年教师的学习与成长。

资深教师：进行结构游戏材料创意拼搭展示，挖掘结构材料价值，向青年教师传授各种建构技能。

6. 开展丰富多彩的教育教学活动，促进幼儿学习与发展

(1) 切实开展安全教育周的活动，提高幼儿安全防范意识。进行两次疏散演练，提高幼儿自救能力。

(2) 将主题探究活动与领域活动相结合，在主题活动预设中充分考虑幼儿的已有经验

与兴趣，以游戏为主要活动形式，让幼儿在动手动脑的活动中自主探索、发现与创造。

(3) 开展"迎三八，感恩有您"系列活动、"迎六一游园活动"、大班幼儿"迎端午包粽子"活动、大班毕业典礼等活动。

7. 家长工作

通过班级家长会、家教专栏、《家园互联网》专刊、家长开放日、家访等形式，有效开展家园共育工作。

三、月份安排

1. 二月份工作安排

保教工作：

(1) 营造温馨、宽松、平等的心理环境，迎接幼儿返园，让幼儿尽快适应幼儿园集体生活。

(2) 根据幼儿年龄特点和班级特色更新区域设置和区域材料，真正从幼儿实际需要出发，创设能引发幼儿游戏，并凸显操作性和层次性的活动区，以美化、儿化的区域环境吸引幼儿。

(3) 开展第一周安全教育周活动、"红火的新年"、"生机盎然的春天"系列活动。班级环境布置结合以上活动和班级常规、礼仪、安全教育进行，以师幼互动的形式呈现。

(4) 师幼共同讨论、调整班级常规，老师与保育员协同一致，引导幼儿尽快养成良好的学习与生活各项常规与习惯。

(5) 结合春季特征，创设能与幼儿互动的自然角，开展适合幼儿进行的种植和观察活动，通过互动性的环创鼓励幼儿持续观察，培养耐心、细心和观察能力。

(6) 青年教师撰写本学期个人成长计划，要求计划要具体，措施要易执行，文档格式规范。每月落实一次听课制度，月末上交听课记录。

(7) 迎接期初教育局的各项检查和督学组检查。

教研工作：

(1) 制定幼儿园保教工作计划、教研工作计划、年段工作计划、班级工作计划和期初家长会内容等。

(2) 召开教师工作会议，进行师德教育、学习《福建省幼儿园保育教育活动常规》,《漳州市机关幼儿园教师工作考核细则》等，明确教师工作规范，增强责任感和道德意识。

(3) 结合《3—6岁儿童学习与发展指南》精神，开展年段集体备课：数学领域、科学领域、体育课和小班户外活动，分别形成电子稿，整理好提交到园部。(集体备课要发挥团队智慧，形成的活动教案要根据各班具体情况实施和调整，防止机械套用。)

(4) 教研活动：探讨"阅读区"创设的有效策略。

(5) 青年党团员进行游戏室创设与调整。

家长工作：

（1）指导家长调整幼儿养成良好的生活作息，使其尽快适应幼儿园新学期生活与学习。

（2）召开班级期初家长会，分发本学期第一期《家园互联网》。（2月23日，召开中小班家长会，大班家长会在幼小衔接主题开始之前进行，具体日期待定。）

2. 三月份工作安排

保教工作：

（1）结合三八妇女节，开展“迎三八，感恩有您”系列教育活动和开放日活动，在充分感知、体验、表达的基础上，让幼儿感受妈妈的辛苦，理解妈妈的爱，并大胆表达对妈妈的爱。

大班：举行大班“感恩有您”演讲活动，为幼儿提供表达表现的机会，促进幼儿语言发展、培养幼儿自信心。

中小班：开展年段集体活动，通过各种表演和互动性活动，表达自己对妈妈、奶奶的爱。

（2）班级两名教师共同探讨、预设主题活动，根据幼儿的发展水平和兴趣特点，围绕主题活动的目标、活动网络图、区域材料投放、环境创设，形成班级主题活动预案，在此基础上，实施班级主题活动。以做到心中有目标、行动有计划。在主题进行过程中，要根据幼儿的兴趣和活动的具体情况做适当调整和补充。

（3）根据主题活动和班级特色，逐步体现班级环境创设的风格，丰富环境创设内容和区域材料投放，以低结构材料投放为主，开发富有游戏性和层次性的区域活动材料，引导幼儿自主游戏。

（4）进一步完善班级常规的设置与管理，做到两位老师和保育员协调统一。

教研工作：

（1）通过案例研究，探讨班级阅读区的游戏化建设与有效推进。

（2）学习关于促进幼儿阅读能力提升的有关文章，并做好读书笔记。

（3）青年教师技能比赛：讲故事与美工（绘画、手工）。

家长工作：

（1）召开大班家长会，与家长有效沟通幼小衔接的具体工作。

（2）家园共育：积极参与班级自然角的种植与养殖活动，培养幼儿观察能力和习惯。

3. 四月份工作安排

保教工作：

（1）加强幼儿生活各环节的管理，逐步放手让孩子做力所能及的事，培养自理能力。

（2）结合清明节、“世界卫生日”（4月7日）、“世界地球日”（4月22日）、“儿童预防接种日”（4 月 25 日）、“五一劳动节”（5 月 1 日）等节日开展相应活动，对幼儿进行个人卫生、公共卫生、爱护地球、爱劳动等的教育。

（3）深入开展班级主题探究活动。将主题探究活动与区域活动相结合，通过区域活动促进主题探究自主开展。

（4）关注幼儿在活动区中的表现，分析表现背后隐含的教育价值，不断调整介入时机与指导策略。

教研工作：

（1）青年教师技能比赛：弹唱、舞蹈。

（2）资深教师开展结构材料创意建构展示活动。交流、学习建构技能。

（3）教研：研讨结构材料的教育价值和投放策略。

家长工作：

（1）请家长利用节假日带领幼儿外出春游，感受春天的气息。

（2）让孩子在家做自己力所能及的事情，培养幼儿的自我服务能力。

4. 五月份工作安排

保教工作：

（1）幼儿生存教育：了解地震应急安全常识，懂得相关的安全自救方法。进行避震演习。

（2）结合 5 月 20 日“中国学生营养日”教育幼儿不挑食，注意饮食平衡和饮食健康，少吃零食。

（3）进一步深入开展主题探究活动，探索如何通过教师的引导和环境、材料的支持促进幼儿自主性的探索活动。

（4）探讨“庆六一幼儿游园活动”方案。

教研工作：

（1）骨干教师特色展示课活动，展现骨干教师的优秀经验，促进青年教师的学习与成长。

（2）讲座：《3—6 岁儿童学习与发展指南》背景下音乐活动游戏化课程建设。

（3）教研：在集体活动中如何落实游戏精神。

家长工作：

（1）参加“庆六一”游园活动，陪伴幼儿度过有意义的儿童节。

（2）出本学期第二期《家园互联网》。

5. 六月份工作安排

保教工作：

（1）开展“迎端午　包粽子”亲子同乐活动、大班毕业典礼。

（2）对照幼儿各年龄领域发展学期目标进行反思和调整，进行课程平衡教育工作。

（3）主题探究活动小结与反思。

（4）班级幼儿学期发展评价。

教研工作：

（1）青年教师公开课观摩活动，将集中活动游戏化付诸实践教学。

（2）进行教学、教研等各项工作总结，撰写课题研究论文。

（3）课题总结、材料整理，提交结题申请。

（4）学期档案收集与整理。

家长工作：

（1）指导家长合理安排幼儿的暑假生活，参加有意义的活动。

（2）请家长多与幼儿进行亲子阅读，培养幼儿的阅读兴趣和习惯。

资料来源：漳州市机关幼儿园供稿。

做一做

阅读新《幼儿园工作规程》和《3—6岁儿童学习与发展指南》，分析其中有关幼儿园目标的内容。

想一想

1. 你是否理解以下内容呢？

（1）幼儿园目标的含义和作用。

（2）幼儿园管理过程的含义。

2. 是否掌握以下内容呢？

（1）幼儿园目标的结构及制定依据。

（2）幼儿园管理过程的特点。

3. 是否能综合运用以下内容呢？

（1）幼儿园目标管理的实施。

（2）幼儿园管理过程的运行。

试一试

在学习本章幼儿园目标结构相关内容的基础上，结合其他相关资料，试制定一个幼儿园小班某月份的教育工作目标。

第二章

幼儿园组织与制度管理

本章导航

幼儿园办园模式

幼儿园组织机构及其设置

幼儿园规章制度的类型与制定

幼儿教育凸显的“入园难”，其本质是人民群众日益增长的入园需求和合格的、有质量的学前教育资源，包括公办幼儿园、普惠性民办幼儿园严重不足之间的矛盾①。《国务院关于当前发展学前教育的若干意见》中提到，“大力发展公办幼儿园，提供‘广覆盖、保基本’”的学前教育公共服务。改革开放政策的实施，使我国幼儿教育事业的发展走进了一个新的时期。尤其是幼儿园办园模式的多元化，使我们不得不重新思考，如何开展幼儿园办园模式的改革与创新，才能适应时代变革的要求，使幼教事业真正具有不竭的发展动力，缓解“入园难”的问题。

本章将从介绍幼儿园的不同办园模式入手，进一步介绍不同幼儿园组织机构设置的概况，最后阐述幼儿园规章制度的类型与建设，从而帮助读者认识幼儿园组织与制度管理的基本内容。

第一节　幼儿园办园模式

“幼儿园办园模式”，指幼儿园在一定的教育和社会体制制约下，为达到一定的办园目

① 王海英. “入园难”的原因和可能对策. 幼儿教育（教育科学），2011 (9).

标，按一定的运行机制运作的、具有相对稳定的幼儿园结构形态和特定的权力结构及关系的办园式样。

随着我国社会主义市场经济的逐步建立，不少国有或集体所有制的幼儿园逐渐改变体制，从原来的主管单位剥离出来，走上了自我发展、自我完善、自负盈亏、独立经营的社会化发展道路。在这种背景下幼儿园必须转变观念，克服原来的“等、靠、要”思想，变福利型为经营型。但这种“经营”绝不是纯粹的“生产经营”，而是一种教育经营或经营教育。

我国学前教育属于非义务教育阶段，在《民办教育促进法》正式颁布之后，各级地方政府均鼓励集体、企业、个人等投资幼教事业，形成多种办园模式，如私人办园，事业单位办园等。目前整个学前教育坚持形成立足改革，办园模式多元化，以适应社会主义市场经济的格局。这一局面将会在较长时间内得以持续发展。

幼儿园必须从社会需求中充分利用人力、物力、财力资源，最大限度地发挥其效益，找到自己的发展道路。要突出幼儿教育服务于社会的功能，要从幼儿园教育发展目的与途径相统一的角度去认识问题。发展教育，是为了社会，也必须依靠社会。

一、公办幼儿园连锁办园模式①

（一）公办幼儿园连锁办园模式概述

公办幼儿园连锁办园模式是指以优质公办幼儿园为办园主体，若干所幼儿园以一定的联结纽带组合成一个联合体，在整体规划下实施教育活动，按一定的权责划分和运行机制运作的，具有相对稳定的幼儿园结构形态和特定的权力结构及关系的办园式样。根据与其连锁的学前教育机构的地理位置、投资主体、所有权主体的差异可将其归纳为如下三种类型。

名园办分园，即由一些办园历史较长、教育教学质量较高且具有良好社会声誉的公办园，利用其自身品牌优势开办若干所由其直接经营和管理的分园的办园模式。

名园加乡园，即城市优质公办幼儿园利用自身教育资源优势与乡镇幼儿园联合办园，通过管理模式的规范化、教育教学的示范以及资源共享等带动乡镇幼儿园的有序发展。

品牌加地产，即由品牌幼儿园提供优质教育资源和管理范式，由房地产开发商提供资金支持而联合举办社区学前教育机构的办园模式。地产加品牌具有一定的区域性，它在政府的指导下，借助开发商的资金优势，在一定区域内解决了幼儿“入园难”和“入名园更难”的现实困境。在政府的政策指引下，房地产商将小区配套幼儿园无偿交给教

① 但菲．对现实诉求的主动应答——公办优质幼儿园连锁办园模式探析．教育导刊，2013（11）：60-62.

育部门，由政府统筹安排，办成公办连锁幼儿园或委托办成普惠性连锁民办幼儿园。也就是说，该模式下创建的社区幼儿园属于公共教育资源。随着越来越多的家长会把社区配套教育资源的情况作为投资置业时重点考虑的因素，该连锁办园模式近年来逐步兴起。

（二）公办幼儿园连锁办园模式的特点

1. 推动合理化布局

解决城市不同区域幼儿对优质教育资源的需求。由于每个城市的优质公办幼儿园数量并不多，因此并不能够平均分配在各个区，也就更不会出现每个区均有多所优质示范园的情况。如今，通过公办幼儿园连锁办园模式增加各区优质公办园数量，这使得优质教育机构的布局更加科学合理，既让更多的幼儿在家附近实现了“入名园”“入好园”的梦想，也更好地推动教育公平、教育机会均等教育理念的落实。

满足农村幼儿对优质学前教育的需求。城市优质幼儿园无论从硬件层面还是软件层面的供给均为具有办园意向的部门或个人开办农村幼儿园提供了便捷条件。该模式的出现将增加更多具有普惠性质的乡镇幼儿园，落实了“建设布局合理的城乡结构”的政策要求，从而实现了农村娃也能“入好园”的梦想。

为幼儿提供方便就近的优质社区教育资源。调查表明，大部分家长愿意就近选择早教指导服务，超过六成的家长首先选择“社区儿童活动中心”①。由此可以看出，在我国开展以社区为单位的早期教育服务是可行的，也是一种必要的发展方向。如今“新建小区配套幼儿园要与小区同步规划、同步建设、同步交付使用”的政策创新性地缓解了“入好园难”的问题，实现了扩大优质教育资源辐射范围、就近入园等目标。

2. 促进幼儿教师队伍的快速成长

发挥成熟教师对新教师的示范作用。总园中的管理人员与优秀教师通常具备较高的管理能力和先进的教育理念，他们会对即将分配到分园的新教师进行合理、有效的“传、帮、带”活动。通过一段时间的培训，充分发挥成熟教师对新教师的示范作用，可使新教师的专业能力迅速得以提升。特别是在“名园加乡园”连锁模式中，名园与乡园常常各自派出一定比例的教师到彼此的园所进行交流学习。这样，可以为乡园教师提供参观名园、与名师交流等学习和进修的机会，为乡园带去更为先进的教学理念和课程模式，这是提高乡镇幼儿教师理论水平及培养他们实践能力的良机。

名园效应提升了教师的职业认同感。目前，我国的农村教师、中小学转岗教师和民办幼儿园教师占幼儿教师队伍的比例很大。然而，他们的社会声誉、工资待遇、受重视和尊重的程度往往都是比较低的。通过公办幼儿园连锁办园模式对办园体制进行创新性改革，

---

① 何彩平. 从家庭需求看上海市 0～3 岁早教服务. 幼儿教育，2011（6）.

使得这些教师也被纳入公办园教师的队伍当中。这意味着该部分教师有更多机会考取编制、待遇有所提高、培训机会也有所增加。由此，名园效应提升了幼儿教师的职业认同感，使他们对日后的工作充满信心。

3. 合理分担办园成本

形成集约化的管理队伍。这种办园模式往往将其各个分园具有共性的业务统一集中起来或成立相关职能部门，采取各园所进行统一管理、统一采购、统一宣传、统一招生与收费等行为。这种行为可以有效避免由于园所过多所导致的管理层过多、管理关系复杂、管理协调困难等问题，从而加快信息传递速度、提升组织效率、减少不必要的运营环节，以达到节约办园成本的目的。

社会力量参与分担办园成本以缓解政府财政压力。特别是对于“品牌加地产”的连锁模式来说，在政府财政以及相关资源相对短缺的情况下，地产商的加入可以有效分担政府的办园成本和管理成本，缓解了政府在兴建社区配套学前教育机构过程中的资金问题。总体来讲，目前社会上存在的公办幼儿园连锁办园模式的成功关键在于“优质资源共享、各方优势互补、数量质量均衡、辐射范围扩大”这几方面因素。

（三）实践中应注意避免的隐患

辩证地分析这种新兴的办园模式，可以发现它在实践中存在着一些隐患，其中办园质量下滑尤甚，将直接影响公办幼儿园连锁办园模式能否成功运作。主要表现在以下三方面。

1. 简单复制硬件设施易导致办园质量下滑

众所周知，名园在实践过程中积累了大量适合于自身发展和社会需求的办园经验。而分园并不具备与总园同样的“地基”，只是生搬硬套总园的硬件设施并不能够在师资质量和课程实施等方面相应地提高，在实践中，由于种种原因，它们向其他幼儿园发挥示范辐射作用的意识事实上是比较弱的①。这就难以真正实现优质教育资源辐射的目的。其中，在“品牌加地产”模式的发展过程中，存在部分地产商只是一味地迎合大局势或想趁机利用政府的扶持政策获取利益而开办“品牌加地产”模式幼儿园的现象。在创建园所过程中，由于地产商并不掌握学前教育的相关知识，容易出现为节约成本而使用廉价材料、购买劣质玩具等影响教育质量的情况出现。这些都造成了此种办园模式重形式轻质量的隐患，极易削弱学前教育的公益性。

2. 分园师资质量难以保障易导致教学质量下滑

首先，一些乡镇分园教师缺乏专业创新能力，机械模仿与照搬课程内容。虽然总园会经常组织教学观摩活动，以此为乡镇幼儿园教师提供更好的学习机会，但部分乡镇幼儿教师理论根基较浅、举一反三的能力有限②。对于名园示范的优质教学活动，派往名园学习

① 张燕，唐容. 关于示范性幼儿园的政策与制度分析. 幼儿教育（教育科学），2010（1、2）：55.

② 肖正德，张素琪. 乡村教师学习机会的现状分析及保障体系构建. 教育研究与实验，2011（1）.

的乡镇教师往往回到幼儿园后只能将所学课程机械照搬，并不能够深刻理解或将这些理论有效应用于教学实践当中。在课程的实施层面，不少乡镇幼儿教师缺乏自主与创新精神，不能根据不同幼儿特点进行因材施教的教学活动，更谈不上将名园带来的先进理念与乡镇本土特色巧妙结合。其次，在“品牌加地产”模式下创办的分园中，师资多来自总园分派和招聘两种渠道，然而在幼儿教师资源短缺的现状下，分园园所的快速增加对短期内优质教师的大量供给提出了挑战。由此引发的师资质量下滑易导致在教学实践中出现教学事故、教师情绪问题或职业倦怠等不良情况的发生。

3. 园所管理不当易导致办园质量下滑

园所数量快速增加为管理模式带来了较大挑战。“名园办分园”模式采用的是单法人紧密型的管理结构①。总园与分园在人事、财务、行政等方面实行统一管理。虽然总园在长期的经营过程中积累了一定的运行与管理经验，但不可否认这些经验均来自单一园所的运营。若是前期在管理方面准备不充分，短期内分园数量快速增加将为管理模式带来较大挑战。例如，总园财务部的财务主管在工作上的失职，就较易造成总园与分园之间相互监管不到位、财政分配不科学而滋生的腐败现象等一系列问题。

专栏 2-1

拓展阅读

小区配套幼儿园的产权究竟归谁

配套幼儿园是指和小区一起兴建，由教育主管部门和幼儿园经营者，幼儿园经营者和开发商或集体和幼儿园经营者签订相关协议来经营管理的幼儿园。配套幼儿园主要服务于社区内的住户，为小区内的适龄孩子提供教育和保育。

关于配套幼儿园的产权归属问题，小区配套幼儿园属不属于业主共有，《物权法》里没有像“小区内的道路、绿地、物业用房属于业主共有”这样的明确规定，所以小区配套幼儿园的归属问题就相对模糊。基于这样的一种客观情况，目前小区配套幼儿园的产权归属存在以下三种情况：

第一种情况，2007 年以前《民法通则》等相关法律规定小区配套幼儿园的产权归教育主管部门，虽然 2007 年国家颁布了《物权法》，但《物权法》没有明确规定小区配套幼儿园的产权，所以，事实上国内主要城市（如北京、天津、南京、武汉、济南等）早有规定，对于小区配套园的园舍，开发商需要将其产权无偿移交政府，依此规定，园舍的产权归属政府。

第二种情况，《物权法》颁布后，小区配套幼儿园的产权归属规定模糊，这就造成了一些小区配套幼儿园在小区建设之初就和业主有明确的约定，小区配套幼儿园的产权归建筑单位，幼儿园建成后产权就归建筑单位，但《物权法》规定建筑单位不得改变规划配套

① 柯长瑜．实施集团化办园，促进学前教育优质均衡发展．科学大众（科学教育），2011（6）．

幼儿园的用途。

第三种情况，如果业主在《购房合同》中没有就配套幼儿园问题的约定，或者小区配套幼儿园既无产权登记，也无合同约定，那根据“谁投资谁受益”的原则，要看小区业主有没有分摊配套幼儿园的建设成本。

资料来源：孙红. 城镇化进程中城市小区配套幼儿园办园模式探究. 湖北函授大学学报，2014（15）：56-57.

二、“公建民营”办园模式[①]

（一）“公建民营”办园模式概述

学前教育“公建民营”办园模式就是指按照国家幼儿园建设标准，由政府出资改建闲置资产，或由政府无偿划拨土地并出资兴建，适当减免租金，租赁给具有办园资质的社会组织或个人管理运营，实行“管办分离”的政策。幼儿园的经费管理实行独立核算，保教费、住宿费实行政府指导价，同时享受国家规定的税收优惠政策，此类幼儿园中幼儿与公办园幼儿享有同等权利，贫困家庭幼儿纳入国家资助范围。“公建民营”幼儿园也具有公益性和普惠性。

（二）“公建民营”办园模式的特点

第一，完善了幼儿园投入机制。此项改革建立了非义务教育阶段的学前教育投入由政府、社会、家长合理分担的新机制，在加大政府投入的同时，更好地吸引社会资金投入学前教育。

第二，创新了幼儿园管理体制。“公建民营”管办分离的管理模式，吸取了公办幼儿园和民办的优点。相对于公办幼儿园，这种模式的幼儿园有更多独立性，更能体现幼儿园的法人主体地位，减少了政府对微观事务的干扰，也符合国家政策。相对于民办幼儿园，这种模式建设的幼儿园，由政府无偿划拨土地并出资兴建，与公办幼儿园一样具有公益性和普惠性，减少了幼儿园办园成本，同时通过办园协议加强对幼儿园履约承诺监督，政府部门对该模式幼儿园的管理方式、收费标准、教师质量都能起到主导作用。

第三，创新了幼儿园人事制度。举办公办幼儿园，最大的问题是教师编制有限。而“公建民营”办园模式，突破了公办幼儿园教师编制的局限性，一方面极大缓解了政府的压力；另一方面“公建民营”幼儿园的教师质量和待遇也得到保障，且持证上岗，使幼儿园的用人机制更为灵活，保教水平得到大幅提升。

第四，减轻了群众负担。“公建民营”幼儿园都有统一的保教费标准，避免了过去无序竞争、自行定价的弊端。

---

① 陈从吉. “公建民营”幼儿园办园模式的探索与实践. 行政事业资产与财务，2014（4）：78-79.

专栏 2-2

拓展阅读

企业办园体制改革

在以青岛等城市为代表的幼教办园模式改革中，他们本着改革要有利于教育事业的发展，有利于减轻办园单位社会负担，有利于激发幼儿园内部活力的原则，在坚持多元化办园体制的基础上，确立了以承办制为主导模式的改革基本思路。

他们首先抓住企业办园体制改革这个牛鼻子，认真总结完善企业在深化内部改革中对幼儿园实行承包的经验，提出对企业办幼儿园实行承办制的基本思路。其主要内容是：明确职责、自主办学。明确职责就是办学单位和幼儿园各自明确在办学过程中应负的责任和义务，解决过去"办好办坏都不管"的弊端。办学单位要为幼儿园提供基本的办园条件（场地、房屋、设施）以及对大型设施和设备的更新维修，保证教职工"三个不变"，即正式职工的身份不变、政策性调整工资不变、享受医疗保险的待遇不变。帮助幼儿园消化富余人员以及保证幼儿园享有充分的办学自主权。

自主办园，即要求幼儿园按照幼儿教育自身的规律和特点，把提高办园质量和办园效益放在首位，做到强化职能、自收自支、以园养园、自我发展。在总结经验的基础上，他们还将企业承办制办园模式向机关、事业、教育等单位推广，并在实践中不断丰富完善承办制的内涵。

资料来源：穆英林，徐书芳，李世霞．深化办园体质改革建立有效管理机制．学前教育研究，1999（2）．

三、农村幼儿园办园模式①

随着农村经济的繁荣，农村婴幼儿家长受教育程度的提高和城镇化建设步伐的加快，农村群众对高质量幼儿教育的要求越来越迫切，农村幼儿教育获得了空前发展。不同类型的幼儿园在农村应运而生，如乡（镇）中心幼儿园、村办幼儿园、家庭"庭院式"幼儿园和学前班等，它们在农村幼儿教育的发展中发挥着重要作用，使农村幼儿接受早期教育的机会大大增加。各种类型的幼儿园因举办主体、经费投入、地理位置、师资力量等方面的差异而呈现出各自的特点。

（一）不同办园模式

1．乡（镇）中心幼儿园

乡（镇）中心幼儿园，就是在乡（镇）所在地由乡（镇）教育行政部门统一管理、独立建制，有三个以上不同年龄班，按国家颁布的《幼儿园工作规程》要求，履行幼儿园根本任务的学前教育机构。乡（镇）中心幼儿园大多属于全额或差额拨款的教育事业单位，

① 郑名，马娥．西北农村幼儿园办园模式分析与现实选择．中国教育学刊，2006（9）：63-64．

教师属于国家正式编制的教职工，其工资待遇基本能得到保证，办学规模在本地区相对较大，办学条件相对较好，也是农村幼教资源相对集中的地方。

但是，一方面，乡（镇）中心幼儿园数量少，且分布在乡（镇）的中心位置——乡政府所在地，很难满足偏僻地区农村幼儿的入园需求。另一方面，由于我国实行“地方负责、分级管理和有关部门分工负责的幼儿教育管理体制”，其管理与投资主体是县级政府，乡政府很少或没有幼儿教育经费投入，因而缺乏持续发展的基本条件。特别是农村税费制度改革后，乡（镇）中心幼儿园主要依靠收费维持生存，经费少且不稳定，幼儿园设施简陋，近年来乡（镇）中心幼儿园发展不断呈下滑和萎缩趋势，影响了其在农村幼儿教育中示范、辐射作用的发挥。

2. 村办幼儿园

村办幼儿园主要有两种形式：一种是村办村管的村级幼儿园，由村委会集体出资或与村民合资建设园舍、配备简单的设备设施，由村委会或乡教委直接管理的农村保教机构；一种是村民个人举办的“庭院式”的家庭幼儿园，这类幼儿园经费完全由举办者个人投入，园址大多设在家庭庭院内。

这两种形式的村办幼儿园是农村最基层的学前教育机构。村办幼儿园大多设在村委会或村民自家院落，在地缘上与入园幼儿家庭、社区最接近，便于交往，情感关系密切，又因其办学形式灵活，收费低廉，能够根据农耕季节的需要灵活机动地调整幼儿在园时间，因而受到农村幼儿家长的欢迎。

但是，这类幼儿园，特别是村民个人举办的幼儿园，大多规模小、布点分散，幼儿园因经费投入有限，根本无力为幼儿提供基本的生活设施与教学设备，房舍条件差，活动室面积不足，缺乏适合幼儿的饮水、洗手、厕所等条件，不能为幼儿提供基本的玩具、图书和教学设备等。另外，幼儿园的管理与教学人员多为举办者个人，或临时聘用初高中毕业生，他们大都未经任何培训，不了解幼儿身心发展的规律和幼儿教育的特点，又缺乏相应的业务指导，仅凭借对幼儿教育事业的一腔热情或因为经济上的需求来办园，在教育教学实践中难免会有偏差，教师的教育观念和教育行为与《幼儿园教育指导纲要（试行）》的要求存在差距。

3. 小学附设的学前班

学前班主要招收入学前一年的幼儿，多为全日制或半日制的，有些学前班单独设班，大多数附设在小学内。实施小学附设幼儿班具有两方面的优势：一是经济优势，学校具备一定的经济基础和物质条件，在资金投入上具有一定的保障；二是衔接优势，小学附设幼儿班这一办园模式有利于搞好有效衔接，为幼儿入小学做好准备，有利于幼儿在行为规范、学习习惯、活动能力等方面打下良好的基础。但是，作为小学的附属机构，附设在小学内的学前班无论是教学管理还是教学内容，都不同程度地受制于小学，“小学化”特征明显，管理经费也经常被挤用，大多数学前班未能根据幼儿特点提供饮水等生活设施，幼儿教育的保育功能被严重弱化。

（二）现存办园模式存在的问题

1. 幼儿园布局不合理，缺乏统筹规划与管理

国务院《关于幼儿教育改革与发展指导意见的通知》（简称《指导意见》）明确规定乡（镇）人民政府承担发展农村幼儿的责任，同时规定了教育行政部门的责任。但是，由于对幼儿教育的理解片面、认识不足、重视不够，加上其他客观因素的制约，农村幼儿园缺乏统筹规划与管理，长期处于零管理、无引导的自然发展状况。

2. “小学化”倾向严重，整体教育质量低下

由于受到教育观念、地理环境、物质条件等因素的限制，农村幼儿教育在课程内容、教学形式等各方面“小学化”倾向严重。首先，农村家长缺乏对幼儿教育价值的正确理解，认为幼儿教育就是读书认字，为今后的小学、中学打好基础，因此，很多幼儿园为了迎合家长“望子成龙”“望女成凤”的高期望，在教学内容安排上要求幼儿提前学习小学的知识。其次，由于农村幼儿教师教育观念比较陈旧，没有考虑到幼儿身心发展的特点，在教学形式上常常采用“满堂灌”，将对小学生的要求搬到幼儿园。或者由于经费与教育观念等问题的限制在教学中没有提供符合幼儿教育规律的教学器具和方法，严重影响了农村幼儿教育的质量。

3. 办园行为不规范，随意性大

由于对民办幼儿园的审批制度不严，农村存在着大量未注册的幼儿园。这些幼儿园的共同特征是规模小、设施差，办园条件不达标，安全隐患严重。这些“家庭作坊式”幼儿园实行的是家族式管理，管理者、教师和后勤人员都由举办者个人或其亲戚担当，办学过程无人评估指导，办学要求也没有统一的标准，缺少应有的监督机制。在市场竞争越来越激烈的情况下，不少幼儿园并未将主要的功夫放在改善办园条件、提高保教质量上，而是靠压缩编制、增加班额、降低教师工资、减少教育设施的配备来降低成本。另外，由于幼儿园举办者的素质良莠不齐，很多幼儿园举办者忽视了教育质量的提升、师资培养等工作，致使管理比较混乱、教师积极性不高、流动性大。

专栏 2-3

拓展阅读

我国幼儿园办园主要模式

办园模式	办园主体或上级部门	办园特点	主要服务对象	备注
教办幼儿园	各地方政府教育局	公立性质，政府投资主办	面向社会、个人层面	这类幼儿园无论从质量还是数量上来看都曾经是我国幼儿园的主体；目前一些知名教办幼儿园也以多种形式开办民办性质的分园；教师几乎都为事业单位编制

续前表

办园模式	办园主体或上级部门	办园特点	主要服务对象	备注
机关幼儿园	各级政府和部队机关事务管理部门	公立性质，政府投资主办	主要为机关工作人员的子女服务	同上
村镇中心幼儿园	村民委员会或乡镇一级政府	公立或集体所有制性质，集体资金和政府资金投入	为当地村民服务	在目前我国大力推进标准化村镇中心幼儿园的建设，这将是农村学前教育有规模较完整的一种模式，教师实行全员招聘
企业幼儿园（含改制）	承办企业	资产属于国有，但经营自主，自负盈亏，多由承办者承包	主要解决企业职工子女入园，也对外服务	兼有公立与民营的特点，教师既有原企业身份的人，也有对外招聘的
专业教育集团（机构）下属幼儿园	专业教育集团或机构	典型的私立民办，由多人或公司合作控股经验投资主办	面向社会各阶层	借鉴企业管理经验，多呈规模化经营或连锁发展，教师为招聘人员
个体或私立幼儿园	承办人	一般承办人就是投资者，资金渠道比较单一	面向社会各阶层	规模差异较大，规模相对较小的这类幼儿园比例较大，教师为招聘人员
合资或外资幼儿园	出资人	由外资投资或输入教育和管理理念	面向社会各阶层	有的直接交于专门的教育管理公司进行管理，教师为招聘
事业单位办园（如高校附属幼儿园）	各类行政事业单位分管部门	公立性质，事业单位自筹资金投资主办	解决单位内部子女入园为主	教师多为事业编制
街道幼儿园	政府下属的街道办事处	由街道办事处自筹资金，也可以由承办人自筹资金	为辖区居民服务	可以私人领办，教师为招聘人员
其他	例如：部分小学的附属幼儿园，情况类似教委或教育局举办的教办幼儿园			
说明：以上所有模式的幼儿园都必须依法申办并接受当地教育行政主管部门对其依法办园的监督指导和管理。				

资料来源：秦明华，张欣．幼儿园组织与管理．上海：复旦大学出版社，2008：45．

第二节　幼儿园组织机构设置

组织是一定人群的集合体，又是一种协作完成目标的活动。管理是对组织而言的。在管理学上，人们对组织的认识经历了不断深化的过程。传统的组织理论，倾向于把组织看作孤立于外部环境的封闭系统，侧重从组织内部来说明组织的特征。现代组织理论，倾向于把组织看作一个开放的社会系统，认识到组织是在与环境的交往与相互作用中运行，适应并与环境取得平衡以此得到自身发展，注重组织内外部关系及其信息的沟通。

组织是为实现管理目标和管理职能最重要的手段和工具之一，它是把自然状态的人变成社会人。幼儿园是一种教育组织，幼儿园组织机构建设就是指幼儿园内部根据管理需要而设置具体管理部门或单位。幼儿园组织机构建设应注意形成相互联系的整体系统，以发挥各职能的最大效能，提高管理效率。

一、幼儿园组织机构设置概述

（一）幼儿园组织机构设置含义

幼儿园的组织设置是指为实现幼儿园的任务目标，按照一定的形式确定层级关系和权职分工，将幼儿园拥有的人力、物力、财力等组织起来，通过建立适宜的机构部门及相应的运行规则，组成适宜的机构体系和功能系统的过程。幼儿园的设置既能维持幼儿园内部关系，又能与外部相应机构及社会系统相适应，从而实现幼儿园的任务目标。

（二）幼儿园组织机构层级

一般情况下，幼儿园组织机构有三个管理层次。园长是幼儿园的行政负责人，是幼儿园的最高行政领导，属于指挥决策层。各个职能负责人如教研主任、保教组长等，是在园长的指挥领导下负责本部门的工作开展，属于执行管理层。而开展教养工作的一线人员如班级教师等，基于班级层面负责开展具体的工作，属于具体实施层。

以上三层次管理通过逐级授权，每一个管理层次都必须依据上级的指挥和意图行事，通过组织和协调下一层次的人力物力来完成工作目标。这种层次清晰、关系分明的管理，能有效地做到分工协调、责权相应，通过各具功能的适宜的组织体系或模式使整个幼儿园管理网络通畅并发挥相应的管理效率。

（三）幼儿园组织机构设置的类型

幼儿园组织机构通常包括行政组织与非行政组织两类。行政组织是指以园长为核心的行政机构，在幼儿园中具体包括保健、教养、总务三大板块，承担幼儿园的具体管理职能。最基层的行政组织是班级。非行政组织指党团组织和其他群众组织，起着保证、配合、监督和制约的作用，是有效的管理活动不可缺少的组成部分。两者在管理活动中各自起着不同的作用①。

① 秦明华，张欣．幼儿园组织与管理．上海：复旦大学出版社，2008：34-35.

二、幼儿园组织机构设置原则

幼儿园的组织机构建设要做到合理有效，一方面必须遵循组织设计原则，另一方面必须考虑幼儿园的内外环境、条件，如国家、地方及其教育职能部门的有关规定，组织上级行政部门的关系，以及幼儿园自身条件与工作任务等实际状况。

（一）政策导向原则

依法治园是幼儿园管理的重要指导思想。幼儿园在社会中生存、发展，必须受到法律约束。同样，幼儿园组织机构的设置也应当遵循国家政策法规的相关规定。因此，按照《幼儿园管理条例》和《幼儿园工作规程》等相关法规的要求设立基本的组织机构是必须遵循的原则。

国家和教育行政部门通过法律和行政法规等管理和调控各类教育机构。因此，设置和开办幼儿园，必须了解掌握国家和地方及其教育职能部门有关文件的内容与精神，作为幼儿园建设的根本依据。例如，教育部 1979 年颁布的《城市幼儿园工作条例》，对城市幼儿教育机构设置与人员的安排制定了标准。开办幼儿园需要遵循政府及教育职能部门相关文件对办园条件的要求，并到指定单位或部门注册。教育部 1989 年颁布的《幼儿园管理条例》规定了开办幼儿园的基本条件、审批程序，以及幼儿园的行政事务。《幼儿园工作规程》对幼儿园的招生、编班做出了基本要求。教育部 2001 年颁布的《幼儿园教育指导纲要（试行）》对幼儿园教育的内容与要求以及组织实施等提出了具体要求。

我国城镇相当一部分幼儿园为企事业部门开办，幼儿园机构设置应遵循主办单位（上级行政部门）的要求，接受上级部门的领导，明确上下层级的职权范围和相互关系。

（二）任务目标原则

每个组织均有自己的组织目标，组织机构的设置和建立是以实现组织的任务目标为出发点。因此，幼儿园的组织机构设置，必须满足实现幼儿园任务目标的要求。作为幼儿园的管理者，需要依据幼儿园的具体情况及需求，分析和决策幼儿园组织的任务目标。实际操作中，首先应确定幼儿园的工作目标，然后将总任务总目标分解为具体目标和工作内容，由此才能决定组织机构的设置、职务和人员安排。坚持以“事”为中心，因“事”设职，因“职”设岗，先组织后人事的原则，使幼儿园全体成员明了并接受这些任务目标。

（三）分工协作原则

幼儿园要在把握组织总目标的基础上，按照分工协作的要求设置各个部门，安排各项工作，使各级各类部门和人员各自有任务目标，相互协调配合。例如，根据幼儿园保教任务的要求，划分教养、保健、总务三个职能部门，并配备相应人员，做到既有专业分工又明确相互间的关系，能相互配合协调，共同实现组织的总目标。

（四）职责和权益相一致原则

责权关系的设计和实施是发挥组织职能的关键。分工就意味着明确各自的责和应尽的义务，使各部门各成员知道自己要做的事是什么。组织的各岗位各部门要做到职责清楚、责任分明。组织要通过委职授权，即赋予各部门各岗位相应的权力和利益，使其部门成员在一定的职位或岗位上有一定的权力、负一定的责任、得一定的利益，才能真正负起责任。

现代管理理论中强调职务和责任的相宜性，即多高的职务需要肩负多大的责任，同时也需要具有多大的权利，以此才能保证任务的有效完成。在幼儿园管理中，相应的责任和应尽的义务也需要有机结合，一个岗位赋予一定的职能，配备相应的人员，以岗位责任制提高各部门的管理效能。各部门各尽其职，相应的职权和责任是不能相互替代的。不论是教养、保教、后勤等职能部门，还是班级管理中的教师和保育员，每个岗位具有相应的操作流程，各司其职才能有效地完成工作。

（五）有效跨度原则

管理跨度是指管理者直接管理的下级人数，与划分的管理层次有关。每个管理者直接指挥和协调的下属人员是有限的，超过一定数量很难有效管理。合理划分管理层次，才能提高管理效率。依据划分的管理层次，逐级分层进行管理，减少每一级的管理跨度或宽度。如果管理层次不合时宜，也会造成人力物力的增加，信息传递复杂，并增加了沟通成本。因此，幼儿园组织需要通过有效的分级管理、层级数量合理、宽度适当，集中领导分层管理。

（六）统一指挥、统一意志原则

幼儿园应建立良好的指挥系统，使组织严密合理，做到指挥线路清晰，联系渠道畅通，既分工负责、分级分层管理，又集中统一指挥、协调步调、统一意志，使幼儿园组织成为战斗力强的有机整体。通过集体的协调努力，有效实现组织的预定目标。

上述幼儿园组织设置的原则和方法相互联系，密不可分，相互制约。幼儿园领导需要结合本园实际设置相应组织部门，通过组织系统对全体幼儿园成员进行统一协调指挥。

除此之外，幼儿园在设置机构时必须更新观念，转变思维方式。随着工作任务的变化，幼儿园的组织机构也可以有适当的变化。因为每个幼儿园的规模大小和不同时期的具体工作内容是有差异的，因此依据本园的实际情况灵活设置适宜、精简、层次跨度恰当的组织机构是十分必要的。规模大的幼儿园管理对象相对较多且人员构成复杂，可以适当增加管理机构或层次，相反则需适当减少其部门或层次。但也要避免一些幼儿园为了降低所谓的用人成本，不遵循国家基本的政策法规任意减少人员和部门设置的情况出现。

三、几种典型的幼儿组织机构

一般来说，园长主持园务委员会，这是幼儿园行政组织机构的核心。园务委员会的主要职责是讨论贯彻上级和教育行政部门关于教育方针政策的指示，坚持社会主义办园方向，研究决定幼儿园工作的重大问题，是决策指挥层。依据幼儿园教育机构的工作性质，下设保健组、保教组和总务组三个职能组织。这三个职能组织是贯彻执行决策指挥层的任务，从各方面提升该幼儿园生活、活动、教育所需的环境条件，负责卫生保健工作，组织保教工作，并提供业务指导。班级或班组是幼儿园的基层组织单位，在园长、保教主任及相应管理部门的领导管理下，担当保育和教育幼儿的责任和其他具体工作职责。幼儿园组织机构设置的标准是要有利于幼儿园管理职能的发挥。

以下是几种幼儿园的组织系统模式，其中：模式 2—1 通常适用于 8 至 10 个班的大型幼儿园，模式 2—2 和模式 2—3 多为中型幼儿园的组织结构，模式 2—4 多为小型幼儿园的组织结构①。

模式 2－1

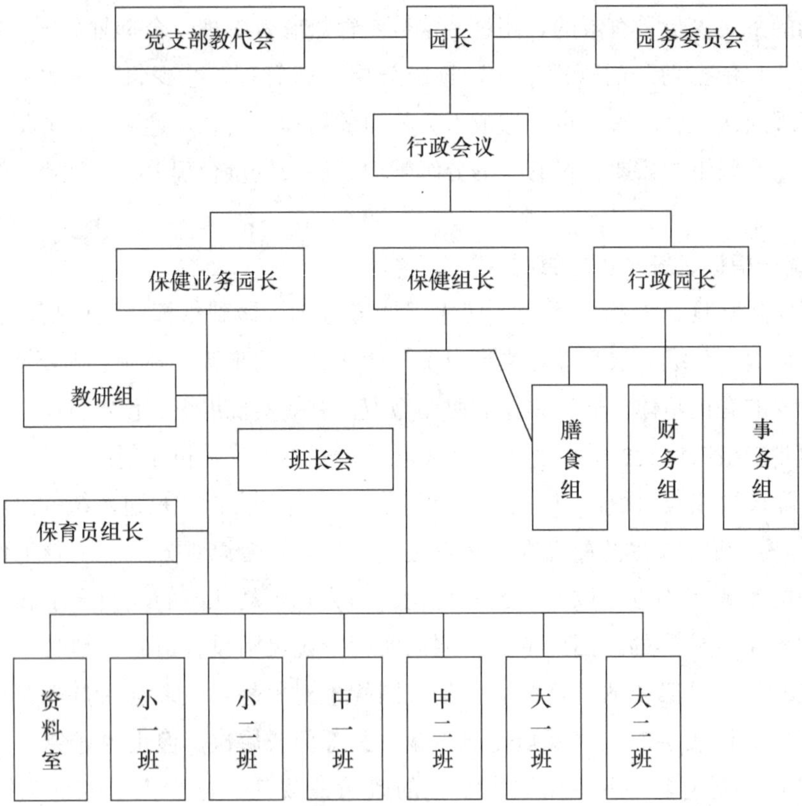

① 张燕. 幼儿园管理. 北京：人民教育出版社，2008：30-40.

模式 2－2

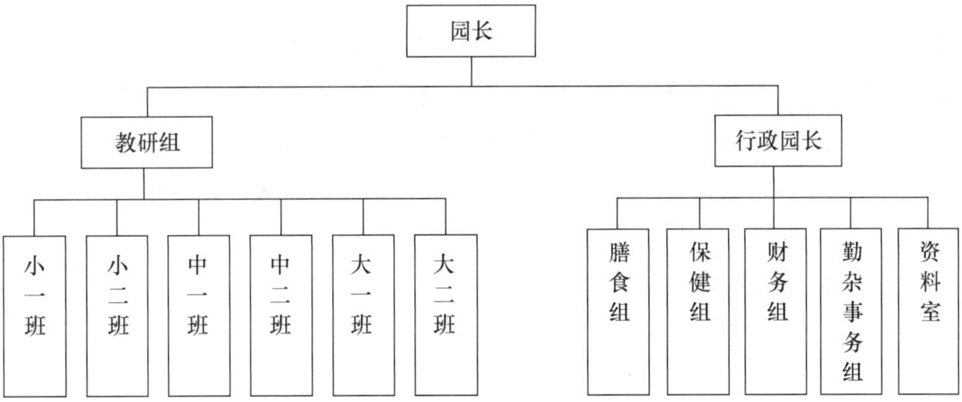

模式 2－3

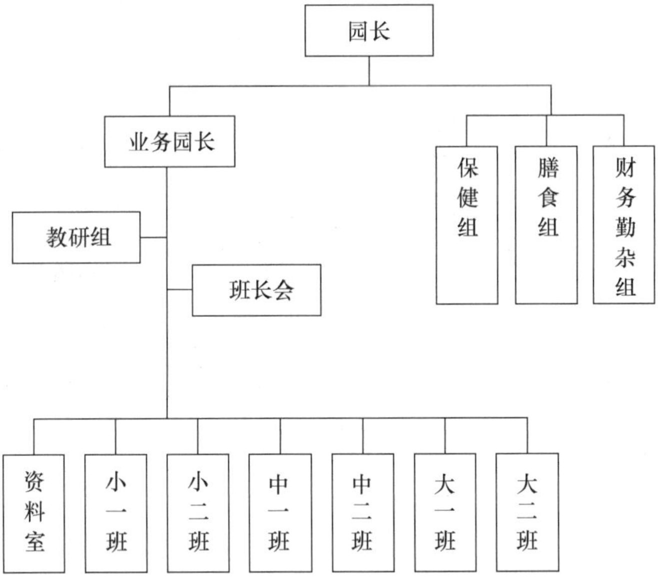

模式 2－4

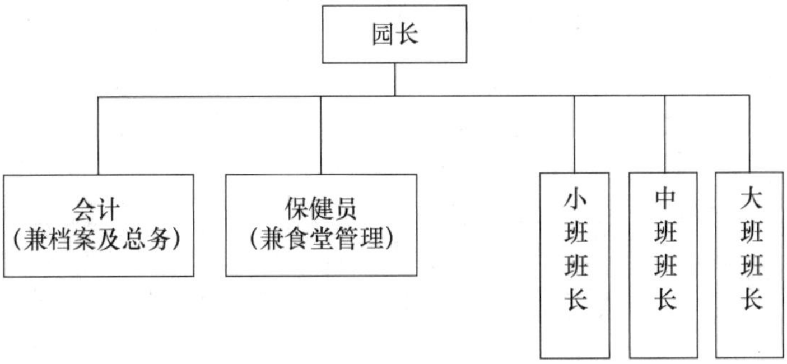

专栏 2-4

身边的故事

不同幼儿园的组织机构的设置

由于每个幼儿园的规模大小、服务项目、人员素质状况等实际情况都不一样，幼儿园组织的管理层次与职能部门划分、人员的安排配备等必须从实际出发，构建一个有机整体和系统，不能强求一个模式。下面提供集中不同的组织机构模式，每种组织机构模式都有其特点。

1. 某县机关幼儿园组织机构设置

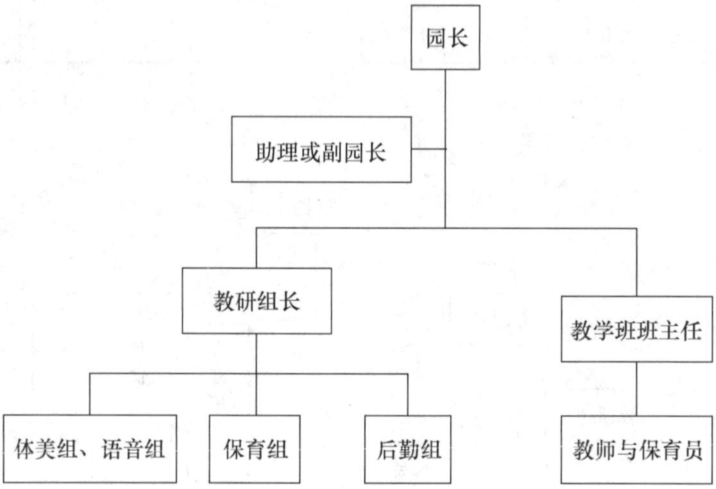

2. 某实验幼儿园组织机构设置

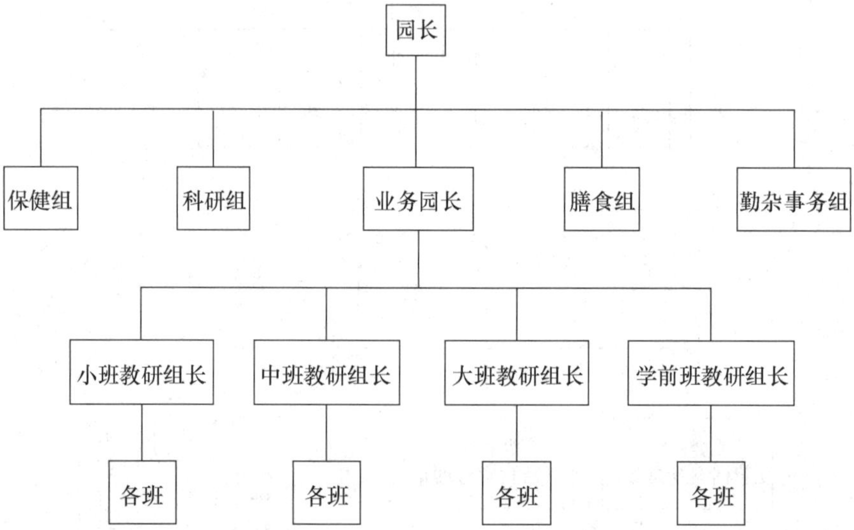

3. 某教办幼儿园的机构设置

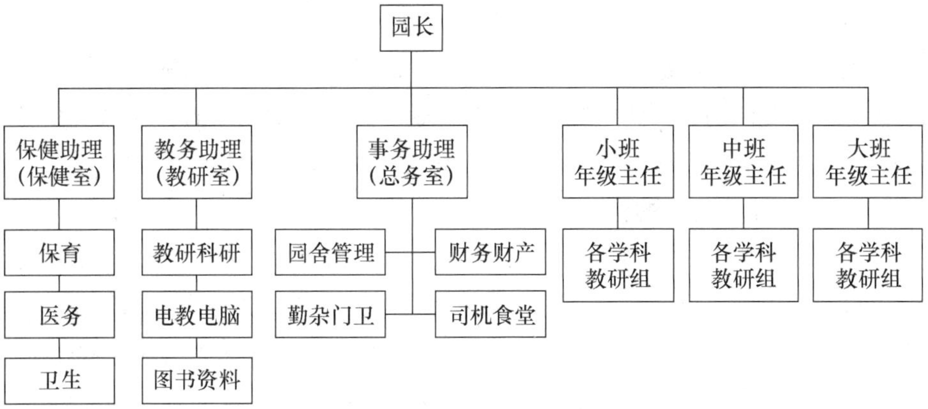

4. 某教育机构下属连锁幼儿园内的机构设置

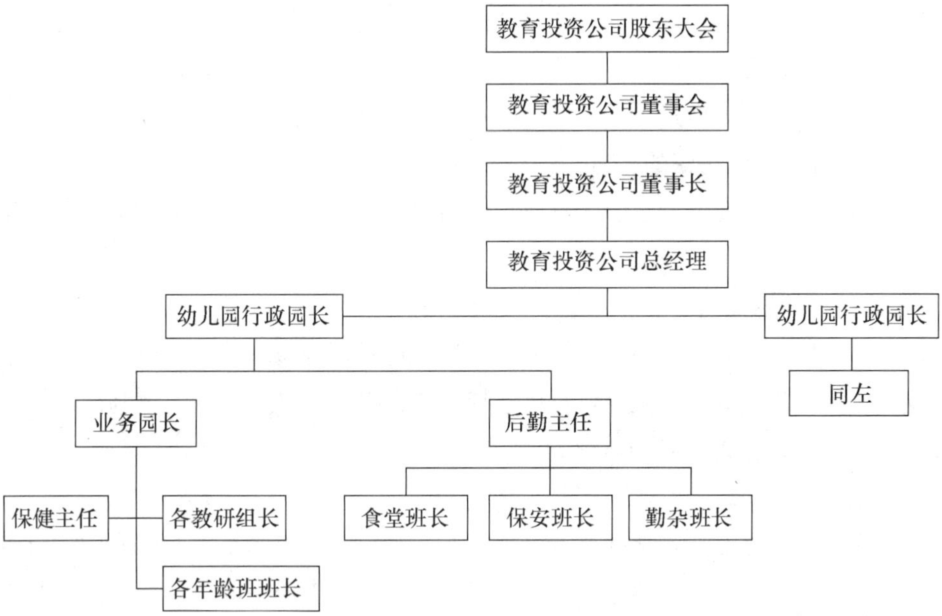

5. 某小规模私立幼儿园

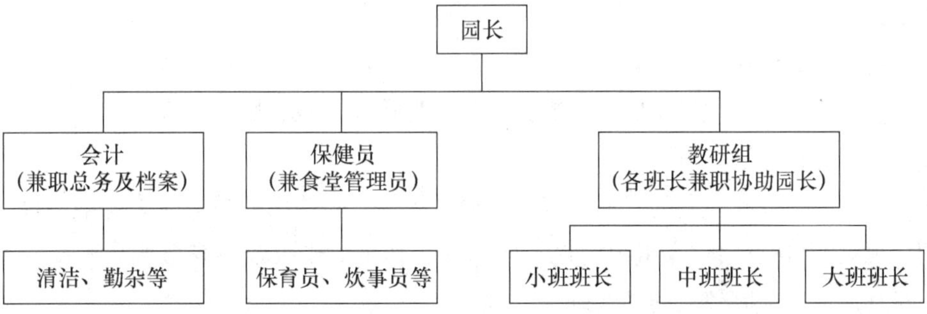

资料来源：秦明华，张欣．幼儿园组织与管理．上海：复旦大学出版社，2008：34-35.

四、幼儿园的非正式组织[1]

相较于幼儿园的正式组织，幼儿园的非正式组织通常被人们所忽视。但是在幼儿园的发展与管理中，幼儿园的非正式组织不仅十分普遍，而且对幼儿园的管理以及发展具有重要的影响。究竟什么是幼儿园的非正式组织？它又是如何产生的呢？

（一）幼儿园非正式组织的含义和产生

任何一个单位或部门，人们在交流合作的过程中，或是在理想信念、工作方法、学习心得方面，或是在电影旅行、写字画画、家庭生活方面，逐渐发现与他人有共同的语言、相近的观点、相似的爱好等。于是，这群具有相同喜好的人自然而然地建立了非正式组织。所以，我们将人际由于各类因素而结成的彼此间有共同元素的群体现象称为非正式组织。

非正式组织的存在不可避免，它与幼儿园的办园规模、保教质量无关。它的产生往往是出于人们相互交往和归属的需要，是人与人之间的自然吸引。同时，如果幼儿园管理者的工作失误或正常活动开展过少，会在一定程度上导致非正式组织的增多。

（二）幼儿园非正式组织的特点

非正式组织是一种无形的组织，具有特殊的规范，有别于其他的正式组织，凸显出以下几个特点。

1. 自发性与情感性

一些不一定能在正式组织中获得的需求，如兴趣爱好等需求，需要通过非正式组织来满足。这类以个人的爱好为出发点，自己选择、自由组合、有一定的情感基础的群体，行为活动时会比正式群体更为主动与积极。

2. 内聚性与排外性

由于非正式组织是在成员之间互有好感，互相理解、支持的基础上建立的，所以这个组织已经形成，便会有较强的内聚性和排外性。具体大多表现在语言和行为上对非正式组织内外的人员有所区别，对非正式组织以外的人员有时甚至会不甚欢迎。

3. 灵敏性与流畅性

非正式组织成员往往由于有某种共同的利害关系，交往直接或频繁，而且因为成员之间相互信任，无须瞻前顾后，所以思想交流和信息传递灵敏、快速、流畅。

4. 规范性与权威性

非正式组织一般有长期的习惯，因而形成“规矩”来约束成员的行为，谁违反了约定俗成的“规矩”，也许会失去组织内他人的信任。在组织中也较容易形成具有威信的核心人物，对其他成员会有较大的影响。

---

① 刘秀红，陈莹．浅谈幼儿园非正式组织的管理．教育导刊，2000（4）：9-10.

（三）幼儿园非正式组织的管理

非正式组织一旦产生，既有可能是幼儿园管理的有益因素，也有可能对管理工作造成极大的阻力。因为在目的性上，非正式组织可分为：以消遣娱乐为主的健康群体、因工作科研或学习需要而结合的积极型群体，也有因对现实不满，对工作消极怠慢或其他违纪行为而聚合的消极群体。一个出色的管理者应该重视对非正式组织的管理，利用支持、促进或疏导、教育的手段、化消极为积极、变主动为被动，充分发挥其在实现幼儿园目标中的重要作用。

1. 针对非正式组织的不同类型，采取不同的对策

管理者要善于利用非正式组织的优势来为正式群体服务。一些非正式群体常就园内存在的问题私下讨论，管理者应该收集这些信息，了解群众的真实想法，并吸取合理成分来改善管理。非正式群体中的这种公众舆论往往可以解决管理者的一些棘手问题。同时，由于非正式群体内部具有共同的感情基础，彼此之间有互相帮助的协作精神，管理者可以激发他们相互帮助，共同完成幼儿园的组织目标。

管理者要做好虽偏离组织目标，但不具破坏性的非正式组织的教育转化工作。这类群体开始时并无明显的作用，但如果对其多加管束，可能引发其消极对抗情绪。如果对其热情关心，为其提供目标与行为模式，就能使其转化为积极向上的群体，为幼儿园的工作发挥促进作用。

对于危害集体利益的非正式组织，管理者一定要将其分化瓦解。这类群体具有较大的破坏性，并伴有作恶行为，会对管理工作产生不可估量的负面作用。所以，对其必须分化瓦解，不能姑息养奸。这就要求管理者在日常工作中重视非正式群体的动向，只有这样才能正确地管理。

2. 把非正式组织纳入集体的管理轨道

管理者应该有意识地吸收非正式群体的中心人物参加正式集体的核心。由于中心人物在“小圈子”里具有一定的影响力和权威性，如果做好中心人物的思想工作，往往能起到“做通一个、带动一片”的效果。管理者也应重视与理解非正式组织的成员，不能轻视。因为只有在尊重前提下的沟通才是可行的。

如某幼儿园几位老师背着领导，自行办了幼儿学前拼音学习班。他们采取自愿交费的办法，收取少量费用，吸引了不少幼儿参加，并一连办了两个学期。家长相当满意，因为幼儿的确掌握了一定的拼音知识。对于这一行为，该园幼儿园的园长巧妙地采取了一些做法将这个非正式组织纳入了集体管理的轨道。首先，她找来了那几位教师谈话，肯定了她们的出发点是好的，并赞许她们不计较报酬，不辞劳苦地利用业余时间在家里为幼儿上课的行为，但也请她们思考这样做是否有不妥当的地方。然后留下了这个“小圈子”的中心人物刘老师个别谈话。在肯定了她的工作能力和成绩的基础上，把幼儿园的集体目标和她们的教学目标进行比较分析，让其了解不应该在幼儿阶段进行拼音学习，并结合相关的法

律法规对于“办班收费”进行沟通。同时征求刘老师的意见，建议她在园内开展一个语言实验班，带领语言教研组的教师进行教研实验。刘老师欣然同意并主动要求做其余老师的思想工作。由此可见，只要能够将非正式组织的力量纳入集体充分地服务于幼儿园，将无疑是幼儿园的一笔宝贵财富。

3. 创设条件，满足成员交往、归属和自我实现的需要

需要是动机的源泉和行为的动力。管理者可以以爱好型的非正式组织成员为基本成员，成立各种兴趣小组，满足教职工寻求理解和友谊的需要，并置其于正式的领导之下，共同为实现幼儿园的目标努力。前文中的园长是个成功的管理者，她积极创设条件，为刘老师等人提供语言教学研究的机会，使那几位教师得以一展所长，全心投入语言教研中，使班上幼儿的口头语言能力有了显著的提高，并带动了幼儿园语言教研活动的开展，促进了全园语言教学水平的提高。

4. 加强自身修养，建设良好的园风

管理者的工作失误是促使非正式组织形成的外界压力。“一人技短、两人计长”，在科学的分析基础上认真考虑各方的意见，可以避免管理者决策上的失误。当然，最重要的是管理者要加强自身修养，积极进修以提高管理水平，关心群众，与群众交朋友，消除长官意志、强迫命令、官僚主义的作风，创设民主、自由的园风。良好的园风对教职员工的思想品质和精神境界有着较强的教育作用，能够促使园内人际关系协调，减少非正式组织不良因素的产生和影响。管理有法，但无定法。在管理中，要避免非正式组织对管理的不良影响，更要看到非正式组织对管理的有益因素来加以发挥，这才符合管理的全面原则。

第三节　幼儿园的规章制度

一、幼儿园规章制度的概述

（一）幼儿园规章制度的含义

制度是任何一个组织正常运转的保障，是一个组织的基本活动准则。幼儿园的规章制度是为了实现幼儿园组织机构的任务目标，使园内各类工作和人员的要求规范化、条理化、系统化，规定出其必须遵守的行为准则和工作规程。幼儿园的规章制度需要依据国家有关的方针政策、法律法规，同时遵循幼儿的教养规则及幼儿园的实际情况，对园内教师中工作学习和生活等相关事务提出的具有约束力和一定强制性的行为准则和规范以文字条款的形式进行确认和落实。规章制度的科学建立和执行，才能使幼儿园管理工作规范化及程序化，才能完成园所的目标任务。

（二）幼儿园规章制度的意义

幼儿园规章制度的建立是幼儿园管理的一项常规性工作，是实现幼儿园管理的科学

化、条理化的途径，在实现幼儿园任务目标、提高管理及工作效率、形成良好的园风方面都具有重要意义。

第一，规章制度的建立有利于保证正常的教养工作秩序。规章制度具有规范性、强制性，规范制约组织成员按一定的要求去行动，是幼儿园管理的一项基础性工作，有利于形成正常的工作秩序，使幼儿园工作正常运转。

第二，规章制度的建立有利于规范教职工的行为并协调各类人员之间的关系，从而提高管理效率。制度提出在组织中需要遵循的行为准则和工作规程，与高效的管理存在着内在联系。幼儿园建立一套科学的规章制度，各部门、各层次、各类人员有章可循、有法可依、有所适从，不仅能发挥对园内工作和生活行为的制约作用，还能够协调各方面工作和人员，能够使园内各方面力量有效地集中于幼儿园的组织目标上，提高管理的效能，促进任务的完成。

第三，幼儿园规章制度有着明确的目标要求，明确园内的适宜行为、禁止行为、鼓励与限制的内容，是组织的活动准则，是具体的行为指向，是所提倡的价值观，有助于增强人员的责任意识，建设良好的园风。

在长期的制度执行过程中，园内人员将外部的制度规范逐渐内化为自我的主体意识，自觉加以遵守和执行，从而形成适宜幼儿园的良好工作作风。合理的规章制度有利于建设优秀的组织文化，能够使幼儿园工作进入良性循环，促进园所目标的完成，同时发挥幼儿园作为教育机构的社区文化辐射功能。

专栏 2-5

身边的故事

“情有可原”与“法不容情”

案例描述：

王老师在幼教岗位上工作 30 余年，是一位教学经验丰富且认真负责的老师，可就在她再过一年就要光荣退休之时，班级却发生了一场意外的安全事件。那天王老师带领自己小班的幼儿去玩滑滑梯，因为考虑到这个班是第一次玩滑滑梯，所以王老师事前对如何排队、如何避免碰撞给幼儿做了安全教育，然后孩子们就开心地玩了起来。十分钟后，喧闹的游戏被突如其来的哭声打断，王老师循声而去已是为时过晚。检查发现，原来是年龄较小的伊伊由于从带有凸起的攀爬架上逆行滑下时速度太快，肛门部被凸起部位磕伤。这却造成了伊伊伤口缝合四针的严重后果。

责任认定：王老师在组织幼儿运动前，能够针对小班幼儿年龄特点给予适当的安全教育，履行了教师的基本职责。但是在幼儿运动将近十分钟的过程中，王老师没有观察到伊伊等幼儿在攀爬架逆行滑下的行为，更没有针对此行为给予幼儿指导和帮助，造成了不可挽回的伤害，说明王老师观察幼儿运动行为、及时发现隐患的意识还是比较薄弱的，因此她对此次事件应负有一定责任。根据该园的安全规定即“安全事故一票否决制”，除扣除当年部分奖金、不得参加各类职称晋级、优秀教师评比外，王老师还需同时负担家长提出的全部医疗费用 1 500 元。

在处理此事时，大多数老师为王老师打抱不平，认为她已经在运动前对幼儿做了安全教育，而且整个运动过程并没有做带班之外的事，再说运动中的幼儿磕磕碰碰也是常事。动不动就让老师负责、就让老师“埋单”，真是冷漠无情。但也有少数教师认为王老师在运动过程中没有及时观察幼儿行为并及时做出指导确实存在过错，因此应当按照规定承担责任，正所谓“法不容情”。

【评析】

在这个案例中，我们发现王老师在指导幼儿运动的过程中确实存在一定的责任，但按照该园的安全规定进行处罚是否合法与合理值得探讨。

其一，安全制度的制定需要“有法可依”。该园安全规定有“教师负担家长提出的全部费用”的内容，该条例制定的合法性值得深思。因为教师对于幼儿安全事故具体的责任比例及赔偿金额应有法可查，不应一概而论。正所谓“法不容情”，管理者制定安全规定的时候也要遵守法律，而不是情感用事，单一地加大对老师的责罚。其二，安全制度的执行需要“酌情处理”。在此次事故中，王老师曾对幼儿进行过安全教育，只是在过程中的动态指导比较缺乏。基于这样的情况，园方对王老师的责罚应该视具体情况而定，不应该“一棍子打死”给予最严厉的责罚。其三，安全制度的完善需要“吐故纳新”。安全制度从建立到执行，过程中难免会出现意想不到的地方，如案例中的王老师还有一年就要退休，如果因为此次安全事故影响她的职称晋级，那这将是王老师一生难以弥补的遗憾。所以园方在安全制度的实际操作中要不断总结、反思与调整，使之在合法的同时具有“人情味”。

资料来源：作者在幼儿园的观察与记录。

二、幼儿园规章制度的类型与内容

制度是重要的管理手段，从不同的管理层面，幼儿园规章制度分为两类：一是由国家立法机关和各级政府及其教育行政部门统一制定的法规和规章制度，如《中华人民共和国教育法》《教师法》《民办教育促进法》《幼儿园管理条例》《幼儿园工作规程》《幼儿园教育指导纲要（试行）》等。二是幼儿园依据国家及教育行政机关的相关法律法规，结合主管部门的相关要求和本园实际制定的幼儿园园内的规章制度。科学建设的园内管理规章制度是幼儿园各类工作得以有序正常开展的保障。例如幼儿园内部制定的幼儿园工作所涉及的幼儿园一日生活制度、教师考勤制度、安全制度、保育员工作制度、工会工作制度等制度。

幼儿园内部的规章制度主要有全园性规章制度、部门性规章制度、各类人员岗位责任制以及考核与奖惩制度等。

（一）全园性规章制度

全园性规章制度可以起到引导和组织开展共同目标的活动，统一园内人力、物力、财力，建立工作常规和规范。幼儿园应依据园所总目标，制定出一系列指导幼儿园工作的规章制度，使各部门各类人员的工作、学习和生活有一个统一的准则和规范。如教职工的职业规范、备课制度、安全制度、值班制度、培训制度、家长联系制度等。需要注意的是，各类制度在执行之前需要使教职员工广为知悉。

（二）部门性规章制度

建立和完善幼儿园各部门的规章制度，可以起到明确各层次、各部门的工作任务和职责，加强科学管理的作用。部门性规章制度如保教部门的工作制度可包括保教人员工作常规、听课备课制度、教研活动记录、计划与总结制度等。总务部门的工作制度可包括财务制度、采购与报销制度、门卫安全制度、档案资料管理制度等。卫生保健部门的工作制度可包括幼儿园一日生活作息制度、健康检查制度、卫生疾病防治制度、伙食营养制度等。

（三）岗位责任制

岗位责任制是幼儿园各项制度的核心，有明确的条文规定，是将每个工作岗位的职责明晰化且将其落实到具体负责人的制度，是使这一岗位上的具体负责人与这个岗位需要履行的义务建立起关联的一种制度。岗位责任制起着明确岗位职责、调整和处理各个岗位之间的权责关系的作用，使组织的各类人员能够在其位、行其事、尽其责。

管理的基本原则是管理人员对其所管的工作完全负责，有效的管理在于处理好人员与事务之间的关系。岗位责任制可以使工作落实到每个岗位和组织中的每个成员，保证得到切实的贯彻执行，如园长职责、年级组长职责、教师职责等。落实好岗位责任制，才能保障其他制度的执行。岗位责任制的建立和执行有利于人人有责、事事有人，人与事都有标准，使幼儿园工作纳入规范科学的管理轨道，以此提升工作效率。岗位责任制应包括工作任务要求、工作内容等，具体明确、条理清晰。为便于后续的工作执行和检查，也需要在岗位责任制度中注意定量和定性的结合。

岗位责任制的建立，既要体现各岗位的共性特征和一般要求，确立各岗位的基本职责范围，又要明确各岗位在具体机构中具有的独特性或个别特点的工作职责范围或工作任务。

（四）考核与奖惩制度

考核是对幼儿园园内人员在履行职责和完成工作任务时，以确保工作质量为前提进行检查的评定。一般来说，考核主要有领导评价、群众互评和自评的方式，是定期或不定期开展的制度。

奖惩是在考核评定结果的基础上进行的，针对考核结果进行肯定或否定的评价制度，是对考核制定加以强化的管理措施。奖惩可以分为对集体或对个人的，可以是对整体综合的或部分单项的。

幼儿园管理制度需要将考核与奖惩制度作为对其他规章制度贯彻执行的重要保障。没有考核评价，可能造成各项规章制度流于形式，在具体工作开展过程中有章不循，工作效果难以保障。没有奖惩制度，对良好的工作表现不予以及时的肯定，也会挫伤教职工的工作积极性。将考核、奖惩制度与园内其他规章制度有机结合，可以奖惩分明，既能体现各项规章制度的严肃有效，也可以激励教职工各尽其责、奋发向上。

（五）会议制度

会议是一种重要的管理手段。幼儿园行政管理需要建立各种会议制度，对全园工作进行管理。通过会议，园管理层级之间以及各部门之间互通信息，会议是一种重要的管理方式，幼儿园行政管理需要建立各类的会议制度，从而对园务工作进行管理。通过会议，各管理层级、各部门之间可以相互沟通，互通信息，使各部门能够相互协调、有效合作。园长可以通过会议统一领导、部署工作，实现对各部门的调控，达到共同愿景，也可以作为体现园内民主管理、科学决策的重要形式。为发挥会议的有效性，管理者需要注意开会的任务、内容、频率、时长等，提高会议效率。一般来说，幼儿园例行的会议有园务会议、教研会议、家长委员会、教职工代表大会等。一些幼儿园设置每周例会制度，通过例会梳理已完成的工作内容及需要完成、有待完成的工作内容，部署阶段性的工作重点并强调具体要求，在配备人员、各部分关系等方面做出沟通协调，使管理工作得到动态的监控，较好地提升了工作效率。

专栏 2-6

身边的故事

幼儿园的各类规章制度

<table>
<tr><th>类别</th><th colspan="2">项目</th></tr>
<tr><td>全园性规章制度</td><td colspan="2">教职工考勤制度、交接班制度、值班制度、学习制度、办公制度、上班制度、教职工职业行为规范、收托儿童制度、接送制度、安全制度、家长联系制度</td></tr>
<tr><td rowspan="4">部门性规章制度</td><td>行政会议制度</td><td>园务会、全员会、班长会、班务会、教代会、伙委会、家委会等</td></tr>
<tr><td>卫生保健制度</td><td>生活作息制度、健康检查制度、体格锻炼制度、卫生防病制度、伙食营养卫生制度</td></tr>
<tr><td>保教制度</td><td>计划与记录制度、备课制度、教研活动制度、常规工作检查制度、保教质量全面检查制度</td></tr>
<tr><td>总务制度</td><td>财务财产管理制度、伙食管理制度、门卫制度、庭院管理制度、档案资料管理制度</td></tr>
<tr><td>岗位责任制</td><td colspan="2">园长职责、保教主任职责、教师职责、保育员职责、保健员职责、炊事员职责、财会人员职责、事务人员职责、门卫职责</td></tr>
<tr><td>考核与奖惩制度</td><td colspan="2">考核评价制度、奖惩制度</td></tr>
</table>

资料来源：张燕．幼儿园管理．北京：人民教育出版社，2008：53.

三、幼儿园规章制度的制定和执行

（一）幼儿园制度建设的要求

要发挥规章制度作为幼儿园管理手段的作用，就需要遵循政策性、科学性、教育性和执行的严肃性等基本要求，进行幼儿园规章制度建设。

1. 规章制度必须符合国家的政策法规

幼儿园制定的规章制度必须符合国家的政策法规，即教育方针精神和教育行政部门颁布的有关法规条例的规定等。国家的政策法规，尤其是教育方面的政策法规，是国家或社会对于人才培养的要求。如《3—6岁儿童学习与发展指南》《幼儿园工作规程》《幼儿园教育指导纲要（试行）》等。幼儿园的规章制度必须符合国家的相关政策法规，而不能与之相违背。

2. 规章制度的科学性

幼儿园规章制度必须体现幼儿教育工作符合教育与管理的客观规律，需要是科学及规范的。各项规章制度的基本内容和要求需要从幼儿园实际情况和工作需求出发，在符合幼儿身心发展规律的同时应与教师的工作特点相匹配，既有行为指向作用，又具备切实可行性。简单盲目地照抄照搬现成条文，规章制度流于形式是不可取的。

幼儿园各项规章制度需要保持目标一致，相互补充并形成整体，切忌出现相互矛盾。规章制度的条文需要简明扼要，明确工作内容、程序，便于相关责任人知晓及具体实施。同时，要注意制度的持续性，切忌朝令夕改，避免失去制度的严肃约束性而让教职工无所适从。

3. 规章制度的建立要体现教育性

幼儿园规章制度建设的根本目的是促进教育目标的实现，要充分体现规章制度作为教育手段的作用。制度制定者要从培养幼儿的实际需求出发，要在制定过程中注重教职工的参与，要使制定出来的规章制度内容具有教育意义，并使教职工认同制度的内容，激发其工作积极性，以此提高工作执行的自觉性，进而逐步实现教职工的自我管理与教育。

规章制度的贯彻执行，不能仅仅依靠行政命令，必须在明确认识的基础上，强调自觉精神。因此，管理者对规章制度的宣传教育必不可少，并需要持之以恒。同时，管理者要注重通过广泛的宣传教育，在幼儿园形成一定的集体舆论，以提高全园教职工的认识水平和维护制度规范的责任感，促成教职工形成相互督促、共同遵守的气氛。

4. 规章制度具有严肃性

幼儿园规章制度具有一定的约束力和强制性，需要与考核与奖惩制度相结合，加强指导和督促。在具体实施过程中，做到有章必循，切忌前紧后松、因人而异。需要注意的是，幼儿园各项规章制度得以顺利实施，需要以全体人员认同为前提，这样具有约束力和强制性的规章制度才能在严肃的执行过程中得到教职工的主动遵循而非被迫顺从。在具体实施过程中，幼儿园管理人员需要身先士卒，发挥严格的带头作用，为教职工做好表率，发挥管理人员的人格魅力，切忌置身“法”外，却对教职工进行严格要求。

（二）制定规章制度的原则

1. 切合实际，具有可行性

幼儿园的规章制度一定要符合园所的实际情况。不切实际过高或过低的标准均会减弱教职工的工作积极性，不能发挥制度应有的作用。需要注意的是，一切制度从内容上看逻辑清晰，表达简明扼要，但若与本园实际脱离，那么，在具体实施过程中往往就事与愿违，不能有效解决实际问题，反而造成问题处理与制度规范的不一致性。所以，制度的执行需要贴近园所需求，以适用性和可操作为制定规章制度的基本原则。

2. 明确具体，便于执行

制度的内容应具体明确，使执行者易于理解和掌握。特别是在表述上要做到用词准确、严谨，避免在执行过程中出现问题。表述过于复杂或含混的规章制度往往会影响制度的执行。例如，有的制度中间出现了太多的“可以”“建议”等词，使制度缺乏必要的刚性的一面，在执行过程中就容易被钻空子，也可能使执行者不知道制度内容的具体要求。

3. 集中性与群众性相结合

规章制度的制定需要发挥广大教职工的积极性，让他们参与到制定的过程当中，让其能够理解规章制度存在的意义，以便对制度的制定和实施提出自己的建议，做到“集中”与“民主”的结合。这样，才能体现规章制度制定的民主性、科学性和可接受性，以此确保规章制度的有效性。

（三）幼儿园规章制度的执行与完善

幼儿园常常在一些显眼的地方悬挂或张贴本园的各类规章制度，但事实上却存在仅是抄录他园制度条目的现象，没有真正落实到具体的工作当中。规章制度不是应付上级检查，否则就会流于形式，失去意义。规章制度的建立、制定与实施是在过程中的不断完善，并非一蹴而就的。在制定中体现民主，在实施中体现坚持，这样园所才能建立良好的工作制度，保证各项园务工作的有效开展。

一般地，首先通过宣传、讲解和试行等方式让园内人员知悉并遵照执行，然后在具体的执行过程中要注重严肃性，在制度面前一视同仁。规章制度的严肃性和执行的严格性并不代表制度就是一成不变的。在具体实际中发现不足，管理者必须深入了解情况并及时科学地完善制度以适应幼儿园现阶段切实的发展要求。

专栏 2-7

拓展阅读　　**通过制度体现管理的有序和品质**

第一，制度的建立过程应体现“民主管理”的程序。

规章制度建立的流程应该是：(1) 领导班子成员根据实际情况进行调研，了解是否需要建立或补充某方面的规章制度，需要建立或补充的规章制度通过园长办公会议决定并确定具体拟稿人；（2）各部门具体拟稿人按调研和讨论内容拟定规章制度初稿交给园长审议；（3）园长对初稿进行审议，提出修改意见后交行政会议讨论；（4）重大问题园长行政会议讨论修改后还必须交给园务委员会议讨论修改；（5）园务委员会议讨论修改提交教职工代表大会审议通过；（6）教代会审议通过的制度通过全园大会园长口头宣布或在宣传栏张贴告示进行公示后，新制度生效并执行。

第二，制度的执行过程应体现“法治管理”的原则。

应该注重以下几个环节：（1）制度公开。一旦建立和形成的制度，公示上墙，或复印后人手一份，重要的制度还要组织教职工反复学习讨论，让所有的教职工都基本了解制度的内容，即使忘记了也能随时查阅到。（2）过程公开。凡是涉及执行奖惩的事情，首先进行调查取证确认事实；其二知会当事人知道；其三根据不同情况确定是否召开相应的会议；其四对照制度确认奖惩相关条款。（3）处理公开。对所有涉及幼儿和教职工切身利益、影响大、有教育价值的事实，我们都要通过行政会议、园务会议、班长会议、教师会议或全园大会，通报执行制度的处理情况，让全体教职工评判处理结果是否公平。由于做到了几个公开，使“法外留情”很难立足，依法治园、以章办事得到了保障，制度的可靠性权威性显现了出来。

第三，每个管理者应发挥“职能管理”的作用。

有用的经验是：（1）带头执行制度。不管是园长还是领导班子成员，都应严格要求自己，以身作则带头遵守、维护和执行幼儿园的规章制度。如果因为管理的失误和个人行为涉及制度的执行，都应与普通教职工一样承担应有的责任。（2）责权要清晰。即所有的工作责权界限在岗位职责里要划分清楚，每一级管理对上、对下有什么责任、权利、要求都要规范，主次分清，使每一个管理者都明确自己的管理权限和需承担的管理责任。（3）园长要放权。虽然园长负责幼儿园的全面工作，但并不意味着要包揽所有的工作和责任，因此必须分权和学会宏观调控。例如幼儿园的所有会议，园长负责行政会议、园务会议、全园大会的主持召开；行政助理负责家长委员会、家长会议的主持召开；教研主任负责教师专业培训和教研会议的主持召开等，这样将权责分散和下放，充分发挥了每个主管领导的职能作用。（4）敢于承担责任：“敢决断”“敢公开”“敢负责”。真正负起职能责任来，团队的力量才能显现出来。

资料来源：中国学前教育研究会．现代教育管理——幼儿园的改革与创新．上海：华东师范大学出版社，2006（11）：421.

做一做

结合本章第一节中有关幼儿园办园模式的相关内容，以本市为例，调查本市不同幼儿园的办园模式及特点。

想一想

1. 是否理解以下内容呢?

(1) 幼儿园组织机构的含义、层级和类型。

(2) 幼儿园非正式组织的含义。

(3) 幼儿园规章制度的含义。

2. 是否掌握以下内容呢?

(1) 幼儿园组织机构的设置原则。

(2) 幼儿园非正式组织的特点。

(3) 幼儿园规章制度的类型。

3. 是否能综合运用以下内容呢?

(1) 集中典型的幼儿园组织机构及适用的幼儿园。

(2) 幼儿园制度建设的要求。

试一试

利用到幼儿园见习的机会，试了解所在幼儿园的组织机构设置以及该幼儿园中的非正式组织有哪些。

第三章

幼儿园保教工作管理

本章导航

幼儿园保教工作的地位

幼儿园保教工作的原则

幼儿园保教工作管理的内容

幼儿园保教工作管理的过程

幼儿园班级保教工作的内容和策略

学校以教学工作为中心，而幼儿园则是以保教工作为中心。《幼儿园工作规程》第二条规定："幼儿园是对3周岁以上学龄前幼儿实施保育和教育的机构。幼儿园教育是基础教育的重要组成部分，是学校教育制度的基础阶段。"这就从国家政策法规的角度奠定了幼儿园保教工作的中心地位。幼儿园保教工作是落实幼儿园任务的重要载体，是对幼儿身心发展特点和幼儿园管理工作重点的鲜明反映。因此，幼儿园管理者必须树立科学的保教理念，坚持保教结合的原则，做好幼儿园的保教工作。

本章着重从幼儿园保教工作的内容，幼儿园保教工作管理的过程，以及如何进行幼儿园班级管理等几方面介绍幼儿园保教工作的基本内容，帮助读者了解幼儿园保教工作的概况。

第一节　幼儿园保教工作管理概述

幼儿园的性质和任务决定了幼儿园以保教工作为中心。保教工作成为衡量各类幼儿教养机构的一个标准。幼儿园保教工作管理是幼儿园办园及教育质量的保证，是幼儿园管理工作的核心和基础。因此，幼儿园的一切工作都必须围绕这一中心任务进行。幼儿园管理者必须以幼儿园保教工作为核心，其他各项工作都服务于保教工作的管理，为保教工作创造良好的条件，从而确保保教目标的实现。

一、幼儿园保教工作的含义

幼儿园保教工作，是幼儿园保育和教育工作的统称，包括幼儿园保育工作和幼儿园教育工作。幼儿园保育工作和幼儿园教育工作是同一个工作的不同方面，二者相互依赖，密不可分。保育工作是教育工作的物质基础，教育工作是保育工作的升华和必然要求。幼儿园管理者必须合理对待保育工作和教育工作，不可忽视任意一方，只有把二者当作一个不可分割的有机整体，才能从整体上促进幼儿园保教工作有效运行。

（一）保育工作

“保育”即身体的养护，指按照一定的健康标准，旨在促进人的身体康健、精神和谐、社会适应良好的社会活动。“幼儿园保育工作”是指通过为幼儿提供适宜的物质及精神环境，从饮食、居住、锻炼等方面给予幼儿精细的照顾，从而引导幼儿养成良好的生活习惯，获得较强的生活能力和自我保护能力等，最终保障幼儿的身心健康，达到促进幼儿发展的目的。总体而言，现代幼儿园保育工作主要有：卫生消毒工作、幼儿饮水工作、洗手如厕工作、幼儿加餐工作、幼儿进餐工作、幼儿午睡工作、安全工作、登记工作等①。

幼儿的生命安全永远是第一位的。因此，幼儿园的保育工作是做好教育工作的基础和前提。只有幼儿身体健康、精神状态良好，教师才能实施正常的教育教学工作，幼儿园的其他各项工作才可以正常开展，有效运营。反之，若是保教工作不当，幼儿身体健康得不到保障，不仅幼儿园的其他各项工作难以有效开展，也有损幼儿园的社会形象与美誉。

（二）教育工作

“教育”即心理、智慧等的培养，指按照一定社会和阶级的需求，有目的、有计划地把受教育者培养成一定质量规格的人的社会活动。“幼儿园教育工作”是指幼儿园的教育教学工作，是指按照我国的教育目的以及幼儿园的教育目标，有目的、有计划地对幼儿实施全面发展的教育，通过开展丰富多彩的教育活动，从而促进幼儿智、德、体、美等方面的全面发展。幼儿园的教育工作主要体现为幼儿园教师按照幼儿园的教育目标，围绕幼儿园五大领域开展各种丰富、具体的教学活动。如语言教学活动《春天的雨》，教师通过开展这一活动不仅让幼儿学会其中优美的词汇，能够朗诵这首儿歌，更能让幼儿体验到春天的美好。

---

① 张莅颖．幼儿园管理基础．保定：河北大学出版社，2012：111.

如果说幼儿园保育工作是幼儿园质量的必要基础，那么幼儿园教育工作则是衡量一个幼儿园质量的核心。幼儿园教育工作直接影响幼儿园教育目标的达成情况，直接影响着幼儿发展。它是幼儿园的主体工作，是衡量教师质量、幼儿园教育水平、幼儿发展水平的最显著指标。

（三）保教工作

《幼儿园工作规程》中明确指出，幼儿园实行“保育和教育相结合”的原则，对幼儿实施德、智、体、美诸方面的教育。保育与教育必须相互结合、相互联系、相互渗透。幼儿园保教工作是幼儿园保育工作和教育工作的统称。保育和教育工作是保教工作这一整体的不同方面。二者有机统一，不可分割。一方面，幼儿园保育是教育的基础，只有孩子身心舒适、健康，才可能实施高质量的教育；另一方面，幼儿园的教育是幼儿园保育的保障和升华。幼儿良好卫生习惯和饮食习惯的养成，都离不开教师的循循善诱。因此，幼儿园教职工要在工作中牢固树立“保教并重”的观念，在各项活动中做到保教合一。幼儿园不仅要注重对幼儿饮食、睡眠、盥洗等方面进行照顾，还必须注重科学地促进其认知、能力、情感以及态度价值观的培养。

专栏 3-1

拓展阅读　　**《早期基础阶段法定框架》的四项原则**

《早期基础阶段法定框架》(Statutory Framework for the Early Years Foundation Stage，EYFS) 是英国政府在2005年推行的旨在促进保教一体化的一项重要学前教育政策。EYFS融合了英国现行的多项学前教育政策法规和标准，如《重要的0—3岁》(*Birth to Three Matters*)、《基础阶段课程指南》(*Curriculum Guidance for the Foundation Stage*)、《8岁以下儿童托育标准》(*National Standards for Under 8s Day Care and Childminding*) 等。通过整合，这一框架有效打破了保育和教育之间的隔阂，将保、教有效结合，形成了一个贯穿0—8岁儿童教育和保育的连续、统一的体系。

EYFS保教标准为所有学前教育从业者提供了确切的准则，主要包括以下四个方面：

第一，独立的幼儿。这是指保教人员要认识到每一个儿童从出生就是一个有能力、可塑的、有自信的独立学习者。

第二，积极的人际关系中的幼儿。这是保教人员要积极引导并帮助幼儿建立良好的人际关系，如亲子关系、师幼关系等。

第三，在有利环境中发展的幼儿。这是指保教人员要为幼儿的发展和学习创造良好的环境条件。

第四，学习和发展。这是指保教人员要了解儿童学习方式、学习风格等的个体差异性，及适宜幼儿的发展需求，促进幼儿在各个领域全面发展。

这四项原则相互联系，密不可分。它为幼教机构的从业人员有效实施保教一体化的工作提供了科学的引导和指示。

资料来源：陈宁. 英国学前教育保教一体化改革研究（有删改）. 保定：河北大学硕士学位论文，2013：24-26.

二、幼儿园保教工作的地位

幼儿园管理者必须做好幼儿园的保教工作，这是由幼儿园保教工作的地位决定的。幼儿园保教工作不仅是幼儿园双重任务的核心，更是幼儿园全部工作的中心。因此，幼儿园管理者必须高度重视幼儿园的保教工作。

（一）保教工作是幼儿园双重任务的核心

《幼儿园工作规程》第三条指出："幼儿园的任务是：贯彻国家的教育方针，按照保育与教育相结合的原则，遵循幼儿身心发展特点和规律，实施德、智、体、美等方面全面发展的教育，促进幼儿身心和谐发展。幼儿园同时面向幼儿家长提供科学育儿指导。"由此可见，幼儿园担负着服务幼儿和服务家长的双重任务，其中又以服务幼儿为首要任务。因为幼儿园只有在做好幼儿园的保教工作、促进幼儿全面和谐发展的基础上，才能谈得上服务家长。服务家长的最重要内容之一就是服务家长的孩子——幼儿园的孩子。因此，优质的保教工作是幼儿园完成双重任务的根本，是幼儿园的核心工作。

（二）保教工作是幼儿园全部工作的中心

幼儿园各项工作是一个有机联系的整体，每一项工作在这个整体中都起着独特的作用，但在这个整体中，处于中心位置的始终是幼儿园的保教工作。一方面，幼儿园的机构性质和任务决定了保教工作的中心地位。幼儿园就是为幼儿提供保育和教育的机构。幼儿园的核心任务就是服务幼儿，通过实施优质的保教工作，促进幼儿的健康成长。幼儿园双重任务中，保教工作是基础和主导工作，也是设立幼儿园的根本目的所在。另一方面，保教工作也是幼儿园中最经常、最主要、最大量、最基本的工作，是幼儿园管理者必须做好的主体和基本工作，是幼儿园质量水平的直接体现。

三、幼儿园保教工作的保教结合原则

《幼儿园管理条例》和《幼儿园工作规程》都强调："幼儿园应当贯彻保育和教育相结合的原则"、"促进幼儿身心和谐发展"。这就是以国家政策的形式明确了幼儿园保教结合的根本原则。此外，世界《儿童生存、保护和发展世界宣言》也强调："对儿童的权利，对他们的生存，及对他们的保护和发展给予高度优先。"由此可见，保教结合原则不仅是我国幼儿教育的优良传统，也是世界教育发展的趋势①。

① 秦明华，张欣. 幼儿园组织与管理. 上海：复旦大学出版社，2008：72.

幼儿身心发展特点以及幼儿园保教目标的统一性决定了幼儿园的教职工必须坚持保教结合的原则。一方面，这是幼儿的身心发展特点的必然要求。幼儿年龄小、身体各方面发育未完成、身体抵抗力较差、自我保护能力弱等，要求必须对他们精心养护。此外，幼儿好动、好学、吸收力强，学习能力强，因此对于幼儿的早期教育必不可少。儿童的身心发展是整体的，因此保育和教育在这个过程中必然会相互交融、不可分割，如让幼儿养成良好的教育习惯，教师可以采用讲故事、主题表演以及教育等方式，用教育的手段，既达成教育的目标，又实现保育的要求。另一方面，这是幼儿园保教目标的统一性的必然要求。管理的核心就在于促进幼儿的身心全面发展。因此，幼儿园必须坚持以保教为中心，有“保”有“教”，才能很好地促进幼儿的身心全面发展。

（一）保教结合原则的含义

保教结合是一个整体概念，“保”和“教”是教育整体的不同方面。保教结合意味着“保”中有“教”、“教”中有“保”，保育和教育相互结合、相互包含、相互渗透，共同影响着幼儿的成长与发展。

1. 保教结合，体现教育对个体发展的整体性影响

现代儿童观强调儿童是独立的、发展中的、具有巨大发展潜能的、整体的人。此外，幼儿园教育目标也体现出要促进幼儿体、智、德、美等方面的全面和谐发展。因此，幼儿园必须坚持保教结合的原则，不能将二者截然分开，更不能只强调一者而忽视另一者。只有做到保教结合，才能促使幼儿身心的全面和谐发展，体现教育的整体性影响。

2. “保”和“教”相互渗透、相互包含

一方面，“保”中有“教”，保育离不开教育。由于幼儿年龄较小，心智不成熟，想要使幼儿养成一些良好生活习惯、自我保护能力等，必须借助教育的手段。教师的教育引导能够很好地让幼儿理解一些健康知识，提升保育工作的效率与效果。如借助《大公鸡与漏嘴巴》这个故事可以让幼儿懂得珍惜粮食、养成良好的进餐习惯。另一方面，“教”中有“保”，教育离不开保育。只有做好保育工作，幼儿身心舒适，教师才能有效开展教育教学工作。此外，教师在“教”的同时，有意无意间都会渗透保育的内容。

3. “教”与“保”要在同一过程中实现

在幼儿园的实际工作中，“教”与“保”事实上是同一过程中得到实现的，而不是截然分开、孤立进行的。幼儿园中的保育和教育“就好像紧密交织在一起的经纬网。幼儿园教职工要时刻注意保教的结合，促进幼儿的整体性发展。”①

（二）贯彻实施保教结合原则的要求

我国目前幼儿园教职工必须坚持保教结合的原则，将保教结合贯彻到具体的工作实

---

① 谢秀丽. 幼儿园工作管理. 广州：广东高等教育出版社，2000：233.

践中。

1. 理解保教结合的科学概念，树立保教结合的意识是基础

幼儿园管理者不仅自己要理解幼儿园保教结合的科学内涵，树立保教结合的意识，更要通过全员会议、班务会议、业务学习等带领幼儿园的教职工一起树立保教结合的意识。此外，对于幼儿园教职工中存在的保教工作不结合或忽视保育或教育工作的现象，管理者要及时予以纠正，提高教职工保教结合的意识。幼儿园教职工只有从思想上树立保教结合的理念，才能真正做好保教工作。

2. 在工作安排和人员配备上做到保教结合是保证

在工作安排和人员配备上要做到“教”中有“保”、“保”中有“教”，使二者紧密结合、相互渗透，而不是机械并列。因此，一方面，幼儿园管理者不仅要制定出科学、合理的工作安排，使保教工作明确、具体可操作。另一方面，幼儿园要根据教职工的特点以及岗位要求，合理配备岗位职工，从而使保育工作与教育工作既分工明确又相互配合。其中，班级教师与保育员的人员配合尤为重要。幼儿园管理者要促使班级教师和保育员密切配合共同担负起班级幼儿的保教工作，做到保教结合，共同完成幼儿的保教任务，促进幼儿的全面发展。

3. 发挥管理的导向作用是关键

管理具有导向作用，它能引导幼儿园教职工的行为偏向。幼儿园管理者应从幼儿园保教目标出发，发挥管理的导向作用，注意幼儿园保教工作的整体效益，促进幼儿身心的全面、和谐发展。同时，幼儿园管理者要纠正偏差，对保教工作的管理不能仅仅局限于教育教学工作，同时也应该注重幼儿园保育工作的检查与要求。幼儿园管理者要善于通过监督、检查与评定，引导幼儿园教职工注重保教工作的有效结合。

4. 将保教结合落实到幼儿一日生活中是根本要求

坚持保教结合最终是为了服务幼儿，落实到具体的一日教育生活中，而非纸上谈兵。因此，幼儿园管理者应根据保教目标，设定科学、合理的幼儿园保教工作的具体内容、细则与要求，从而使幼儿园教职工有据可依，促进他们将保教结合的原则落实到具体的工作实践中。幼儿园教职工也应该将自己保教结合的理念用自己的工作实践来体现。如教师要时常关心询问幼儿的身体与精神状态；保育员要将自己工作中的困惑及时与搭班老师进行沟通，从而共同合作、共同学习、共同进步。

专栏 3-2

身边的故事　　**幼儿园小班生活活动“我会系鞋带了”**

活动目标：

1. 理解故事内容，记住口诀“先绕一个圈，两头交叉绕一绕，拉拉紧”

2. 初步掌握系鞋带的正确方法，能够自己系好鞋带

3. 初步养成自己的事情自己做的品质

活动准备：

《一双有蝴蝶结的鞋》故事图片，短绸带每人一根，幼儿每人穿带鞋带的鞋上幼儿园。

活动过程：

1. 初步感知：教师结合图片，绘声绘色地讲述故事《一双有蝴蝶结的鞋》

2. 拓展加深：结合挂图，教师边讲述边提问

(1) 开始，妈妈为什么不给佳佳买这双有蝴蝶结的鞋?

(2) 佳佳是怎样学习扎蝴蝶结的?

(3) 到了佳佳的生日，妈妈真的给她买了这双有蝴蝶结的鞋，佳佳是怎样穿好这双鞋的? 佳佳心里又是怎样想的? 教师可借此引导幼儿理解并学习故事中系鞋带的口诀。

3. 练习巩固：学扎蝴蝶结

给幼儿每人发一根短绸带，练习扎蝴蝶结。提醒幼儿根据口诀，慢慢练习扎蝴蝶结。教师来回指导。

4. 结束部分：飞舞的小蝴蝶

教师引导小朋友们互相帮助把蝴蝶结扎在食指上，颤动食指模仿蝴蝶飞舞。

活动延伸：

1. 手指操：《飞舞的小蝴蝶》

2. 区角活动：引导幼儿给区角的小娃娃系蝴蝶结

3. 比赛：系蝴蝶结

活动评析：

1. 循序渐进，巧妙过渡

该活动将枯燥的系鞋带活动改为了系漂亮蝴蝶结，极大地调动了幼儿的兴趣。活动从让幼儿听故事开始，先学主人公扎蝴蝶结，再迁移至学系鞋带，如此循序渐进，巧妙过渡。

2. 巧用口诀，朗朗上口

故事中的口诀把系鞋带的方法详细地表达出来，而且念起来像儿歌般朗朗上口，很有韵味，幼儿乐于接受。

3. 保教合一，运用生活

整个活动，教育中有保育，保育中又有教育的成分。此外，在活动延伸的部分，老师也强调了系蝴蝶结在生活中的应用，不仅实现了保教合一，而且让孩子把所学运用到生活之中。

资料来源：王丽萍. 幼儿园小班生活教案《我会系鞋带了》(有删改). http://new.060s.com/article/2005/11/23/31789.htm. 2005-11-23.

第二节 幼儿园保教工作管理的内容和过程

幼儿园保教工作是幼儿园最基础、最主要、最重要的工作。那么如何有效管理幼儿园保教工作呢？保教工作的管理要达到优化有效，教师必须明确幼儿园管理的内容，科学地组织幼儿园保教工作的运营。

一、幼儿园保教工作管理的内容

幼儿园保教工作的管理，通常是园长或业务园长—保教主任—教研组长或年级长—班级教师，逐步下放落实、层层推进各项具体的保教任务。在这个过程中管理者的主导作用和被管理者的主体作用相互作用，双向共振，形成合力①。幼儿园保教工作管理的内容细节有很多，从宏观角度，主要包括以下几方面：

（一）建立合理的保教工作制度

制度是人行为和活动的准则。合理的保教工作制度的建立是幼儿园保教工作管理的基础和保证。完善的制度可以明确各级保教管理层的任务和职责，保证幼儿园保教工作的正常进行，形成良好的工作程序。因此幼儿园管理者要做好保教工作制度的制定工作。首先，幼儿园管理者要结合本幼儿园的实际情况以及国家政策法规对幼儿园保教工作的要求，召集有关专家和幼儿园教职工，制定科学合理的幼儿园宏观保教制度。其次，幼儿园管理者要做好保教工作制度的普及和宣传工作，让幼儿园教职工都能理解并自觉遵守幼儿园的保教制度。最后，根据保教制度的执行情况，对制度做出适时的调整。制度不可能一成不变，面对幼儿园不断出现的新情况、新问题，制度也要做到适当的调整。

（二）制定有效的保教工作计划

幼儿园保教计划的制定是对幼儿园宏观保教制度的具体落实与推进。幼儿园保教计划按照时间划分主要有全园保教工作计划、月工作计划、周工作计划与每日保教计划；按照责任范围划分主要有全园保教规划、学期或学年保教工作计划、班级保教工作计划。首先，园长作为保教的高层管理者，针对幼儿园保教工作的长远发展和近期发展，负责组织制定切实可行的全园保教计划。其次，保教主任承担中层的管理，依据本学期或学年的现实情况与要求，将全园保教计划进一步细化成学期或学年的保教计划。最后，班级教师根据自身及本班幼儿的实际情况，将学期或学年工作计划进一步细化落实，形成班级的周工作和每日工作计划。宏观的全园保教计划得以层层分解与细化，得以具体落实，从而提高

① 秦明华，张欣．幼儿园组织与管理．上海：复旦大学出版社，2008：75.

了保教计划的可行性和可操作性。

（三）配备合适的保教管理人员

无论是保教制度的制定，还是保教计划的层层推进与具体落实，都离不开人的作用。合适的保教管理人员，是幼儿园保教工作有效进行的保证。幼儿园保教管理人员主要包括高级管理人员，如园长；中层管理人员，如保教主任、年级组长等；基层管理者，如教师、保育员等。园长负责制定幼儿园保教工作目标、制定保教规章制度、建立有效的保教组织机构、配备合适的保教人员等。业务园长或保教主任直接领导和管理整个年龄班的保教工作任务。教师和保育员负责本班的保教工作。幼儿园园长在配备保教人员时，要注意岗位要求、各个员工的自身特质以及员工之间的匹配度，以发挥每一个员工的最大优势，实现员工之间优势互补。如幼儿园教师新教师与老教师搭配、内向员工与外向员工搭配等。

（四）有效落实一日保教工作规范

幼儿园保教工作管理的最终目的是要有效促进幼儿园的一日保教工作。因此，要通过制定具体的一日保教工作的规范与细则，将保教结合的原则和理念落实到幼儿园一日生活当中，使幼儿园教职工有据可依，从而使保教工作井然有序、有条不紊。幼儿园的保教工作规范应从幼儿园一日生活的各个环节出发对幼儿活动、教师工作、保育员工作提出具体的要求。如盥洗环节的保教规范，对幼儿活动的要求是“要正确洗手、擦手。饭前、便后、手脏时自觉洗手，不浪费水、保持地面清洁”；对教师的工作要求是“提醒幼儿盥洗，培养幼儿良好的习惯卫生；指导幼儿正确有序盥洗，用自己的毛巾擦手”；对保育员的要求是“做好流水洗手准备、协作教师组织盥洗，清洗毛巾，及时消毒”①。由此可见，幼儿园的一日保教工作规范要尽可能明确、具体、可操作。

专栏3-3

身边的故事　　某幼儿园入园环节保教细则与启发

生活活动是满足幼儿生命基本需要的活动，主要包括：入园、盥洗、餐点、饮水、如厕、睡眠、离园等环节。其中，入园环节是幼儿一日生活的开始，一日环节的检查工作尤为重要。某幼儿园入园环节的保教细则表现为：

1. 教师

A. 热情迎接家长和幼儿。

B. 认真晨检，做好记录。

时间：日托早上入园时；全托早上起床盥洗后。

要求：一摸：摸幼儿额头、颈部和手心，感觉有无异常。二看：看幼儿身体、情绪和精神面貌是否正常，如有无流涕、流泪等。三问：问家长在家的饮食、睡眠、大小便等一

① 张慧敏. 幼儿园组织与管理. 北京：人民邮电出版社，2014：164.

般情况。四查：查幼儿是否携带有不安全物品，如小刀、铅笔等。五防：传染病流行季节，应重点预防幼儿有无传染病接触史及早期症状和体征。晨检中若发现幼儿有任何异常情况，应及时与家长联系，请家长带幼儿到医院检查、治疗。

C. 检查家长填写的委托服药登记表，并核对药品。

D. 清点幼儿出勤情况，并做好记录，及时与未到园幼儿的家长取得联系，了解原因。

2. 保育员（通风、清洁、消毒）

A. 开窗通风，保持空气流通；根据季节提前做好防寒保暖、防暑降温的工作。

B. 内外清洁做到“六净”：地面、桌椅、门窗、玩具柜、口杯架、毛巾架，保持整洁。

C. 做好当日餐巾、口杯、洗脸巾的消毒工作，口杯、洗脸毛巾定位使用。

D. 做好早餐准备。

E. 准备好当日足量的、安全的饮用水（400～600 毫升/人/日）。

启发：入园环节对于家长、教师和幼儿来说都是一天的开始，其安全检查十分重要。从此幼儿园入园环节的保教细则中可知，该幼儿园做到了三点：第一，以保为主，保教合一。无论是保育员还是教师都把孩子的安全工作放在第一位，但是这其中也渗透着教育影响。如教师在与幼儿问好的时候，渗透着礼仪教育；教师在检查幼儿物品以及询问幼儿在家的生活饮食状况时，渗透着安全教育。第二，事无巨细，亲力亲为。该幼儿园的最大特色在于晨检环境并没有让专门的晨检人员来进行，而是由本班的教师和保育员直接晨检。这虽然对教师和保育员来说是一个较高的挑战，但却有效地让本班的老师了解了幼儿情况。第三，分工合理，面面俱到。从细则可以看出，教师和保育员分工明确，相互配合。同时，这个细则对保教人员的要求也是十分细致的。

资料来源：湖北省松滋市天天向上幼儿园．幼儿园一日活动保教细则（有删改）．http://vip.520wawa.com/schoolxp/frame1/level3.jsp? level3Kind=info&columnId=23030&infoId=4886651．2016-03-25．

二、幼儿园保教工作管理的过程

本书在第一章“幼儿园目标与管理过程”中介绍了幼儿园管理过程是一个由计划、执行、检查、总结四个环节组成的连续循环的过程。同样，幼儿园保教工作的管理过程也符合这一运行程序。因此，幼儿园管理者必须做好保教计划的制定、保教计划的实施与执行、保教工作的检查以及保教工作的总结这四方面工作。但需注意的是幼儿园保教工作的过程也是一个连续循环的整体，不可将这四个环节孤立分开，要有机统一。

（一）保教计划的制定

1. 保教计划制定的依据

保教计划制定通常是以本幼儿园或本班的实际情况以及幼儿园的保教目标为依据的。一方面，幼儿园保教计划的制定一定以实现幼儿园的保教目标为出发点和最终归宿。幼儿园的保教计划必须服务于幼儿园保教目标，促进幼儿的身心和谐发展。另一方面，幼儿园保教计划的制定也要基于幼儿园的实际情况，如教师的特征、幼儿的身心发展水平和已有经验等。只有将保教目的和现实情况有效结合的保教计划才能既符合现实情况的需要，也有利于长远目标的达成。

2. 不同层级保教计划的制定

根据时间划分，幼儿园的保教计划分为学期保教计划、月保教计划、周保教计划和日保教计划。

（1）学期保教计划的制定。

学期计划的制定必须根据国家政策法规的相关保教要求，结合不同年龄班幼儿发展的一般特点，在总结上学期保教计划的同时，提出本学期的教育目标，并从保教内容的各个方面能提出相应的要求与措施，为促进幼儿身心发展创造条件。通常学期计划包括以下几部分：上学期计划实施状况分析、本学期工作总的任务目标、各个方面的具体内容和要求、本学期将采取的新措施等。

（2）月保教计划的制定。

根据学期保教计划，进一步细化成月保教计划。月保教计划的制定不仅要体现学期保教计划的精神，而且要注意月保教计划之间的有效衔接与连贯，从而使每月保教计划成为实现学期保教计划的一个实际步骤。月保教计划通常包括本月保教工作安排、本月保教工作的具体要求和措施、下月的工作重点等。

（3）周保教计划的制定。

班级教师要根据月保教计划制定出周保教计划，进一步细化保教工作要求、内容与措施。在制定周保教计划时，应根据工作的轻重缓急和先后主次，以及班级当前情况，提出一两项主要工作或教育重点。同时，在制定计划时，教师要注意将一般常规性工作与重点工作相结合，突出重点工作，使得计划详略得当。

（4）日保教计划的制定。

日保教计划是班级教师根据周保教计划所制定的班级幼儿一日活动的具体计划。它是实现幼儿园保教目标的最细化、最经常的保教工作计划。只有每日保教计划如期实现，周保教计划才能如期进行，才可能达成月保教计划和学期保教计划的预期目标。因此，幼儿园教师必须从日保教计划起，安排好幼儿的一日生活。

专栏3-4

身边的故事 **2015年幼儿园保教工作计划及评析**

幼儿园的保教计划应该如何制定？保教工作到底包括哪些内容？以下是某幼儿园2015年的保教工作计划。主要分为保育工作和教学管理两部分。

一、保育工作

1. 严格执行相关保健制度

严格执行《卫生保健制度》和《传染病应急预案制度》。

2. 幼儿一日生活严格检查及管理

做好晨检、午检工作；对班级各项消毒工作及室内通风情况有计划地检查、指导、记录；规范各班就餐及幼儿盥洗；重视幼儿午休等环节，随时巡查。

3. 常见病预防工作

做好春秋季常见病、多发病的预防指导监督工作，发现问题并及时上报，做好相关处理工作。

4. 严把幼儿体检工作

新生的体检一周内收体检单，老生假期做好体检，开学报名时收单。此外，保健室按时做好幼儿日常体检及年检工作，测量身高、体重、视力，检查龋齿等。

5. 做好幼儿饮食的管理

按照“带量食谱”软件，科学制定食谱；定时检查与消毒，保证幼儿的饮食安全。

6. 合理修订《保育员日常量化考核内容》

保育员每天严格按照量化考核内容规范保育工作，保健主任按标准进行指导检查并记录在案。

7. 人员培训

组织保育员定期学习卫生保健制度、隔离制度、传染病应急措施、幼儿的生活护理等内容，并反馈心得；举行两次以上老师抽签观摩保健活动、保健保育知识竞赛等活动；春秋季举行幼儿春秋季常见病、突发事件处理的全员培训。

二、教学管理

（一）教学管理

1. 合理修订《幼儿园教师日常量化考核内容》

教师严格按照日常量化考核内容规范教学，认真开展教育教学工作。

2. 做好教学工作的日常检查

教学主任分工合作，按考核内容每日巡查，保证每天两次巡班，做好全园各班各种活动的指导与记录；保教部两周抽查一次教案，及时批注、评选并通报。

3. 做好教学计划的检查与备案

按时检查全园老师上交的所有计划、方案、教案、总结等资料。

（二）教育教学

1. 常规教育

重视培养幼儿养成良好的生活常规，培养幼儿正确的走、坐、书写等良好的习惯。

2. 社会实践活动

中班每年组织一次社区爱心活动。大班每年组织一次外出实践活动及毕业典礼活动。

3. 安全教育活动

组织两次全园防火防震防恐防暴安全演练及安全周活动。

4. 节日主题教育活动

5. 身体保健活动

开展一次夏季体操比赛，一次秋季运动会。

启发：幼儿园保健工作是幼儿园工作的核心，主要包括保育和教育工作两大块。从这个幼儿园保教工作的计划中可知，保育工作旨在保证幼儿的健康水平，而教育工作旨在提高幼儿的文化修养。但总体来说，幼儿的保育工作应放在首位，需要幼儿园每一个教职工认真做好本职工作并相互配合。

资料来源：贺卓炜. 2015 年幼儿园保教工作计划（有删改）. http://www.bynesyey.com/Article/byjy/jhzj/201503/1464.html. 2015-03-09.

（二）保教计划的实施与执行

执行是对计划的落实，是将计划付诸实践的过程，这是幼儿园保教工作运行的核心环节。幼儿园管理者在督促保教计划执行时，应做到以下几点：首先，要配备合适的员工。人员的配备是做好幼儿园保教工作的前提和基础。幼儿园管理者要根据各个员工的特点及岗位要求，加以匹配。其次，要统筹、协调各个员工和各个组织之间的关系。各个组织或员工在处理保教工作时，总存在需要合作的地方，这往往也是矛盾和不和谐因素的频发区。这就需要幼儿园管理者洞察幼儿园的保教工作，做好各个组织或员工之间的协调工作。最后，激发员工工作积极性。只有激发了幼儿园员工的工作积极性，他们才可能最大限度地自觉、自愿地投入幼儿园的保教工作中。因此，幼儿园员工的工作积极性是保教计划有效执行的最大动力。

（三）保教工作的检查

检查是保教计划执行的关键。保教工作的检查包括检查保教计划执行的情况和效果、活动设计的程序和安排是否合理、活动时间安排是否符合幼儿身心发展规律等，以便及时发现问题、做出调整。因此，幼儿园管理者要做好对保教计划执行情况的检查工作。一方面，要深入班级，进行监督检查，给予建议和指导。幼儿园管理者要深入保教实践第一线，督促、指导、帮助幼儿园员工端正思想，不断改进保教工作。另一方面，也要注意引导保教人员对计划实施进行自我检查。保教工作人员，尤其是班级教师和保育员，要做好日常保教工作的自我反思。教师和保育员在保教工作中要做好保教计划执行情况及工作效果的记录与反思，从而不断改善保教工作，提高自己的专业素养。

专栏 3-5

身边的故事

幼儿园检查工作的策略

一、计划为先

每学期初，幼儿园的管理团队应依据幼儿园的保教目标，并就上学期或学年保教计划中存在的漏洞和缺陷进行有针对性的弥补，制定新的保教计划。然后，保教计划要以文本的形式发放到每一个工作人员手中。这有利于让每一个保教人员都明白这学期要做什么，为什么要做，如何做，谁去做等。这样才能将文字形式的保教计划转化为每一个保教人员具体的保教行动。

二、客观记录

检查要实实在在深入一线，关注教师，既要指出存在的问题，又要善于发现教师的工作亮点。因此，每一个检查人员在检查的时候要注意客观记录真实情况，既要记录工作中存在的优点，也要记录工作中存在的不足。检查人员要注意避免主观色彩，盲目急速。这样的记录才是真实客观的，这样针对记录而给保教人员的评价才是真实有效、令人信服的。这才有利于保教人员发现自己的优势与不足，扬长避短，有效解决问题。

三、及时反馈

在检查以后，检查人员要将检查的结果及时反馈给每一位保教工作者。只有及时的反馈才可以帮助保教人员当场发现问题，体察自身的不足，每一个保教人员才能逐渐改善自己，循序渐进地提升保教工作。此外，检查人员可采用多种反馈形式，如以书面、口头或者电子的形式等。同时，反馈不仅仅包括存在的问题，也包括现存的优点。这样保教人员才能既增强自信心，又能体察和解决自己现存的问题。

资料来源：陈未娅．幼儿园管理中保教工作检查的组织与策略．教育实践与研究，2014：21-23.

（四）保教工作的总结

总结是为了更好地提高。保教工作的总结是针对保教计划从制定到实施这一过程中的优点及不足加以总结，进一步优化保教计划，促进保教工作不断改进与完善。保教工作的总结既包括全园的保教工作总结，也包括幼儿园员工个人的保教工作总结；既包括每学期的保教工作总结，也包括每月保教工作总结、每周工作总结乃至每日工作总结。在做保教工作总结时，幼儿园管理者要加强对保教工作的指导与建议，并激励幼儿园员工为保教工作的完善不断努力。幼儿园基层保教工作中，教师和保育员要注意将日常的工作材料加以汇总、分析，在平时实践工作中不断反思改进。最后，注意幼儿园员工之间相互学习，将总结与交流评比相结合，推广先进经验，从而不断改善全园的保教工作。

专栏3-6

身边的故事　　　　**某幼儿园保教期末工作总结**

一年来，为加强教学研究、提高保教质量，在全体保教人员的共同努力之下，我园的保教工作取得了较为丰硕的成果。

一、教学研究不断加深，教学质量明显提高

1. 坚持以教研为手段，探索素质教育新思路

一年来，我园每月都会邀请合作的教育专家来园指导本园的教研活动。此外，幼儿园也会有不定期的小教研活动。教研内容丰富多彩，大多围绕幼儿教育一线中产生的问题与困惑进行，如蒙台梭利的游戏理论如何运用到实践当中、什么样的教学方法在什么时候使用更合适、儿童心理发展不同阶段的需求等。

2. 注重教学管理，不断提升保教水平

这一年里，我园教师根据幼儿的年龄特点，依据《纲要》中各领域的教学目标，有效落实保教常规，并在此基础上开展了丰富多彩的保教活动。各种艺术活动，如“小溪流的歌”合唱比赛；班级主题活动，如“风中的孩子”等；还有各种区角活动，如“水枪大战”等。

3. 优化一日活动，重视常规教育

人生百年，立于幼学。幼儿从小形成的习惯对于其一生都有着深远的影响。这一学年，本园尤为重视对幼儿的一日活动常规进行指导，从而使幼儿养成良好的行为习惯。重视幼儿的礼仪教育，如在入园和离园时的礼仪；生活习惯教育，如吃饭要慢吃、专心等；安全知识教育，如不要随便吃陌生人给的东西、家里亲人号码要记熟等。

4. 开展丰富的艺术活动及亲子活动

儿童是具有个体独立性的，因此每一个儿童的需求也是各具特色的。在丰富常规的保教活动基础上，我园开展了丰富多彩的艺术特色活动和大型亲子活动。艺术活动有各种舞蹈、绘画的兴趣班等，如这学期举行的“小水花在歌唱”活动。亲子活动有“母亲节快乐”“我们毕业啦”等活动。这些活动的开展既满足了幼儿多方面的发展需求，又加强了幼儿园与家庭的联系，有效地促进了家园合作。

二、加强师资培训，提高教师素质

保教质量是幼教工作的生命线，而提高保教质量的关键是幼儿教师。教师整体素质、理念更是直接关系到保教质量的水平。因此，这一年本园积极给予保教人员各种培训和外出学习的机会。同时，本园也积极邀请相关专家来给本园的保教人员做相应的培训。培训具体包括以下几方面：

1. 学习先进的教育理念及最新的幼教政策法规

本园教师通过集体培训等形式学习了各种先进的教育理念以及政策法规的科学内涵。

例如，通过培训，教师们真正理解了新《幼儿园工作规程》的实质内容，树立新的教育理念，从而可以运用新的教育理念和方法去组织活动。

2. 鼓励相互交流与评比

一方面，鼓励本园教师之间相互观摩，如老带新、公开课等活动。另一方面，鼓励本园教师与姊妹园教师相互观摩和比赛。教师们在一起培训和观摩，使得各园老师相互学习和提高，同时，教师之间优质课的评比、自制教具的评比，各班室内外环境创意的评比等活动也有利于教师们在竞争中提高水平。通过这些活动，教师的教学水平和业务能力也得到了进一步提高。

资料来源：中国幼儿教师网. 保教期末工作总结（有删改）. http://www. yejs. com. cn/Jswa/article/id/48030. htm. 2014-05-20.

第三节 班级是实施保教任务的基本单位

幼儿园作为教育系统的基层单位，其管理工作主要是通过幼儿园的基层单位——班级来实现。幼儿园班级是由幼儿和保教人员共同组成的学习集体，是实施保教工作的基本组织形式[①]。班级是幼儿最具体的学习、生活和游戏的场所，也是教师最生动的工作场所，幼儿园的一切工作与任务最终都要落实到每个班级，化为每个班级教师和幼儿最具体的行动。幼儿的全面发展和健康成长以及幼儿园保教目标的实现都直接取决于班级保教工作的成效。

一、班级保教工作的内容

班级保教工作包含了保教工作和管理工作，二者同步进行，即保教工作也是管理过程，二者统一于教育目标的实现。因此，幼儿园班级保教工作涉及幼儿保教的一切活动，以及对这些活动的组织和管理。主要体现为以下几方面：

（一）制定具体的保教计划

“凡事预则立，不预则废。”保教计划的制定是做好幼儿园班级保教工作的第一步。班级保教人员只有制定好切实可行的保教计划，才能做到心中有数，才能使保教工作有条不紊地进行。因此，教师要根据班级幼儿的身心发展特点以及兴趣需要，结合幼儿园保教计划目标，制定具体的学期保教计划、月保教计划以及日保教计划。教师在制定班级保教计划时要注意坚持保教结合的原则，与班级保育员协商一致。此外，教师在制定班级保教计划时要注意兼顾计划的预设性和灵活性，使保教工作可以既有序又灵活，从而保证保教计

① 左志宏. 幼儿园班级管理. 上海：华东师范大学出版社，2015：3.

划的可操作性和实效性。

（二）开展丰富的保教活动

幼儿园保教计划最终要通过鲜明、生动、具体的保教工作得以落实。一个个具体的保教活动的有效落实才能最终实现幼儿园的保教目标，促进幼儿的全面、和谐发展。幼儿园保教活动按照活动方式可分为个别活动、小组活动和集体活动。个别活动如幼儿在区角的个别学习、晨检等；小组活动如分组学习、小组盥洗等；集体活动如集体教学、亲子活动等。教师在开展保教活动时，要时刻坚持保教结合的原则，在保育工作中渗透教育，教育工作也要兼顾幼儿的保育。同时，教师要注意保教活动多样性、有趣性，吸引幼儿主动配合并积极参与班级保教活动，如教师可以通过唱儿歌的形式，让幼儿领会洗手的步骤，养成良好的洗手习惯。

（三）创造适合的保教环境

环境是幼儿的第二位老师，对人的影响是潜移默化和深远持久的，而幼儿园班级环境是最贴近幼儿的真实生活环境，是一日生活中影响幼儿最长时间的环境。因此，幼儿园班级环境对于幼儿的发展和成长具有重要的意义。幼儿园环境分为物质环境和精神环境，幼儿园班级环境也是如此，分为班级物质环境和班级精神环境。班级物质环境主要包括班级的物质材料、墙面设计、装饰等。这就需要教师根据本班保教目标以及幼儿的需要创设出健康、适宜的幼儿园物质环境，满足幼儿的需要、促进幼儿的发展。班级精神环境主要包括班级的心理氛围、人际关系等。这就要求班级教师创设一个自由、舒适、愉悦的班级心理氛围以及构建班级良好的师幼关系、教师之间的关系以及幼儿之间的同伴关系。

（四）做好家园合作工作

服务家长是幼儿园的第二大任务，因此教师有义务与家长保持有效沟通。此外，教师主动联系家长、与家长有效沟通，不仅有利于加强家长对于幼儿园保教工作的理解与认识，保证教育影响的一致性，也有利于赢得家长对于幼儿园保教工作的配合与支持，从而更好地推进幼儿园的保教工作，达成幼儿园的保教目标。因此，教师要通过多种方式主动加强与家长的合作与交流，如通过家园联系手册的形式交流一些关键信息；通过平时的幼儿入园和离园进行日常交流；通过班级家长会让家长了解到本学期幼儿园的工作计划与目标等。

二、班级保教工作的特点

幼儿园班级保教工作虽然纷繁复杂，但也有自己的规律和特点。班级保教工作人员在做好班级保教工作时，要遵循保教工作的基本特点。班级保教工作的特点主要有以下几方面：

（一）目的性

班级保教工作具有很强的目的性。这表现为幼儿园的一切保教工作都要服务、服从于幼儿园教育目的和保教目标。脱离幼儿园保教目标的班级保教工作是无意义甚至是有害的。因此，班级保教工作人员应牢固树立目标意识，不断提高自身的专业素质，在日常的保教工作中要围绕保教目标开展。唯其如此，才能更好地贯彻教育方针，保证保教目标的实现。

（二）全面性

幼儿是一个全面的、整体的人。教育对人的影响也是具有全面性和整体性的。此外，我国幼儿园教育目标也要求促进幼儿的全面、和谐发展。因此，幼儿园班级保教工作也具有全面性的特点。一方面，教师要注意保教工作的全面性和整体性，做到多种教育内容的有机结合，注重途径和手段的全面性。另一方面，教师还要注意教育的整体育人功能，促进幼儿智、德、体、美全面发展，不可以忽视任何一方面。

（三）集体性

班级保教工作是一种班集体的保教方式，班级保教工作人员必须注意保教工作的集体性。首先，教师必须面向幼儿，发挥教师对于幼儿集体的影响。教师在幼儿中具有很高的权威性，因此教师要注意发挥这种权威性对于幼儿全面发展的影响作用。其次，教师要引导幼儿之间的相互作用，注意同伴之间的影响。这一时期的幼儿喜爱模仿同伴，因此引导幼儿之间相互模仿，从而影响整个幼儿集体，具有十分显著的效果。最后，班级保教人员也是一个集体，教师和保育员必须相互协商，对班级幼儿进行一致的、整体的教育，才能取得良好的保教效果，实现保教目标。

专栏 3-7

身边的故事　　**幼儿园班级保教人员搭班安排策略**

保教人员的搭配，尤其是一个班级保教人员的搭配不仅是影响幼儿园保教质量的关键因素，而且对于保教人员个人发展而言，也具有重大影响。就班级保教人员搭配而言，若搭配合理，二者愉快地合作，则有利于良好班集体的形成，班级保教质量也会进一步提升。反之，若搭配不合理，教师之间则容易产生嫌隙，长久以往矛盾加深，对班级保教工作将会产生恶劣的影响。从班级师资的均衡、教师间的优势互补出发，幼儿园管理者大多综合保教人员间年龄、性格、能力、技能等多种因素，慎重地权衡各班的合作团队，以达到优势互补。

一、年龄互补

年龄互补，是指班级教师双方在年龄上要形成互补优势，如年长的教师和年轻的教师。一方面，年长的教师具有更好的教育经验、更深厚的教育智慧，能够对刚工作不久的年轻教师产生带动作用。此外，年长教师在一些问题的处理上也比年轻教师更加成熟稳重，更能够赢得家长的认可。另一方面，年轻老师朝气蓬勃，充满干劲，这是年长教师所缺乏的。此外，孩子们往往喜欢年轻、阳光的老师。因为朝气蓬勃、充满活力的年轻教师是孩子眼中的大姐姐、大哥哥，就像他们的好朋友和玩伴一样，能够陪伴孩子们成长。此外，年轻教师往往具备最新的教育理念和教育理论，这也是年长教师需要学习的地方。因此，一个班级既需要年长教师也需要年轻教师。

二、个性互补

个性互补是指教师之间在气质和性格上要形成优势互补。人是共性和个性的统一体。每一个教师也都有自己的气质类型，有的外向开朗，有的内向寡言，有的善于与人沟通，也有的不善言辞等。因此，管理者在考虑年龄互补的同时还应考虑性格互补，使之各施其能、各展所长。一般内向型的老师需要一个外向型的搭档，以此来开展好班级各方面的工作。如一个能言善辩的老教师可以搭一个稍微内向些的年轻教师；一个活泼开朗的年轻教师则可以搭一个踏实稳重经验型的老教师等。因此，在组合这些成员时，管理层要对这些教师的性格特征进行全面分析，综合老师们的性格特征优化组合。

三、能力互补

能力互补是指教师在能力专长方面要形成互补。因为每一个人的能力不仅大小不同，而且能力突出的方面也不尽相同。如有的老师绘画比较弱但舞蹈比较强，有的老师绘画很强但舞蹈却比较弱，有的老师理论很强但实践弱，有的老师实践很强但理论不足等。因此，在组合这些教师的时候，管理者更多的要考虑能力的互补，比如环境布置能力、弹唱综合能力、课堂教学能力、组织一日活动的能力等。教师们取长补短，互相学习，互相提高，从而共同做好班级保教工作。

资料来源：秀客网．幼儿园管理：幼儿园保教人员搭班安排策略（有删改）．http://www.bynesyey.com/Article/byjy/jhzj/201503/1464.html．2015-03-15．

（四）可控性

我国《幼儿园工作规程》和《幼儿园管理条例》指出：教师和保育员是幼儿园班级工作的主要承担者，他们肩负对幼儿进行教育和保育的双重任务，对幼儿的全面发展起着核心作用。由此可知，班级保教人员在班级保教工作中起着主导和核心作用。因此，幼儿园班级保教人员必须发挥自身的主导作用，依据保教目标，主动制定好切实可行的保教计划、创设良好的保教环境、开展丰富多彩的保教活动并积极与家长进行沟通与合作。同时，保教人员在发挥自身主导性的同时，也要注意激发幼儿的主体性，调动幼儿参与活动的积极性和主动性。

（五）创造性

幼儿园保教工作虽然具有一定的预设性和可控性，但由于每个孩子的身心发展特点的不同，幼儿园保教活动的多样与差异，因此班级保教工作也富于变化和挑战。这就需要班级保教人员必须充分发挥自身的主观能动性和教育智慧，根据幼儿的需要，以及班级现实中不断出现的新情况、新问题，不断做出调整，创造性地工作，做到“教学有法，教无定法”，不断适应新的需要，不断完善保教工作，促进幼儿的发展。

（六）开放性

幼儿园保教工作的开放性表现为幼儿园要坚持开放办园的理念，加强与家长、社区等的合作与交流。这既是幼儿园的工作任务也是幼儿园班级保教工作的重要内容。只有加强与家长、社区的合作，班级保教工作才能获得家长和社区的理解与支持，幼儿园才能更加有效地开展工作，才能实现教育目标，促进幼儿的全面发展。因此，班级保教工作者要通过各种方式主动与家长和社区建立联系，积极开展与家长和社区的沟通与合作，不断提高班级保教工作的质量。

三、班级保教工作的策略①

幼儿园保教工作因其对象的不同，在工作原则、策略上明显区别于中小学班级工作。幼儿园的班级工作，从教师保教计划的拟订与实施、班级环境的创设、具体教育活动的开展，乃至与家长、社区的交流与合作等都是幼儿园班级保教工作的重要内容，每一环节无时无刻不对幼儿产生影响。如何有效地组织和利用各种资源，提高班级保教工作的成效等，这些都需要教师运用科学管理策略，发挥管理智慧。

（一）树立先进的保教工作的理念

有效的幼儿园班级保教工作首先要求班级保教人员必须具备先进的班级保教理念，这是班级管理取得成效的首要前提。在幼儿园里，班级保教人员的保教工作理念不同，导致各班保教工作策略不同，进而表现为不同类型的班级呈现不同的特点，发挥着不同的教育功能，起着促进或阻碍幼儿发展的作用。教师处于幼儿园班级保教工作的主导地位，对班级里的人、事、物进行全面管理。而幼儿是班级管理的主体，并且现代教育理念倡导要以幼儿发展为本，尊重幼儿的个性，要求所有班级保教工作处处指向幼儿的发展。因此，教师应该树立先进的班级保教工作理念，如以幼儿发展为本，整合各方面资源，让全班幼儿健康快乐地成长，实现班级的教育价值和社会效益等。

（二）创设和谐的班级环境

蒙台梭利认为，如同植物生长需要适宜的阳光、空气与水分一样，幼儿的身心是在外界刺激的帮助下发展起来的，他们借助环境来构建自己的知识结构。因此，教育的重要价值就在于向幼儿提供适宜的环境，使其找出发展自身潜能的方法。一方面，教师要创建安全舒适、有准备的物质环境。幼儿园班级基础设备设施的充分设置是班级活动得以正常开

① 钟鸣．幼儿班级管理的策略研究．长春：东北师范大学硕士学位论文，2010.

展的物质保障，因此必须保证基础设备是安全的、环保的，有利于幼儿安全活动的。例如，理想的活动室布置应该动态与静态并重，内涵和美化兼备，寓教育性、艺术性、参与性于一体。另一方面，教师要营造宽松愉快的班级氛围。教师要深入了解幼儿的身心发展特点，充分尊重幼儿的兴趣和需要，努力营造轻松活泼的班级氛围，使幼儿在生活和学习过程中有着积极愉快的情绪体验。

（三）建立积极有效的师幼互动

在幼儿园的班级一日生活中，无论教学活动还是生活活动都必须是在教师与幼儿的互动中进行和发展的，也就是说幼儿与教师在班级中的互动是幼儿在幼儿园学习和生活的主要内容。因此，在师幼互动中，教师应是良好师幼互动环境的创设者、积极互动的组织者与引导者，在教育过程中更多地关注幼儿的情感与需要，关注幼儿的实际情况，有意识地更好地去促进幼儿主体性的发展。教师要建立和强化有效互动的意识，充分认识到自己的言行以及自己和幼儿之间的互动对幼儿所产生的意义，并有意识地把握自己在不同班级生活场景中的角色定位。

（四）充分利用家长和社区资源

幼儿园班级管理工作的有序开展离不开家长和社区的支持和配合。《幼儿园教育指导纲要（试行）》明确指出："家庭是幼儿园重要的合作伙伴。应本着尊重、平等、合作的原则，争取家长的理解、支持和主动参与，并积极支持、帮助家长提高教育能力。"《幼儿园工作规程》中指出："幼儿园应当加强与社区的联系与合作、面向社区宣传科学育儿知识，开展灵活多样的公益性早期教育服务，争取社区对幼儿园的多方面支持。"因此，在幼儿园的班级保教工作中，一方面，教师要与家长之间建立经常性的双向沟通，家园双方随时互通信息、交流看法，全面了解幼儿的发展情况，并吸引家长真正配合、支持与参与班级保教工作中，从而在教育上达成共识，提高班级保教工作质量。另一方面，教师也要主动加强与社区的交流与合作，这既能够充分利用社区的人力、物力与财力资源，提升班级的保教质量，也能够服务社区，提升幼儿园的影响力。

专栏 3-8

身边的故事

幼儿园班级计划的表述形式

幼儿园班级计划多种多样，有学期计划、周计划、日计划等。不同的计划表述形式各不相同，主要有文字式、表格式、口头式三种。

一、文字式

文字式是指用文字的形式撰写幼儿园班级计划的一种形式。幼儿园平时的班级学期计划、教师备课计划，大多采用的是这种方式。如下所示：

学年/学期开始的工作：

1. 建立班级幼儿花名册

2. 家访并调查家庭环境
3. 填写本班幼儿家庭情况记录表，明确联系办法
4. 安排幼儿座位、个人用品安放位置，如毛巾、水杯格，可写上姓名或制作标记
5. 初步布置活动室环境，安排家具、装饰墙壁等
6. 进行幼儿活动的观察并记录分析
7. 制定班务计划并调整、充实

二、表格式

表格式是指通过表格的形式撰写幼儿园班级计划的一种有效形式。表格式的计划能够使计划更加清楚、明了。如下所示：

<table>
<tr><th colspan="4">某幼儿园大班一日活动计划（节选）</th></tr>
<tr><td rowspan="2">体育活动</td><td>晨间锻炼</td><td>目标</td><td>内容</td></tr>
<tr><td>背手蹲走</td><td>户外活动</td><td>练习在蛇形场地内做“背手蹲走”的动作</td></tr>
<tr><td>生活活动</td><td colspan="3">1. 了解健康、合理膳食的重要性
2. 大方、友好地与同伴交往</td></tr>
<tr><td>学习活动</td><td colspan="3">中班语言活动：蔬菜的打扮
一、活动目标
1. 乐意想象有趣的蔬菜形象，体验想象和创编的快乐。
2. 仔细观察蔬菜的外形特征，能用语言大胆描述和创编。
3. 理解儿歌内容。
二、活动准备
儿歌图片（番茄、茄子、白萝卜、玉米）；儿歌录音；蔬菜图片。
三、活动过程
（一）出示儿歌图片，幼儿看看、说说图片内容
教师：看看，这些分别是什么蔬菜？你能用一句话说说蔬菜的样子吗？（形状、颜色、味道等）
（二）播放儿歌录音，幼儿学习儿歌
1. 第一次播放录音，幼儿初步感知儿歌
教师：听听儿歌里是怎么唱的？你最喜欢哪一句？
2. 第二次播放录音，幼儿初步理解儿歌
教师：为什么说茄子穿着紧身衣呢？为什么说番茄带着绿帽子呢？白萝卜的绿长发是指什么？黄玉米的长胡须在哪里？
3. 第三次播放录音，幼儿初步学念儿歌
教师：我们一起跟着录音来学一学、说一说吧！
（三）出示蔬菜图片，鼓励幼儿仔细观察、大胆想象、创编儿歌
教师：这些蔬菜有什么最特别的地方？要怎么形容它们呢？如果你要形容这些蔬菜，还可以怎么说呢？能不能像儿歌里那样说一说？
（四）活动结束：教师将幼儿创编的蔬菜儿歌用简笔画的形式记录并带领幼儿集体念儿歌
四、活动延伸：幼儿将自己创编的蔬菜儿歌画下来，制作蔬菜儿歌图书</td></tr>
</table>

三、口头式

口头计划即教师用口头表述的形式，讲述班级计划。幼儿园口头式的班级计划通常是

教师通过口头的方式给幼儿、家长或其他教师传达班级工作计划的一种常见形式。如下所示：

某中（1）班口头计划

本班明天区域活动中有鸡蛋探索活动，要求部分幼儿带一个熟鸡蛋到幼儿园，希望各位家长予以配合。

资料来源：戈柔．让理论看得见：计划、纪录与幼儿发展（有删改）．合肥：安徽少年儿童出版社，2010：71.

做一做

参观幼儿园，通过去幼儿园见习，体会保教结合在幼儿园一日生活中的渗透，并写出自己的心得体会。

想一想

1．是否理解以下内容呢？

（1）幼儿园保教工作的含义。

（2）幼儿园保教工作的地位。

2．是否掌握以下内容呢？

（1）保教结合原则的含义及要求。

（2）幼儿园保教工作管理的内容。

3．是否能综合运用以下内容呢？

（1）幼儿园保教工作管理的过程。

（2）幼儿园班级保教工作的策略。

试一试

依据本章幼儿园保教计划制定的相关内容，并参考其他资料，以小组为单位尝试为幼儿园小班、中班、大班制定一周工作计划。

第四章

幼儿园课程与教科研活动管理

本章导航

幼儿园课程管理的概念及意义

幼儿园课程管理的内容与要求

幼儿园园本课程的管理

幼儿园教科研活动的意义

幼儿园教科研活动制度的建设

幼儿园教科研活动的组织

幼儿园课程管理，以幼儿发展的需要作为基本依据，运用适合幼儿的方式，将社会认定的有价值的知识、技能和方法传递给幼儿，从而促进幼儿全面和谐发展。幼儿园课程管理，能够最大限度地为幼儿园教师的成长提供专业自主的条件，创设专业发展的机会，激励教师参与课程发展与决策，从而促使不同层次的教师获得各有特点的专业成长。幼儿园课程管理，让专家、教师和家长共同整合利用现有的幼儿教育资源，通过选择和生成两个过程，使之逐步增强幼儿园课程的适应性，逐渐促进幼儿园课程质量持续发展。幼儿园科研管理与幼儿园课程管理密不可分。幼儿园科研管理不仅有利于优化幼儿园的课程管理，更是有利于鼓励教师以研究立身，走研究型教师之路，有助于引领园长以研究立园，走研究兴园之路。

本章将着重介绍幼儿园课程管理和教科研管理的概念、意义、内容、要求，帮助读者了解幼儿园课程管理与教科研管理的基本概况，以便广大幼教工作者可以更好地从事幼儿园的课程管理工作。

第一节 幼儿园课程管理

幼儿园课程是什么？幼儿园课程管理是什么？幼儿园课程管理的意义何在？幼儿园课程管理的内容是什么？如何才能进行幼儿园课程的有效管理？等等。这些都是幼儿园课程管理必须回答的基本问题，也是本节的基本内容。

一、幼儿园课程

（一）幼儿园课程

幼儿园课程与其他各级各类课程有着共通之处，都注重把社会价值和文化知识整合到学习者的经验之中，由于课程所处的实施背景不同，导致其反映的社会价值和文化知识各有特色。当然，幼儿园课程也有着其自身的特点，它以幼儿为教育对象，需要更多关注幼儿的个体差异及其发展水平。因此，幼儿园课程的结构、内容、方法和评价等，既受到社会文化差异的影响，又要关注幼儿个体发展水平的需要，因而，各方教育专家对幼儿园课程的定义众说纷纭。

国内多名学前教育专家对幼儿园课程定义如下：

幼儿园课程是指“幼儿园整体教育或某一科目教学的教学内容、教学过程及时间安排等”（卢乐山，1991）。

幼儿园课程是“幼儿在幼儿园教育环境中进行的，旨在促进其身心全面和谐发展的各种活动的总和”（冯晓霞，1997）。

幼儿园课程是“实现幼儿园教育目的的手段；是保证幼儿获得有益的学习经验，促进幼儿身心和谐发展的各种活动的总和”（李季湄，1997）。

幼儿园课程是“从幼儿身心发展的特点和特定的社会文化背景出发，有目的地选择、组织和提供的综合性的、有益的经验”（虞永平，2001）①。

上述多种关于幼儿园课程的定义，将其整理归类，大多体现了学科倾向、活动倾向和经验倾向。目前，就课程的功能和价值取向而言，幼儿园课程不外乎分为分科课程与综合主题课程，这两种不同形态的课程具有不一样的价值取向。首先，分科课程是按照学科知识的逻辑来组织和开展的，而综合主题课程是按照幼儿生活经验的逻辑来组织和开展的。其次，分科课程强调知识的独立性，而综合主题课程则强调知识间的有机联系。形象地来讲，主题好比是一张“网”，可以建立各种知识间的联系，有助于幼儿在关系中学习、享

① 幼儿园课程. http://wenku.baidu.com/view/19745fb8770bf78a65295496.html. 2014-03-21.

受课程的过程，收获各种有意义的经验。最后，分科课程比较注重幼儿知识技能的获得，而综合主题课程则更注重幼儿学习方法、能力和情感态度的培养，指向幼儿学习品质的提升，指向课程的整合，指向教师综合专业能力的提高。

专栏 4-1

拓展阅读

上海市幼儿园综合主题课程

上海市学前教育二期课改的一大亮点就是从分科课程走向了综合主题课程，近二十年来，幼教工作者对此进行了不懈努力。上海学前教育的二期课改，一改以往分科形态，选择走“综合主题课程之路”，主要有两方面的考虑。

一方面，综合主题课程顺应了当前国际、国内教育改革的主流。有专家曾预言，21世纪是不同领域科技、知识创造性融合的时代。因此，课程的综合化趋势，是现代社会科技综合化的必然体现，它折射出时代的精神，集中体现了新课程的基本理念。

另一方面，综合主题课程顺应了幼儿的发展需要和特点。幼儿神经系统的发育尚未完全分化，所以我们需要软化学科的界限，打破学科林立的状况，需要综合化、生活化、游戏化的课程，使我们的幼儿在活动中感受乐趣，体验成长，从而产生有意义的学习。

上海综合主题课程最终追求的目标价值可以从四个方面思考。

第一，回归生活。摒弃学科化的倾向，直面幼儿的成长需要，关注幼儿的生活情境、生活经验以及当前经验，使幼儿园的课程向幼儿的真实生活世界回归，努力实现“科学世界”和“生活世界”的交互融合。

第二，关注过程。背离只重结果的课程取向，关注幼儿在主题探索过程中的经历、经验；关注幼儿与环境、同伴、成人互动中的感受、体验；关注幼儿在主题活动中学习品质的培育。

第三，加强整合。改变学科林立、彼此分离的状况，努力实现课程目标、内容、方法与途径等各要素的总和与整合，使幼儿获得全面、和谐的发展。

第四，注重选择。改变灌输式的课程模式，赋予幼儿更广阔的学习与生活的空间，让幼儿根据自己的需要、兴趣、个性进行自主选择和活动——选择主题学习内容，选择个性化的表达表现方式等。例如，在个别化学习中，就充分体现了幼儿自主选择的意义，体现了新课程注重差异、注重个性、注重发展的价值追求。

此外，在综合主题课程中，不仅要追求幼儿的自尊自主，还要实现教师的自主发展，即“让幼儿在综合主题课程中，收获有意义的成长经验、经历，也让教师在综合主题课程中，有效实施、自主发展”。

资料来源：黄琼. 综合主题课程的价值与把握. http://jiaoyan.jxedu.gov.cn/jxedu/jxeduRoot/jxjy/xkjy/xqjy/2016/03/20160324045020648.html. 2016-03-24.

（二）幼儿园园本课程和园本课程开发

幼儿园园本课程是幼儿园依据国家与地方的政策和法规，因地因园制宜，充分挖掘和利用教育资源，由园长、教师、课程专家、幼儿及家长和社区人士共同参与，共同编制、实施和评价的一种课程。

关于如何开发园本，我国学者对其有不同理解：

程方生（2003）认为园本课程开发就是幼儿园自主开发的“以园为本”的课程，园本课程开发实质是一个发掘与利用幼儿园课程资源的过程。

郑三元、姜勇（2002）认为所谓园本课程开发，是指“一个以幼儿园为主促进课程开发的开放民主的决策过程，即园长、教师、课程专家、幼儿及家长和社区人士共同参与幼儿园课程计划的制定、实施和评价等活动”。

陈时见、严仲连（2001）则认为园本课程的开发是以幼儿园为基地，以教师为主体，会同社区、专家及家长的共同帮助，发掘、利用、整合可利用的课程资源，研发出具有鲜明特色的课程。

李云淑（2008）认为园本课程开发包括两方面的含义：其一是指幼儿园根据自己的办园理念、幼儿的兴趣与需要，结合幼儿园具体特点和条件而进行的课程创编；其二是指幼儿园根据自己的办园理念、幼儿的兴趣与需要，结合幼儿园具体特点和条件而对其选择采用的国内外专家学者编制的课程进行园本化实施①。

综上所述，幼儿园园本课程开发是指幼儿园以国家、地方政府的教育纲要和课程指南等政策法规的基本精神为指导，从幼儿园的教育理念及办园宗旨出发，以教师为主体，在园长、课程专家、社区、幼儿及幼儿家长共同参与下，依据幼儿园自身的环境和特点，发掘、整合可利用的课程资源，组织开展的课程重组创新并加以实施的课程实践活动。

从以上定义可以看出，园本课程与园本课程开发是内涵不同却密不可分的两个概念。相对而言，园本课程开发是一个持续和动态的课程改进的过程，而园本课程是这一过程最终的结果，园本课程是在园本课程开发过程中不断优化、不断完善的课程形态。

不管怎样定论，终究万变不离其宗。幼儿园课程是为幼儿的发展而存在的，这就要求幼儿园课程的内容必须贴近幼儿的现实生活，其实施必须尊重幼儿的发展规律与学习兴趣。然而，目前幼儿园尚无国家规定的统一的课程标准与实施模式，所以，每所幼儿园都必须在遵循幼儿园教育宗旨与目的的前提下，契合当前学前教育课程改革主流价值观，根据自己的条件自行选择和确定适宜的课程内容，而后组织实施与评价。

幼儿园课程涉及了太多的理论问题和实践问题，以及理论与实践之间的关系问题。因

---

① 张海红．幼儿园园本课程资源整合利用的探索．济南：山东师范大学硕士学位论文，2008.

此，幼儿园课程是幼儿园教育中最重要、最繁难、最易被误解的教育问题，课程管理也成为幼儿园教育中的重中之重。

二、幼儿园课程管理

幼儿园课程管理是指幼儿园根据国家、地方的课程政策，考虑幼儿身心发展特点，结合幼儿园自身实际，对课程目标、课程内容、课程组织与实施、课程评价等过程进行科学管理，以促使课程运行过程顺利开展，促进幼儿身心全面发展，同时促进各类教育者自身发展的过程。

幼儿园课程管理对幼儿的全面发展、教师的专业发展以及幼儿园课程质量的提升都具有重要的意义。

有效的幼儿园课程管理是促进幼儿全面和谐发展的有力保障。幼儿园课程管理已经走向多元化和自主化，幼儿园课程管理在充分考虑幼儿园所处社会文化背景和知识的性质的前提下，将会在理念上和实践上更多地立足幼儿的发展，尊重幼儿的身心特点，以幼儿发展的需要作为课程管理的基本依据。同时，也会运用适合幼儿的方式，将社会认定的有价值的知识、技能和方法传递给幼儿，从而促进幼儿全面和谐发展①。

有效的幼儿园课程管理是促进幼儿园教师专业自主发展的重要平台。“专业自主是教师专业化的必要条件，教师内在的实践经验、研究能力、创造能力不但是客观存在的，而且有必要在各种专业活动中得以发展。”② 让幼儿教师参与课程发展和决策是其专业自主的一个重要方面，也是提高幼儿教师专业化水平的途径之一。加强幼儿园课程管理，充分运用课程管理的各种要素，能够最大限度地为幼儿园教师的专业自主提供条件，创设机会，从而激发教师参与课程发展与决策的热情，激励教师勇于实践，敢于创新，充分发挥教师的主体作用和创造性。在此过程中，不同层次的教师也能加深对课程不同程度的理解，丰富专业知识，提高研究能力，增强专业自信心，从而各有特点地发展③。

有效的幼儿园课程管理是促进幼儿园课程质量持续发展的主要途径。幼儿园的课程管理水平是决定课程实施成败的关键因素，课程管理的成效决定了课程的实际成效。幼儿园越来越重视幼儿学习的具体情境和课程本身对幼儿个体经验的适应性，让专家、教师和家长共同参与到幼儿园的课程管理中来，鼓励教师充分利用和挖掘现有的幼儿教育资源，通过选择和生成两个过程，使之逐步增强幼儿园课程的适应性，使之逐渐促进幼儿园课程质量持续发展④。

---

① 朱家雄. 幼儿园课程. 上海：华东师范大学出版社，2008：318.

② 王建军. 教师参与课程发展：理念、效果与局限. 课程教材教法，2000（5）：8-14.

③ 罗长国，胡玉智. 幼儿园管理. 北京：高等教育出版社，2014：127.

④ 同①317.

三、幼儿园课程管理的内容

当前国家和地方通过课程政策对幼儿园进行宏观指导，幼儿园和教师成为课程管理的真正主体。而课程管理重点也不再局限于教学范围，已经扩展到幼儿园课程方案的编制、幼儿园课程方案的实施、幼儿园课程方案的评价等多个方面。

（一）幼儿园课程方案的编制

1. 幼儿园课程方案

幼儿园课程方案是幼儿园按照教育目标和幼儿发展的特点与需要，参照国家和地方课程文件精神或方案，根据幼儿园的实际状况和课程资源条件，对幼儿园的课程内容、课程方法、课程编制、课程管理与评价等方面，形成的对课程理念的认知和物化形态的表达形式。幼儿园课程方案是幼儿园在一定时期内课程实施、管理与评价的基本依据。一个完整的幼儿园课程方案包括幼儿园课程背景与条件、幼儿园课程目标、幼儿园课程结构、幼儿园课程内容、幼儿园课程实施、幼儿园课程管理与保障、幼儿园课程评价等。

（1）课程背景与条件。

对课程背景与条件进行分析是课程方案编制的基础和起点。幼儿园在课程方案设计之前，必须从发展背景、课程资源以及相关的背景因素中找到课程方案编制的依据，并确立课程方案的设计起点。幼儿园课程背景与条件分析，通常包括课程方案的主题或名称的确立、园所概况和条件分析、课程理念以及课程方案的特点和课程方案的编制原则。对课程方案编制的背景性条件分析越充分，目标就越清晰，课程方案也越有针对性。

（2）课程目标。

幼儿园课程目标是对幼儿在一定学习期限内的学习效果的预期，是幼儿园教育目的的具体化[①]。课程目标既是课程内容选择、编排和具体教育活动组织的依据，也是课程评价的标准，是幼儿园课程的“指南针”和“方向盘”。

课程目标的确定，使课程编制的方向得以明确，使课程内容的选择和组织以及课程的实施和评价等方面与课程目标成为一个有机的整体。制定幼儿园课程目标除了依据对幼儿、社会、学科的研究之外，还要借助哲学的价值判断的宏观指向力量以及幼儿学习心理学的微观调节功能的作用，筛选出对幼儿发展最有价值的课程目标。幼儿园在制定课程目标时还要体现国家与地方法规的精神，并与本园的发展方向相一致[②]。一般说来，幼儿园课程目标可分为总目标、课程领域目标或主题活动目标、年龄阶段目标和教育活动目标。越上层的目标概括性越高，越下层的目标概括性越低；下一层目标是上一层目标的具体化

① 冯晓霞．幼儿园课程．北京：北京师范大学出版社，1999：26.

② 唐淑．幼儿园课程实施指导丛书：总论．南京：南京师范大学出版社，2003：52.

和展开。幼儿园课程的总目标广义上是指《幼儿园工作规程》和《幼儿园教育纲要（试行)》(简称《纲要》）中所规定的幼儿园保育教育目标，这类目标一般比较宏观，表述得相对比较抽象、概括，提纲挈领，是幼儿园阶段教育所期望达到的最终目标。幼儿园课程领域目标或主题活动目标是根据不同的课程形态而定，分科课程一般采用领域目标，而综合课程采用的是三维活动目标，两种目标可以参照《3—6岁儿童学习与发展指南》和相关主题活动，两种目标也可以互相渗透和转化。年龄阶段目标是指某一年龄阶段的幼儿通过课程要达到的发展状态或水平，是小、中、大三个年龄班的一年性目标，即幼儿园课程的中期目标。年龄阶段目标来源于幼儿园课程总目标与课程领域目标或主题活动目标，是幼儿园课程总目标与课程领域目标或主题活动目标的具体和深入。教育活动目标是指某一教育活动所期望达成的效果，是课程领域目标或主题活动目标的进一步细化。教育活动目标的特点是具体、微观、可操作性强①。

（3）课程结构。

课程结构主要规定幼儿园选定的构成课程的各种活动类型以及这些活动的总体时间安排和时间配比。

一般可以从以下两个方面去考虑幼儿园的课程结构：(1）共同性课程、选择性课程各自的组成和彼此之间的关系；(2）幼儿园一日活动之间的设置和配比。要正确处理好各类活动之间的关系，保证各类课程（活动）在不同年龄班的适切性，同时采用一定的形式将各种课程与活动组织起来，形成清晰的课程结构②。

（4）课程内容。

课程内容是根据特定的教育价值观及相应的幼儿园课程目标所选择的幼儿学习内容。对于教师和幼儿来说，主要解决的分别是“教什么”和“学什么”的问题。

课程内容是实现幼儿园课程目标的手段。幼儿园课程内容选择要基于课程目标和幼儿的经验，要适合幼儿发展特征、贴近社会生活、顾及基础性和全面性。顾及基础性，即应该将经过认真筛选的基础知识和基本技能编入课程，因为这些基础知识和基本技能应在一定程度上反映人类文化遗产中的精华，又是发展中的幼儿适应未来社会生活所必需的。贴近社会生活，即课程内容应强调与社会生活的联系，强调幼儿在学习过程中的主动参与，那么在选择课程内容时必然要注重使课程内容贴近社会生活，以有益于幼儿接触社会、了解社会，并初步学习一些与自身社会生活相贴近的知识和技能。适合幼儿发展特征，即课程内容选择也要与儿童发展特征相符合，使课程内容能够通过幼儿与环境之间有意义的交互作用而被幼儿同化。

课程编制者应在准确把握课程目标的基础上，以满足幼儿全面发展需要为出发点，对

---

① 冯晓霞．幼儿园课程．北京：北京师范大学出版社，1999：31.

② 上海市教育委员会教学研究室．幼儿园课程图景．上海：华东师范大学出版社，2016：5.

课程内容进行既保证科学性又力求特色性的选择。内容组织要体现连续性、顺序性、整合性、螺旋式上升等特点。幼儿园可以参照地方课程参考用书的内容来设定和组织课程内容，还应结合幼儿园自身的情况进行恰当的园本化，同时还可以开设一些幼儿园自己的特色课程内容。

（5）课程实施。

课程实施是根据课程目标具体落实课程内容的过程，幼儿园应在一定程度上具体明晰教师实施课程的各项要求和准则。幼儿园和教师根据课程的目标，从本社区、本园的条件出发，结合幼儿的实际情况，创造性地组织学习活动、游戏活动、生活活动与运动活动等①。

课程实施必须遵循以下基本原则：其一，目标定向原则。课程组织的所有过程都必须紧紧围绕课程目标来进行，选择有利于目标实现的课程组织方式②。其二，生活化原则。教育与生活相结合，寓教育于一日生活之中，使幼儿园的生活教育化。其三，主体性原则。幼儿是活动的主体，但幼儿的主动学习需要教师科学而艺术的引导，因此应该把课程组织成为教师主动引导的、幼儿积极参与的教育教学过程。总之，课程实施者要充分利用各种教育资源，创设良好的课程环境，使幼儿园课程活动兴趣化、游戏化、综合化、有序化、结构化，以产生适宜的学习经验和优化的教育效果，实现课程目标③。

（6）课程管理与保障。

课程管理是指对幼儿园课程编制、课程实施和课程评价等课程运行工作进行管理的过程，整个管理过程与幼儿园的课程直接相关。课程管理涉及的内容较多，包括课程编排、开发及审议，保教日常管理与指导，教师课程实施评价与质量监控，课程评价及各类课程资源管理等诸多内容。

课程管理是落实保教质量的主要途径，是园长管理工作的核心。课程管理是整个园务管理工作中的一项核心内容，但不等同于园务管理。园务管理是对幼儿园整个组织机构的架构、常规工作运行和组织发展进行管理的活动过程，它涉及的范围更为广泛④。

（7）课程评价。

课程评价是针对幼儿园课程的特点和组成要素，通过收集和分析比较系统全面的有关资料，科学地判断课程的价值和效益的过程。课程评价的重要目的在于了解课程的适宜性、有效性，以便调整、改善、选择和推广课程，提高幼儿园教育质量。

课程评价可被用于三个方面：是对课程方案本身的评价、对课程实施过程的评价和对课程效果的评价。对课程方案本身的评价，主要是考察和评定幼儿园课程所持有的基本理

① 唐淑．幼儿园课程实施指导丛书：总论．南京：南京师范大学出版社，2003：75.
② 石筠弢．学前教育课程论．北京：北京师范大学出版社，1999：73.
③ 冯晓霞．幼儿园课程．北京：北京师范大学出版社，1999：72.
④ 上海市教育委员会教学研究室．幼儿园课程图景．上海：华东师范大学出版社，2016：5.

念以及所强调的主要价值取向是否与幼儿园所在的社会文化背景相契合，是否与幼儿园教育实际状况相契合；考察和评定幼儿园课程的目标、内容、方法和评价等课程的各种成分是否在课程理念的统合之下形成一个协调的整体，并发挥其总体的功能。对课程实施过程的评价，主要是考察和评定课程实施过程中的诸多动态因素，如师生互动的质量、幼儿和教师在课程运行过程中的态度和行为、幼儿园环境的创设和利用，以及动态变化中的各种因素之间的关系等。对课程效果的评价则是对幼儿发展的评价，有的是显性的，有的是隐性的；有的是长效的，有的是短效的；有的是预期的，有的是非预期的。这会涉及什么是效果以及如何去衡量效果的问题。

课程评价既是课程运作的“终点”，又是课程继续发展的起点，而且伴随课程运作的全过程。在进行课程评价时应注意：评价应有利于改进和发展课程；评价中要以自评为主，充分发挥教师的主体性；评价要有利于幼儿的发展；评价应科学、有效。

2. 课程方案的编制

幼儿园课程方案的编制是幼儿园课程领导小组根据幼儿园的课程理念和目标，对课程进行选择、重组、生成和创造，而后组织开展的课程策划和课程设计的管理活动。课程方案的编制是一个严谨的复杂的过程，它必须按照一定的程序进行，才能有效整合各方力量，协调各方关系，才能制定出科学的具有逻辑思考的幼儿园课程方案。

课程方案的编制绝不仅仅是对课程内容的简单编排，它承载着课程园本化、系统化、文本化和结构化的管理功能，它是以幼儿园课程实践为基础，以幼儿园课程资源为载体，以幼儿园组织及其成员为主体，以幼儿园课程理念为特征，以幼儿园课程管理为保障的管理过程。课程方案编制的过程，实际上是对课程信息分析与选择，对课程内容归纳与提炼，对课程方法探索与梳理，对前期课改实践总结与提升的过程，最终目的是将幼儿园及其组织成员已经认同的课程理念化为实实在在的课程行为，并对实践层面进行设计、编排与管理的创新活动。

（二）幼儿园课程方案的实施

为了更好地实施课程方案，幼儿园还需要对课程方案进行具体的细化分解，将其分解为具有较强计划性和操作性的课程方案实施的工作计划，并加强课程实施的有效培训，加强对课程环境创设的管理，加强对“一日活动”过程的管理。

1. 加强对课程计划的管理

只有当课程方案真正化为可以实际操作的课程计划时，才能确保课程的有效实施。因此，幼儿园要加强对课程计划制定的管理与领导，引导教师重视各类教育计划的制定，以有目的、有计划、有效益地开展各种教育活动。课程计划包括学期计划、月计划、周计划和一日活动计划。幼儿园、教研组、教师在期初应根据《纲要》要求和上级教育部门的教学工作安排意见，结合幼儿园实际、本班幼儿发展水平，制定全面、具体的学期教育教学工作计划。期中，根据学期计划和教学进程实际情况制定月计划、周计划和一日活动计划。期末，幼儿园、教研组、教师根据教学计划的执行情况和教育教学的实际，写出学期教学工作总结或专题总结。

幼儿园要组织教师研讨与制定符合实际需要的、操作性强的各类计划。教师制定课程计划时，要把握课程的理念和目标，充分考虑幼儿身心发展特点，促进幼儿全面和谐发展。制定计划时，既要重视计划的预设性，以利于课程有序实施与协调运作，也要保持生成性，留给教师教、幼儿学的一定空间，以使课程更符合实际的需要。幼儿园还要提供不同活动的计划、记录样式，提倡与推广简洁、有意义的计划与记录，同时也给予教师自主选择的余地和创造的空间，使之发挥教育实效。

幼儿园课程领导小组要定期组织相关人员对各类课程计划进行审阅。要将计划审阅的过程作为与保教人员共同管理计划的过程。与教师共同分享计划与记录中的有效经验，并研讨存在的问题和改进的办法，不断完善。

专栏 4-2

拓展阅读

小班周（日）活动安排表

周一	周二	周三	周四	周五
7:50—8:50 游戏：角色游戏	7:50—8:50 游戏：角色游戏	7:50—8:50 游戏：角色游戏	7:50—8:50 游戏：角色游戏	7:50—8:50 游戏：角色游戏
8:50—9:15 生活：盥洗+点心	8:50—9:15 生活：盥洗+点心	8:50—9:15 生活：盥洗+点心	8:50—9:15 生活：盥洗+点心	8:50—9:15 生活：盥洗+点心
9:15—9:45 生活：洗手五部曲	9:15—9:45 生活：折叠衣服	9:15—9:35 生活：原来是你（儿歌）	9:15—9:35 生活：P68 正确的漱口方法	9:15—9:35 生活：学漱口
9:35—9:50 学习——画画 蜡笔宝宝找家 P104	9:35—9:50 学习——弹琴 我的好妈妈 2	9:35—9:50 学习——下棋 玩具小人（生成）	9:35—9:50 学习——读书 过生日 P107	9:35—9:50 学习——读书 胖熊吹气球 P102
9:50—10:30 户外运动	9:50—10:30 户外运动	9:50—10:30 户外运动	9:50—10:30 户外运动	9:50—10:30 户外运动
10:30—11:00 自由活动（结构游戏时播放音乐：卡农节奏乐—选自奥尔夫节奏乐）CD				
11:00—11:30 午餐				
11:30—12:00 户外运动				
12:00—15:00 午餐、点心 午睡音乐：小夜曲等（多首安静的音乐）MP3				
15:00—15:30 学习——画画 小鱼	15:00—15:30 生活：P47 不再麻烦好妈妈	15:00—15:30 运动：响环操	15:00—15:30 游戏：角色游戏	15:00—15:30 游戏：角色游戏

资料来源：上海市教育委员会教学研究室. 幼儿园课程图景. 上海：华东师范大学出版社，2016：54.

2. 加强对课程实施的培训

课程培训的成效是课程有效实施的关键。教师能否将课程理念内化为自身的教育观念，将课程方案内化为自身的教育资源，取决于教师对课程理念的真正理解以及教育行为的实质性的转变。幼儿园除了积极派教师参加国家级、省级、地市级的培训以外，还要规范园本培训，帮助教师深入理解课程理念，增强课程意识，增强对自身教育观念与实践互动关系的意识，提高对课程的认同度，将幼儿园课程的实施与幼儿一日生活有机融合。这是加强教师队伍建设、不断提高课程实施质量的必由之路。

园本培训均应立足于幼儿园的实际而展开，因此培训方式不拘一格、因地制宜。在幼儿园开展的园本培训可以通过教学反思、师徒结对、开展行动研究等形式进行；内容的选择以教师在教学中存在的问题，园本课程的理论知识，课程资源开发的知识为主，根据教师的具体情况或面临的困惑进行培训。幼儿园可以针对不同层次的教师，组织开展传承式、拓展性和创造性培训，以激发与调动教师的积极性，不断提高教师对课程管理的参与度与执行度，使不同层次的教师都有不同程度、各有特点的发展。

传承式培训——主要解决新教师在教育实践中的课程理念及课程内容等方面的问题，进一步了解幼儿园的课程架构及内容。

拓展性培训——在传承式培训的基础上，针对成熟期的教师，解决课程基本要素的掌握，将课程理论学习与具体实践相结合，对教师的知识进行重组，用理论解决课程实施中的问题。

创造性培训——针对骨干教师，在解决了知识重组的问题后，能将课程理论创造性地运用于实践中。在保证课程平衡的基础上，将课程实践演绎成具有特色的班级课程，并总结相关成果，进行推广。

3. 加强对课程环境的管理

幼儿园环境不仅是幼儿学习的一种背景，一种支持，更是一种课程——既是显性课程，也是隐形课程。课程在某种特定的环境中，需要某种特定的环境支持，课程环境主要指幼儿园的物理环境和空间，包括幼儿园户外活动场地和室内用房的样式、大小和其他外观条件；家具、设备、器材的样式、色彩和功能尺寸；室内外活动场所的划分以及活动场所与家具、设备和器材的配置关系等等。课程环境的主要作用在于熏陶幼儿，对幼儿起到潜移默化的作用，它承载着无声胜有声的教育功能，因而幼儿园物理环境与空间的设计、布置是否合理将影响到课程的进展。

环境创设既是课程实施的主要途径，也是展现幼儿园保教质量的“窗口”，环境是课程实施的先行者和支持者。幼儿园要创设有意义的课程环境，就要依据课程目标，符合幼儿需要和兴趣，考虑各个领域的整合，以及各类活动的特点。

(1) 环境创设要依据课程的目标。

将创设环境与课程目标有机结合起来。依据目标，充分预测对幼儿建构性学习可能产生的影响，尽可能地拓展幼儿活动空间和场地，合理设置幼儿活动空间和设施设备，科学投放活动材料的数量、种类、类型等等，使环境中蕴含的教育因素和课程中的各类经验相融相通，使幼儿积极参与互动，和环境发生关系，与之展开“对话”。

（2）环境创设要符合幼儿的需要和兴趣。

瑞吉欧教育理念提出：教师要成为成功的观察者，具有敏锐的眼光，善于洞察幼儿在活动中表现出的需要和兴趣。幼儿园环境创设，既要适合幼儿的现有水平，又要富有一定的挑战性，让每个幼儿在与环境、材料的有效互动中，大胆地探索，充分地表达，获得各种有益的经验。

（3）环境创设要考虑各领域的整合。

《纲要》明确指出：“环境是重要的教育资源，应通过环境的创设和利用，有效地促进幼儿的发展。”环境的创设要强调各领域的内容相互渗透，从不同角度促进幼儿情感、态度、能力、知识、技能等方面的发展。

（4）环境创设要考虑各类活动的特点。

在幼儿生活、运动、学习和游戏活动中，幼儿园需要根据各类活动的特点创设适宜、宽松、有意义的环境。创设舒适、有序的生活环境，时间舒适，幼儿能够从容自主地活动。环境温馨，标识要适宜，使幼儿习得相关生活经验。教育性渗透在环境中，帮助幼儿养成良好生活习惯。创设安全、有趣的运动环境。时间编排科学合理，组织形式灵活多样，内容设置全面有趣，场地利用充分高效，材料提供自然丰富，玩法指导敢于挑战。创设快乐、自主的游戏环境。保证时间，种类全面；材料必要，空间充足；关注差异，体现公平。创设有情景、有意义、适度挑战的学习环境。活动内容要体现主题性和发展性，活动材料要体现丰富性和多样性，活动方式要体现自主性和互动性。

专栏 4-3

身边的故事　　　　**主题墙：幼儿园课程与班级环境创设的有机融合**

班级是幼儿园课程实践中一个最基本的工作单位，是幼儿主要的学习场所，是教师重要的工作空间，是幼儿园课程最直观的实践载体。在这里，幼儿、教师、家长通过课程实践均得以成长，而主题墙无疑是一座架在三者之间的桥梁，更是幼儿园课程与班级环境创设的有机融合。

一、主题墙：让教师走出班级环境创设的困惑

1. 幼儿园班级环境创设中的常见现象

现象一：班级环境创设由老师一手包办，从构思勾画到剪贴上墙，所有的过程没有幼儿的参与，只有老师的辛勤劳作。

现象二：幼儿园领导将班级环境创设作为评价教师工作能力的一个指标，在规定时间内完成，再指定日期进行评比。在评比前一天每个老师都对自己的“杰作”保密，到了评比之日全园教师才将所有的作品上墙。

现象三：班级环境创设过分注重美的因素，而忽视了幼儿的年龄特点和本班幼儿的实际情况，走进一所幼儿园的各个班级，如果没有班牌的提示，我们很难判断这是哪个年龄段幼儿的班级。

现象四：如果幼儿园的领导不安排各班要进行环境布置，那班上的环境能一年没变化，两年不更换。原因大致有二，一是环境布置需要材料，如果幼儿园不提供，教师就无法动手，环境创设只停留在美化环境的层面上；二是老师们还没能将班级环境创设与幼儿园园本课程之间建立联系，认为将书本的知识教给孩子才是最重要的，而环境创设可有可无。

2. 主题墙的创设为教师解惑

在时间上，教师根据当前课程实施内容来考虑“主题墙”的内容，它是短期性的，前后只有一个月左右，它可以和班级室内的较持续的其他环境创设相辅相成，保证幼儿生活环境的创设过程与幼儿学习课程的过程相适应。

在空间上，教师根据班级墙面区域做好科学和合理的规划，哪些边边角角适合设置什么活动区域，做相应布置，而哪一面较大较开阔的墙面适合做主题墙，都要做好安排，保证结构的有序性。

在环境创设的理念上，抓住幼儿、环境和课程三要素，即幼儿的参与度要高，环境的真实性与审美要相结合，课程内容的针对性要强。

以上三点让教师走出班级环境创设中所面临的“多长时间更换、是整体更换还是局部更换、如何更换”的困惑，也使教师走出班级环境创设中的唯美误区。

二、主题墙：让幼儿成为班级环境创设的主人

班级环境创设应遵循并坚持从儿童需要出发、儿童优先的原则，教师必须充分关注、充分尊重、充分重视幼儿动机与态度、学习需要与方式、学习过程与成效。从儿童的视角观察世界，以儿童的语言描述世界，班级环境所传递出的应该是对儿童文化的亲近、鼓励与张扬。在“主题墙”的创设过程中，教师要合理地规划墙面的板块，充分考虑幼儿参与的可能性以及家长参与的态度等，以幼儿为主体，教师为主导，使主题墙的创设充分发挥它的教育功能。

比如在中班主题“多姿多彩的伞”中，老师们在室内布置了“伞的展览区”和“伞的操作区”，在室外走廊的墙壁上创设了“主题墙”，设置了四大板块，一是“制作伞的流程图”，这些图片是幼儿从教材上一幅幅剪下来又自己贴上去的，还加上了箭头标记。二是“与伞有关的物品”，布置的是幼儿自己搜集来的各种伞状的蘑菇、大树和斗笠等图片。三是“我设计的伞”，是幼儿精心设计的理想中的各种各样的伞。四是“伞的用途”，是幼儿口述请家长记录下来的文字材料。整个“主题墙”的创设均由幼儿、教师和家长共同完成。幼儿不只是游离于班级环境创设之外的欣赏者，更是环境的创造者。

三、主题墙：让课程成为班级环境创设的内容

幼儿学习环境是实施课程理念和目标的资源保障，创设学习环境是课程实施的一个重要内容，班级环境的变化与发展相当程度上也反映了教师和幼儿积极、主动建构教育经验的过程。从某种意义上说，主题墙就是园本课程，就是对目前幼儿所学课程最生动的演绎。要使主题墙彰显课程意义，教师是关键，它标识着教师的专业水平，虽然幼儿是主题墙创设的主人，但教师却是引导者，是导演，所以说教师只有不断增强解读课程与幼儿发展之间直接与间接的能力，才能真正掌握让主题墙成为幼儿经历的课程的技术。

在上述所举例子，中班主题墙“多姿多彩的伞”中，四个板块都是围绕着“伞”而设计的，老师手边有的是幼儿的作品，但如何围绕该主题的课程目标将这些作品进行分类、归纳、提炼和演绎，却是老师所要思考的问题。主题墙应该说是课程鲜活的生命体。对教师而言，它是让文本的课程转化为活动的课程的一项工程；对幼儿而言，它是一本无须翻阅的连环大书；对家长而言，它是全班幼儿几周以来在园所学课程的最生动形象的说明和最直接的成果展示。

四、主题墙：让幼儿园成为一个联动的整体

班级是幼儿园课程实践中一个最基本的工作单位，它可以是相对独立的，也可以纵横结合成一个整体。“主题墙”不但是幼儿园的一道亮丽风景，更是全园幼儿互相学习、相互促进、整体联动的理想场所。

1. 各个班级在准备下一个“主题墙”时，提倡以年级组为单位集体研讨，平行班的老师彼此交换意见，有的主题可以各班独立创设“主题墙”，老师根据自己班级幼儿的实际情况设置板块，有所侧重；有的主题可以平行班级相互配合，一个班负责一两个板块，并且幼儿作品交互使用。

2. 在创设“主题墙”时不要求一次性上墙，课程进行到某个阶段可以布置某个板块，到该主题结束时，由大家共同创设的整个“主题墙”就呈现在大家面前了。

3. 同一年级组的幼儿可以相互观摩、欣赏、评价，不同年级组的幼儿也可以在老师的带领下，去看看其他年级组的“主题墙”，如小弟弟小妹妹最近都学了什么？有没有需要我们帮助的地方？哥哥姐姐们最近又做了些什么漂亮的东西，我们去参观学习吧。

总之，“主题墙”使幼儿园成为一个联动的整体，成为一个和睦向上的大家庭。“主题墙”传递着幼儿成长的信息，传递着幼儿、教师以及家长共同的心声。

资料来源：无锡市贝尔实验幼儿园课题组．主题墙：幼儿园课程与班级环境创设的有机融合．http://www.sd-child.com/jyyj/hjcs/30456.html．2013-08-13.

4. 加强对“一日活动”过程的管理

幼儿园“一日活动”皆课程，“一日活动”是幼儿园课程的基本内容。幼儿园“一日活动”的内容包括：晨检活动、来园活动、户外活动（早操、户外运动、户外散步）、学习活动（集体教学、个别化学习）、生活活动（如厕、盥洗、点心、饮水、午餐、午睡）、自主性活动（角色游戏、建构游戏、表演游戏、自由活动）、离园活动等。

《纲要》指出：“幼儿园教育应尊重幼儿身心发展的规律和学习特点，充分关注幼儿的经验，引导幼儿在生活和活动中生动、活泼、主动地学习。”幼儿园课程领导小组必须引导教师领会《纲要》精神，制定科学合理的“一日活动”计划，提供安全整洁的“一日活动”物质条件，明确规范细致的“一日活动”实施要求，尊重幼儿的学习方式，优化教与学的过程，并加强对“一日活动”的指导、监督、检查与质量评价，使“一日活动”管理形成稳定有序的良性发展态势，为幼儿在园“一日活动”质量提供保障。

（1）制定科学合理的“一日活动”计划。

幼儿园要科学、合理安排幼儿的“一日活动”，协调各类活动的时间比例，保证各类活动的有效开展。首先，严格遵守国家和地方的有关规定，合理安排各项活动，以游戏为基本活动，保证幼儿每天两小时的户外活动时间。其次，时间安排要根据各年龄段、季节、地域等特点做出调整。最后，要遵循动静交替的原则，室内与室外，全班、小组与个别活动相结合，以提高幼儿的活动效率，促进幼儿的健康发展。

（2）提供安全整洁的一日活动物质条件。

幼儿园活动场所要整洁、明亮、安全，活动场地要选择在平整、干净的地方，要消除一切安全隐患，活动器具要清洁、安全，活动材料要符合幼儿的身心发展特点，操作材料要根据实际情况确定使用。

（3）明确规范细致的一日活动实施要求。

幼儿园要贯彻保育与教育相结合的原则，组织制定符合实际的保教“一日活动”常规要求或操作细则，重视“一日活动”各个环节的流程管理，避免不必要的过渡环节和管理行为，逐步引导幼儿学习自我管理，保障“一日活动”各个环节的有序稳定、有机联系和自然过渡。

（4）尊重幼儿的学习方式，优化教与学的过程。

幼儿园要重视创造民主和谐的教育氛围，以关怀、接纳的态度倾听幼儿的表述，理解幼儿的想法与感受，支持、鼓励幼儿主动探索、自主活动。坚持以游戏为基本活动，保证幼儿每天有充分的游戏活动时间。注重幼儿学习的过程，优化幼儿的学习方式，为幼儿提供活动与表现能力的机会、条件，使幼儿主动地、富有个性地经历和体验各种活动。尊重幼儿的学习方式、能力、情感及发展水平等方面的个体差异，因人施教，也要关注智能超常与发展障碍儿童的特殊需要，满足每一个幼儿不同的发展需要。

（三）幼儿园课程方案的评价

课程评价对课程有导向作用，能够检验课程的现实成效。课程评价也是课程管理的重要手段，课程评价本身又是课程管理的重要内容，对课程评价的管理应该包括对课程评价目的、内容和方法的管理。

幼儿园可以根据国家和地方的相关政策文件的要求，结合幼儿园自身的特点，逐步形成自评、互评与他评相结合的课程评价机制。采用合理、公平的方法实施幼儿园整体或局部的课程评价，并采用适当的方式公开全部或部分课程质量的评价结果，并做到课程评价常态化。

幼儿园要对教师进行保教评价的培训。帮助教师建立质量意识，引导教师理解开展保教质量评价的意义，熟悉保教质量评价标准，帮助教师确定开展评价工作的操作方法，多角度、多途径地了解和把握幼儿发展的状况，便于教师自主地开展日常保教质量评价，并采用相宜的措施进行效果调控，实行有效管理。指导保教人员提高保教效果分析与行为调节的能力，正确分析评价结果与信息，促进教师的教育反思，改进课程设计与实施。

专栏 4-4

身边的故事　　**厦门市思明区幼儿园课程评价**

当前课程评价中普遍倡导的科学化、民主化的原则，在思明区的幼儿教育实践中得到了充分的贯彻和落实。在笔者走访的一些幼儿园中，都积累了大量的幼儿学习活动评价的材料。很多幼儿园在课程评价的管理上，采取了多样性、有效性和适宜性的原则。如笔者在一个幼儿园看到，不同的年龄班采用的评价表格、分析框架都是不同的；同一个年龄段的各个班级所采用的评价方式也是不同的。从本班的课程内容出发考虑课程的评价，这是幼儿园课程管理应该关注的原则，笔者在考察的过程中，真切地感受到了这一点。通过幼儿的活动过程，通过幼儿的活动成果评价幼儿的学习状况、评价课程实施的成效，这是思明区很多幼儿园课程评价的共同特点。该区有几个幼儿园在课程评价中还体现了几个很有价值的思想：一是评价取向多元化。教师的评价不再把幼儿对知识技能的掌握作为重点取向，更多的是关注幼儿各方面的发展。基于多元取向的幼儿评价，从纵向比较出发，全面地赏识幼儿素质新的进展，使幼儿能较多感受成功与被肯定的喜悦，从而激发出更强烈的学习内驱力，使幼儿更容易登上发展的新台阶。二是评价情境自然化。依托幼儿真实的学习情境开展评价，将评价渗透于一日各环节、各活动中。如在午睡起床环节评价幼儿自主穿衣的主动性和能力；在午餐环节评价幼儿进餐的习惯和态度；在早操环节评价幼儿参与的主动性、动作的连贯性和准确性等；在活动区中，注意在自然放松的活动情境中对幼儿展现出的多元智能进行观察、分析、记录和评价。三是评价方法多样化。根据实际情况与需要，灵活选择、运用适宜的评价方法。有的幼儿园尝试将诊断性评价、形成性评价、终结性评价等多种评价方法加以综合运用，努力发挥评价的实效性。评价方法的多样性，是由教育环节的多重性所决定的。不同的评价方法为不同的教育目的服务。四是评价手段客观化。评价的手段侧重于现场笔录、录音、录像、拍照、幼儿档案袋、家园联系册等的有机结合，这些评价手段有一个突出的特点，即再现教育情境，使已消失的和已被幼儿部分忘记甚至基本忘记的教育情境重现于幼儿或家长面前。五是评价主体多元化。管理人员、教师、幼儿及家长均是幼儿园教育评价工作的参与者，评价过程是各方共同参与、相互支持与合作的过程。

资料来源：虞永平. 在课程管理实践中提升幼儿园课程建设的质量——厦门市思明区幼儿园课程建设的启示. 课程改革探索，2005（10）：52.

四、幼儿园课程管理的要求

为了促成幼儿园课程的建设和发展，幼儿园要确立课程领导小组，架构课程管理网络，依照法规和本园课程管理方案，设定幼儿园课程管理策略，健全幼儿园课程管理制度，建构适合幼儿园本体的课程管理系统。

（一）架构幼儿园课程管理网络

为了便于课程管理和调控，幼儿园必须建立一个互动的教育反馈系统，成立课程管理领导小组，规划幼儿园课程体系，确定各类型活动之间的时间以及比例，制定与调整不同季节的作息安排，开展课程与教学评价，组织有关课程调整和发展的会议，落实课程的配套措施，组建幼儿园教育（课程）资源库等。一般而言，幼儿园课程领导小组由园长担任组长，组员则包括保教主任、中层干部和骨干教师，以及专家 1～2 名，家长代表 1～2 名，社区代表 1～2 名。

在幼儿园课程领导小组的组织下，建立课程管理网络，并明确课程管理各主体的职责，如下图所示：

园长：是幼儿园课程的主要决策者和责任人。协调课程项目组成员的职责，负责幼儿园课程的总体设计，对课程进行总体评价。

专家顾问：为课程管理提供智力支持。指导课程领导小组规划课程结构、制定课程计划与指南、评估幼儿园课程质量以及制定课程调整方案。

保教主任：承担课程管理的常规工作。制定和调节不同季节的作息安排；负责课程与教学评价以及教师培训；落实课程的配套措施；组建幼儿园课程资源库等。

后勤主任：为幼儿园课程管理工作提供物质保障。

骨干教师：参与幼儿园课程实施与开发。

各级组长：根据幼儿园课程计划协调教师对课程的执行、研究与开发。制定学期教学进度计划、教学研究活动计划；指导教师教学活动，检查教师文本资料；及时反映课

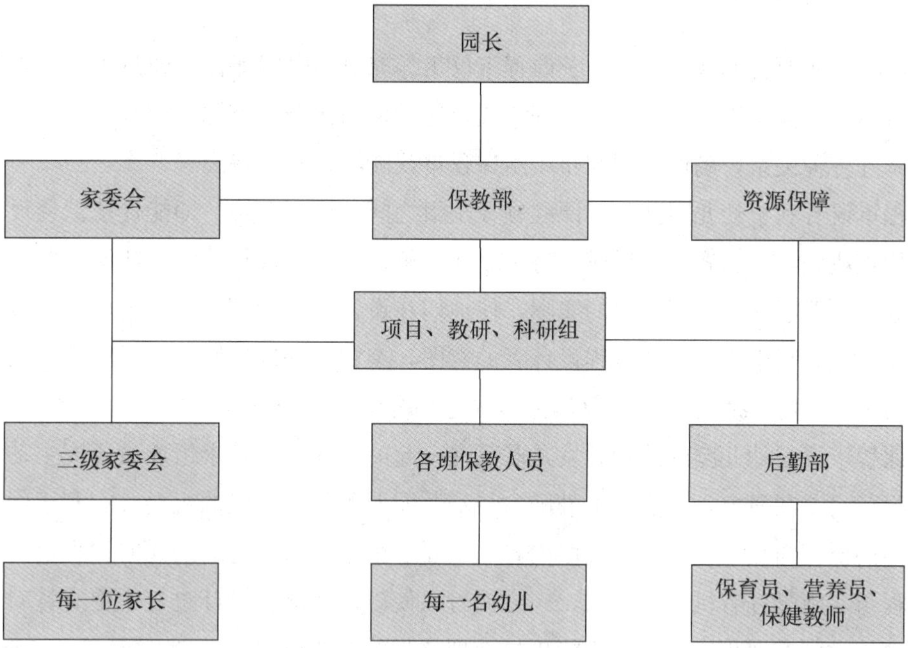

程实施过程中出现的问题及教师的教学需求；研究幼儿的实际情况，为课程管理提供依据。

教师：根据本班幼儿的实际情况制定班级各类计划，落实课程的内容，寻找有效的课程实施方法，并对课程执行力进行自评。

家长社区代表：参与幼儿园课程建设管理、监督与发展性评价。

（二）制定幼儿园课程管理策略

课程管理的有效性关键在于提高课程方案的执行能力，而借助专业引领，提高教师对课程方案的认可程度，促进教师对课程方案的参与和创新行为，推进教师实现课程价值，无疑是提升课程方案实施水平的有效策略。

1. 认可课程方案

课程不仅是一种结果，而且是一种过程，更是一种意识。因此，要推进课程方案在本园的有效实施，首先就得使课程方案取得教师个体以及群体的认可，包括认同课程方案的理念、内容以及价值取向等。对课程领导小组来说，在此过程中就要善于引进专家，善于借助其专业引领，以课程审议为平台，提高教师对课程方案的认可程度。

课程审议指课程开发的主体对具体教育实践情境中的问题进行反复讨论和权衡，以获得一致性理解与解释，并最终做出恰当的课程变革决定，采取相应解决策略的过程，是课程管理的重要途径和方法。幼儿园课程领导小组应充分重视与发挥幼儿园课程审议的重要价值，给予教师充分的专业自主权与课程审议权，通过组织教师深入考察、讨论和分析幼儿园课程选择与实施的具体过程及细节，引导教师专业自主发展，保障幼儿园课程管理的质量。

为此，幼儿园管理者首先要给予课程审议工作充分的时间保证，通过重新调整幼儿园的学习时间，确保每周一次年级组课程审议，每学期两次全园范围的课程审议，同时还要努力协调好各种关系，确保全园与年级组课程审议能够正常开展。

课程审议有利于幼儿园教师和课程领导小组之间的相互理解，即能促使课程设计者与实施者相互协调，使二者相互适应。特别是在审议过程中，教师的意见让课程领导小组成员或专家更多地了解幼儿园教育的实际，使他们在设计中更能贴近实际情境。而教师参与课程审议，也有利于教师理解课程设计者的意图，有利于促进他们改变对原有的课程知识的理解与忠实程度，从而适应课程目标、内容和方法，使设计与实施过程相统一。同时，幼儿园课程审议与幼儿园的课程开发是联系在一起的。课程领导小组成员还应主动和教师一起学习、讨论和研究，适当增加教师参与幼儿园课程集体审议的机会，有利于促进教师在幼儿园的课程与教学中采用适应取向，这主要是由于教师参与的幼儿园课程审议使课程开发过程与实施过程有机统一起来，一方面可以使教师在课程设计过程中更有针对性，另一方面也使教师在课程实施过程中能更好地理解相关的课程理念。

2. 促进课程创新行为

课程不是由教师执行的、物化的、静止的、僵化的文本形态，而是教师和幼儿在教学过程中共同创制的、鲜活的、过程性的、发展着的活动形态。课程的实施过程不应局限于将课程方案付诸实践，更要注重教师与幼儿的课程共创过程。幼儿园课程管理者应鼓励教师通过合作互动，生成建构自身对幼儿园课程的理解与把握，并在教师实施课程的过程中，注意处处激发和保护教师的创造力，对他们付出的努力与取得的成绩及时给予肯定；对他们遇到的困难与困惑及时给予支持。有些活动的组织与实施有时需要花费教师很大精力，但由于各种主客观原因的限制，活动未必能够达到预期的效果，教师和幼儿都会感到很沮丧。遇到这种情况，管理者应在安慰与勉励教师和幼儿的同时，给予专业上的支持，帮助他们进一步深入思考问题，并找到适宜的解决对策。因为课程管理离不开教师积极参与课程执行，促进课程创新的课程行为。

3. 实现课程价值

课程方案实施的终极目的是实现课程价值，而课程价值的实现反过来又会促进教师对课程的认同感和课程行为质量的提高。幼儿园借鉴科学编制的课程文本，根据幼儿园自身条件与幼儿发展需要组织实施，不仅能有效促进孩子的发展和教师的成长，而且能够实现从借鉴到创生的飞跃，使课程管理产生最大的质量效益。

（三）健全幼儿园课程管理制度

为了保障课程质量，幼儿园必须制定并完善课程管理制度，定期检查制度的执行情况。幼儿园课程管理制度主要包括保教常规管理制度、教学活动评价制度、教师文案管理制度、教师工作考核和评价制度、课程开发审议制度、课程评价制度及各类资源管理制度和使用办法等。

五、幼儿园课程资源的管理

（一）课程资源

幼儿园课程资源是指课程要素来源以及实施课程的必要而直接的条件。按照要素构成，可以把课程资源分为幼儿园资源、家庭资源、社区资源和数字化信息资源，其中幼儿园资源还可以细分为人力、物质、环境和文化资源；按照物化表现形式，可以把课程资源分为生命载体和非生命载体两种形式，课程资源的非生命载体泛指素材性课程资源所依存的非生命物化形式，如课程计划、课程标准、课程指南、教学用书、参考资料等。课程资源的生命载体主要是指掌握了课程素材、具有教育教学素养的教师、教育管理者和学科专家、课程专家等教育研究人员等。

1. 幼儿园资源

当前，园本课程开发成为幼儿园课程改革的热点问题，越来越多的幼儿园自觉投身于园本课程开发的实践之中，因而幼儿园课程资源的选择和生成在园本课程开发过程中的作用也日益凸显。

幼儿园资源就是幼儿园内各种人力、物质、环境和文化资源的总和。幼儿园课程资源内容极其丰富，除了课程计划、课程标准、课程指南、教学用书和参考资料以外，还有园长、教师和幼儿，园长具备的课程领导力就是重要的课程资源，师生本身不同的经历、生活经验、学习方式和教学策略也是非常宝贵的直接的课程资源，各种专用教室、各种活动和环境文化都是课程资源①。

（1）园长。

园长是幼儿园课程管理的第一责任人，对幼儿园课程园本发展负有领导责任。园长的课程领导力包括课程决策能力、课程组织能力、资源整合能力、文化转化能力和课程评价能力。因此，园长自身要具有学习与研究意识，不断提高课程管理的反思能力、研究能力与调控能力，提升课程价值与课程质量。在园本课程开发的过程中，需要园长整体把握全园幼儿教师和幼儿的需求以及幼儿园的特色，充分运用课程管理的各种要素，提供条件，创设机会，激励教师勇于实践，敢于创新，激发与调动教师的积极性，不断提高教师对课程管理的参与度与执行度，以更好地了解教育趋势和信息动态，争取各种资源，引导教师分辨、选择和重组在幼儿园园本课程开发中需要的各类资源，为生成适宜的园本课程，协调沟通，提供支持和服务，并有效监督。

① 张海红．幼儿园园本课程资源整合利用的探索．济南：山东师范大学硕士学位论文，2008.

(2) 教师。

教师是幼儿园园本课程开发过程中最重要的人力资源。在园本课程开发的过程中，幼儿园教师既是幼儿、家长、课程专家、园领导及社区成员之间相互联系的纽带，也是课程资源选择、组合、生成和创造的主角，教师自身更是课程资源实施整合利用的首要的、基本的条件资源。教师与幼儿朝夕相处，教师的品行、智慧和生活经验对幼儿来说是人生的财富，对他们产生着潜移默化的影响，教师还带着对儿童和课程的理解、经验来组织、设计和运用课程。教师的素质状况决定了课程资源的识别范围、整合利用的程度以及发挥效益的水平。教师的能力提升、素质提高和潜力展现，可以使园本课程资源获得最直接的效益，也是所有资源中对幼儿发展来说价值最为明显的，幼儿园可以通过这一重要的课程资源的突破来带动其他课程资源的优先发展，因此，在园本课程开发过程中要始终把幼儿教师队伍建设放在首位。

(3) 幼儿。

幼儿在知识经验、生活体验、兴趣爱好上的不同，在个性特征和身心发展水平上存在的个别差异，在智能倾向和思维能力上存在的独特性都是非常重要的人力资源。首先，幼儿的经验是一种课程资源。我们进行教育教学活动目的之一就是要整理、提升幼儿的经验，这就要求教师在活动前要了解幼儿已经掌握了哪些经验，把幼儿已经掌握的和能够发现的信息作为课程资源，以使教学内容更丰富，更贴近生活实际，把幼儿经验结合起来并最终内化为幼儿内心的经验才是有价值的。同时，幼儿的现实生活是课程的依据，在幼儿经验基础上生成的课程，幼儿才容易理解，在理解课程的过程中实现课程价值。同时在课程实施中，要发挥幼儿的主动性、能动性。他们在与课程的接触中，时刻用其独特的眼光去理解、体验并创造出鲜活的经验，而这些鲜活经验又是课程极为重要的组成部分。从这个意义上说，幼儿是课程的创造者和开发者，也是园本课程资源的重要组成部分。其次，幼儿的兴趣也是一种课程资源。俗话说“兴趣是最好的老师”，兴趣是激励幼儿进行有效学习的强大动力。要想使教学获得成功，就要想办法找到幼儿兴趣与教学的结合点，使幼儿带着强烈的兴趣去学习，这样的学习效果会事半功倍。最后，幼儿间的差异也是一种课程资源。幼儿在生活经验、智能倾向等方面存在着差异，这种差异可能导致两种结果：冲突和共享，幼儿之间可能会因为差异而导致冲突，但如果引导得好，这种差异就可以被幼儿共享，从而在差异中丰富、提高和拓展自己。

在幼儿教育中，幼儿同伴群体对每个幼儿来说都具有独特而重要的作用，是教师和家长等成人所不可替代的课程资源，幼儿的生活背景、经验、能力、性格、爱好等各不相同，他们在与同伴交往的过程中，或合作或分享，或产生矛盾与争论。他们在这种真实自然的情境中互相观察、学习、模仿，获得各种社会交往的规则与技能，发展适宜的情感、态度、能力，满足被同伴接纳和成人的心理需要，形成一种安全和睦、非防范性的同伴关系。

（4）教材。

教材是指教师所用的教学指导用书，以及与之配套的教学挂图、音像制品、幼儿辅助读物、操作材料等教育资源。教材是幼儿园课程发展中主要的物质资源。幼儿园课程改革后，幼儿园教材既要体现课程改革的要求，又要遵循幼儿心理发展特点。教材选用要严格执行国家和地方课程教材管理的有关规定，并与国家和地方课程改革的理念相一致。幼儿园应首选经地方课程教材审查委员会审定和推荐的教材与配套资料。特色课程教材的开发与选用，必须符合课程定位与办学理念，避免学科化、随意性。

幼儿园要建立与完善教材及配套资料的选用、评价、反馈机制，实现教材的高质量与多样化。幼儿园课程的开发以及教材编写、推广、引进应依据地方教育委员会的有关规定进行。

（5）幼儿园文化。

幼儿园文化是幼儿身心发展所必须具备的一切物质条件和精神条件的总和，包括环境文化、设施文化、人际文化、管理文化等。幼儿园文化是不可忽视的课程资源。健康和谐、积极向上的幼儿园文化会给人以力量，给予幼儿潜移默化的影响，使幼儿在形象生动、宽松民主的幼儿园文化氛围中获得特殊体验，习得各种经验，形成良好习惯。

2. 家庭资源

家庭是幼儿生长过程中最早期的生活环境，家长是幼儿的第一任老师，对幼儿的影响深远。家庭中包含着巨大的课程资源，主要包括家长资源及家庭物质环境资源。幼儿家长有父母和祖辈亲属，他们身上蕴藏了丰富的课程资源。家长资源主要包括家长各不相同的职业背景、文化修养和人生阅历，幼儿家长特殊的社会关系等。幼儿家长本身对幼儿发展起着重要作用，是一种重要的课程资源，家庭中的物质资源、环境氛围等也是不可或缺的重要的课程资源，是影响幼儿各方面发展和人格形成的重要因素。

3. 社区资源

社区课程资源是幼儿园所在社区周边环境中蕴含的具有教育教学价值的各种资源的总和，包括社区人力资源、社区物质和环境资源以及社区管理资源。

（1）社区人力资源。

社区人力资源包括专家学者、离退休干部和企业界人士等。社区内有专家学者，他们学识渊博、受人尊重，可以为幼儿园教育提供智力支持；有离退休干部，他们阅历丰富、活动组织能力强、时间和精力充裕，可以邀请他们组织社区内多样化的教育活动；有企业界人士，他们热心于教育事业，经济实力强，并且拥有更多的自主权，可以为幼儿园教育活动提供社会实践基地和经济支持。

（2）社区物质和环境资源。

社区物质和环境资源就是幼儿园所在社区附近的小学、商场、交通、部队、敬老院和公园等，这些单位具有更为广阔的社会实践空间和更加丰富的活动内容，幼儿园与之建立长期的合作关系，为幼儿拓展了学习和生活的空间，为幼儿提供了观察社会、学习社会、模拟社会，体验生活之美的机会，丰富了幼儿的生活阅历。

(3) 社区管理资源。

社区管理资源主要指教育行政部门、社区教育力量和社区教育机构。教育行政部门是政府的职能部门，发挥统筹规划、协调控制和服务等管理职能。社区教育力量参与社区教育决策与管理，支持社区教育发展，为园外教育提供人力支持。社区教育机构主要指社区中各种较为成熟的教育组织形式，通过这些机构的组织与管理作用，有利于幼儿园教育目标的实现。幼儿园教育与社区教育有着密切的联系，幼儿园在园本课程开发过程中，充分利用日趋成熟的社区管理资源，能够丰富园本课程的内容，促进园本课程的规范管理和有序发展。

4. 数字化信息资源

数字化信息资源主要包括网络、电影、电视和多媒体等。其中，网络资源是一种特殊的课程资源，网络知识和经验已经成为师幼生活的一部分，网络上的各种虚拟知识，都可以成为教学活动资源的一个重要部分。网络资源可以使幼儿按照自己的爱好、兴趣和心境，选择喜欢的适宜的学习方式和进程，拓展了幼儿活动的范围和学习的途径，增强了幼儿活动的主动性和人本性，也提高了幼儿的学习能力。此外，电影、电视和多媒体等数字化信息资源，在幼儿学习与生活中，作为一种教学辅助手段呈现，从而使幼儿的学习变得多样丰富且具体形象。

(二) 课程资源管理

幼儿园在课程开发过程中，必须根据实际的教育情境和需求对课程资源进行识别、开发和运用，即有效管理课程资源，以形成适宜的园本课程①。

课程资源管理主要包括对课程资源的有效整合和发掘利用，就是在园本课程开发的过程中，管理者对不同形态、不同内容和不同作用的众多课程资源进行筛选、合并、精简和优化，即把课程资源有效整合；并且，在课程资源有效整合的基础上，管理者还需要引导教师们创造性地把课程资源转化为课程内容，即课程资源的发掘利用。

幼儿园课程资源管理就是为了实现园本课程目标，根据幼儿园教育活动的需要，把各种课程资源统合、融合在一起，有效利用，从而提升园本课程的管理质量。

1. 幼儿园内部资源的整合利用

幼儿园要对内部资源进行整合，发挥各种课程资源的作用，提高使用效率。幼儿园园长要根据相关规定，对幼儿园各种课程资源进行统筹与利用，保证资源的合理配置和有效管理。保证主要经费用于课程实施与开发、教师教育、设备配置与研讨交流等方面，支持

① 吴刚平. 课程资源的理论构想. 教育研究，2001 (9)：60-71.

课程管理的有序、有效推进，促进幼儿园特色的形成。

教师资源是实现园本课程资源整合利用的中坚力量、骨干力量。教师之间的合作教学有利于发挥教师整体功能，创造出一种开放的、民主的、自由的、充满生机与活力的幼儿园文化氛围，因此，教师应重视同伴之间合作学习、互相影响以及保教人员的言传身教的作用，为幼儿提供良好的学习榜样。

课程标准和活动教材是幼儿园课程资源最基本的组成部分，在选用教材时，教师既要从幼儿各年龄阶段生理、心理的特点出发，依据活动目标、基本经验、幼儿兴趣和当前水平，综合地统筹各项活动内容；也要根据季节的特点和幼儿生成活动的需要，灵活地、有针对性地选编、组织内容；还要建立在对课程标准和教材的充分解读和利用的基础之上。

教师应有课程开发的意识，善于利用和开发幼儿园空间、设施设备、活动材料等多种多样的课程资源以支持幼儿的学习活动。保教人员要充分利用园内设施，为幼儿创造自己动手、自我服务的机会；开辟种植园、饲养园、气象站等实践基地；师生共同收集和丰富操作、实验材料与资料的品种；利用墙壁、廊道以及专用活动室，引导幼儿在与环境互动中进行探索、游戏和学习。积极开发运动资源，安全地、最大限度地提高场地、设施、器械的使用率，利用自制小型活动器具和大型运动器械开发新的运动项目，结合季节特点，充分利用自然条件锻炼幼儿的身体，结合各园实际，开展民间传统运动等。

2. 幼儿园资源与家庭资源的整合利用

家庭和幼儿园生活的相容与和谐有利于幼儿的成长和发展。幼儿园课程的设计、实施与评价需要家长的支持，幼儿园课程的效果则需要在家庭生活中得以延续，家园一致，形成幼儿园与家庭教育的合力。

家庭是幼儿生活的主要场所，幼儿家长的文化背景、藏书、收藏品以及家庭中有关物品，也是幼儿园课程可利用的资源。幼儿园要树立教师和幼儿家长共建、共享课程资源的理念与机制，充分挖掘幼儿园地域和幼儿家庭等资源优势，因地制宜地开发与充实课程资源，并采用多样化的手段实现有效利用。

教师要积极创造条件，让家长支持、参与幼儿园课程的开发和实施，利用家庭、社区及周边资源，扩展园本课程的资源和空间。尊重家长作为幼儿照料者及影响者的主体地位，以多种形式加强家园沟通，帮助家长理解、体会让幼儿参与劳动和自理生活的重要性，获得家长的支持；广泛发动、挖掘家庭中的真实物品与信息资料等，丰富课程实施过程中所需的物质资源；组建家长智囊团，学习和吸收家庭教育经验，为幼儿园课程实施提供智力支持；运用多种方式，诚邀有特长的家长参与幼儿园课程活动，提供专业知识服务；引导家长教家长，增加家园间教育经验的交流，提高家长的教养能力；利用“空中课堂”等信息化手段，及时传播教育资讯，促进课程经验在家园间的传递和实践。

专栏4-5

身边的故事　　**创家教指导新模式　促进幼儿园课程生活化**

众所周知，家庭是社会的细胞，是孩子的第一所学校。家庭教育是促使孩子健康成长的重要因素，提高家庭教育水平和家长自身素质，是家庭的需要、社会的需要，更是教育发展的需要。

我园立足目前的实际状况，以陈鹤琴教育思想为指导，聚焦生活化课程建设，整合园内外有价资源，提高教师实施生活化课程的能力，进一步提升幼儿生活质量，丰富幼儿生活智慧，并以“完善康弘生活化课程方案”为主旋律。

一、加强教师培训，优化家教指导技巧

从幼儿园工作实际出发，通过集体学习、小组学习、师徒带教、自主学习等途径，不断提高各班主任，尤其是青年教师的家长工作能力和家长指导水平。结合“生活化课程方案”的实践与完善，明确生活化课程实施要领；结合家长学校活动，开设相关的讲座学习或下发相关的学习性资料；平时，就“与不同家长的交流需注意什么”等展开各教研组内的学习和讨论；结合特色活动，围绕如何培养幼儿生活习惯、行为习惯、学习习惯等，将家园沟通中存在的问题通过情景表演的方式进行每月一次的沙龙活动，青年教师每月梳理特殊、成功或失败的家长工作实例并选择其中一个内容进行现场表演，并由骨干教师进行现场点评分享，通过交流、反思和讨论，思维得以碰撞，从而提高教师家长工作的针对性和有效性。

二、重视家委会建设，发挥家委会纽带作用

积极开展园、年级、班级三级家委会，发挥家委会辐射作用。首先，结合实际，继续全面监督、支持配合园方的各项工作，共同探索家园教育同步化。配合园方全面探究与完善幼儿生活化课程实施方案，积极支持幼儿园的课题研究，更新教育理念，努力使家委会的工作上一个层次。其次，扎实开展家教项目组活动，增强幼儿园管理实效。继续根据委员会成员的意愿和特长将其分为“保教研究、安全防范、膳食管理”三组，从不同的方面对幼儿园的管理和日常工作实施监督，丰富幼儿生活化课程实施内容，完善幼儿生活化课程实施方案。

三、聚焦习惯养成，合力实施课题研究

聚焦幼儿习惯养成中存在的问题和需要，组织开展市级家教课题《以“亲子儿歌”为载体提高家长教养能力的实践研究》、区级亲社会课题《情景剧活动中发展幼儿亲社会行为的实践研究》和园级保健课题《家园合作，促进幼儿进餐习惯的实践研究》，采用专家讲座、教师专题分享、实践指导和家长经验分享等多种形式，使家长明确共育目标，提升共促幼儿健康发展的实效性。

四、搭建互动桥梁，促进家园沟通实效

组织开展以“家园合作开展情景剧活动”、“课程，让幼儿生活更美好”为主题的家长

学校培训活动，提高家长对幼儿园课程建设的关注度和参与度，掌握具体的合作教育方法；开展有主题的家长会，丰富家长的教育经验，形成共识，保持家园教育的一致，形成教育合力；利用家园栏、QQ群、微信群、手机短信等途径，积极发挥窗口作用，让家长了解幼儿园各项活动动态和保教信息，及时刷新教育理念，提高指导能力；做好家园沟通，关注幼儿发展，切实做好随机家访工作，真实向家长反映孩子在园表现，帮助家长解决在育儿过程中遇到的问题；用好“宝宝成长档案”，按时收发，让家园双方都能及时了解孩子在园、在家生活、学习、健康等方面的情况。

五、丰富活动形式，确保家园活动质量

开展家长开放半日活动，满足家长需要，拉近老师和家长之间的距离，形成教育合力，有效地促进幼儿发展；参与评价幼儿学习情况，借助网络平台让家长了解班级信息，充分利用“宝宝成长档案”，做好主题经验评价，了解幼儿在园主题学习情况，结合半日活动，参与幼儿半日活动评价，进一步了解幼儿在活动中的发展情况，从中了解课程内容的适宜性，从而调整并完善生活化课程计划；做好家长问卷工作，发挥家长监督作用，定期向家长发放各类问卷调查表和评价表，征求家长建议和意见；开展各种亲子活动，通过节日邀请家长来园参加亲子游戏活动，通过活动促进幼儿与家长之间的感情，增进教师和家长之间的友谊，提高沟通和指导能力；积极引导家长介入幼儿园主题教学，课程中的主题大都来源于幼儿的生活，而幼儿在生活中接触最多的就是家长，家长最了解幼儿感兴趣的东西。在主题的实施开展中，我们可以引导家长关注幼儿兴趣和需要、参与主题的制定与落实。

六、挖掘家长资源，发挥家长教育机智

开发家长助教资源，继续吸纳热情高、能力强的家长成为幼儿园志愿者，为义教活动、义工活动、爸爸乒乓教练营、妈妈巧手坊储存充裕的人力资源，为幼儿发展提供资源保障；结合我园特色，邀请家长参与幼儿园乒乓活动、情景剧活动等，通过观摩和亲身实践，体验“小社会”生活，并借助家庭教育资源，在日常生活中有意识地去指导和培养，充分发挥家庭教育指导作用，促进幼儿各方面能力的发展；鼓励家长参与幼儿园环境创

设，收集、制作游戏材料，丰富游戏活动内容，并定期、不定期组织开展“亲子淘宝”活动，鼓励家长和幼儿共同收集各种废旧材料，并拿到“淘宝屋”进行换购活动，树立环保理念。

七、立足“三方”合作，充分做好宣传工作

加强社区联系，服务社区文化。主动加强与社区居委会的沟通与联系，争取社区的合作与支持；走进社区进行家教宣传，提高社区成员的家庭教育意识；开展“大班毕业典礼”幼儿文艺演出，邀请社会居民代表来园观看表演，促进社区联系，服务社区，丰富广大社区居民的业余文化生活；结合时令季节的变化与主题探索的需要，组织开展去“周浦公园”远足、探索与写生、去警署与消防大队观看演习、去周边小学参观等，拓展幼儿生活和学习的空间。

家庭教育指导工作是一项艰苦而长期的任务，今后的日子里，我们也将继续以幼儿园家庭教育指导为阵地，以“完善康弘生活化课程”为抓手，积极投入教育实践，优化幼儿园内部学习环境、优化家庭学习环境、优化社区学习环境，并在实施中积极反思、总结，不断完善、不断创新，使我园家教项目工作更趋完善与成熟。

资料来源：康弘幼儿园．创家教指导新模式　促进幼儿园课程生活化——四署康弘幼儿园家教活动．http://www.pudong-edu.sh.cn/Web/pd/45320-450000204507.htm．2015-06-26.

3．幼儿园资源与社区资源的整合利用

社区的自然和人文环境蕴含丰富的课程资源。《纲要》中明确提出：“幼儿园要充分利用自然环境和社区的教育资源，扩展幼儿生活和学习的空间，幼儿园同时应为社区的早期教育提供服务。”因此，幼儿园应主动与社区架设各种桥梁，使幼儿园教育与社区生活紧密结合，形成一体化的育人机制。社区资源作为对幼儿园资源的一种补充和充实，结合课程开发的理念和目标，在资源的利用和整合过程中，必然被加以选择性利用和开发，从而在整合为一定的课程时，在结构和呈现形式上都会体现幼儿园的办园特色。

幼儿园在课程资源的开发过程中，要主动开放地把一切有可能纳入社区教育资源的元素都纳入幼儿园课程管理。为了充分整合利用幼儿园资源和社区资源，就需要实行幼儿园与社区双向开放、互动的教育。幼儿园与社区的互动是指幼儿园与社区和社区成员、机构、组织之间的双向交流与合作关系。一方面，幼儿园要争取社区（包括成员、机构、组织）的理解、支持和帮助，以便有效实施教育目标；另一方面，幼儿园应该支持社区、面向社区，向社区开放、服务社区。幼儿园可以充分利用自然环境和社区的课程资源，如自然景观、小区街景、少儿图书馆、中小学校、儿福会、敬老院等，扩展幼儿的学习空间，为幼儿的体验性、探索性学习创造条件，丰富幼儿对社区、社会中的人文环境、公共设施和场所以及不同职业人们的了解，积累生活经验。

4. 幼儿园资源与数字化信息资源的整合利用

数字化信息技术是优化课程的一大辅助工具，需要幼儿园管理者和教师积极探索数字化信息资源在课程教学、课程评价和课程管理方面的整合运用，以改进课程实施过程。

逐步推进数字化信息资源在课程实施中的应用，幼儿园应通过要求教师逐步掌握网络资源使用方法，鼓励具有信息化和教学专长的教师引领设计趣味盎然的活动课件，创设虚幻逼真的活动情景吸引幼儿互动，更新教学模式，促进幼儿多维度发展。积极探索数字化信息资源在课程评价中的应用，通过保留教学痕迹，便于自评、互评和他评；再现活动过程，师生共同评价；网络共享幼儿档案袋，家园合作评价；发挥评价考核激励在课程实施中的正向作用。努力尝试信息技术在课程管理中的应用，陆续添置先进的网络设备，提供物质基础，通过购买、收集、开发等途径，丰富幼儿园课程资源，利用信息技术进行交流讨论和资源共享。实现教学内容的呈现方式、幼儿的学习方式、教师的教学方式和师生互动方式的变革，为幼儿的学习和发展提供丰富多彩的课程资源和环境。

除此之外，建立课程资源数据库是幼儿园资源与数字化信息技术整合的一种重要方式。课程资源数据库建设重点之一是建立记录幼儿园历史的电子档案，让幼儿园的发展、幼儿的成长、教师的成绩在库中有迹可循。数据库建设的第二个重点是存储本园的教育教学电子信息，如教师的电子档案、幼儿的作品，为园内电子化活动设计、教学资源共享提供平台和资源，从而提高幼儿园教育教学现代化的整体水平。网络资源库是幼儿园课程资源数据库建设的另一重要方面，网络使得幼儿园教育不再受时空限制，成为幼儿园教育的延伸与拓展，将经过教师整合的系统的学科资源、信息网络传递给家长、幼儿，进一步提高幼儿园资源的利用率，提升教学效果，实现资源在更大范围内的共享。

第二节 幼儿园教科研管理

幼儿园教科研，即幼儿园教育科研活动。幼儿园教育科研活动是优化幼儿园教育教学、提高教师专业发展，促进幼儿成长，与时代和世界发展相适应的必然之路。幼儿园教科研管理可以促使幼儿园教科研活动有效进行，提升幼儿园教育科研的水平。

一、幼儿园教科研活动的意义

（一）幼儿园教科研活动的含义

幼儿园教科研活动是以幼儿园发展过程中所遇到的实际问题为研究对象，以幼儿园教师为研究主体，运用一定的研究方法，所开展的旨在促进幼儿园发展的研究活动的总称。幼儿园教科研活动可以分为教研和科研，随着教育研究的行动化、群众化，逐渐地，“教研”与“科研”开始出现融合的趋势，有的称之为“教科研”，有的则笼统地谓之为“教育研究”。幼儿园教科研活动根据所研究问题的性质及其涉及的领域，又可以分为园本课程研究、园本教学研究、园本管理研究、园本教师培训研究等，其中，园本教学研究是幼儿园教科研活动的主要内容。

对于幼儿园教科研活动含义的把握，应紧扣四个基本点：一是教科研活动所研究的是本园在实践中遇到的实际问题，而非理论问题，更不是虚假的问题；二是研究的主体是一线教师，包括幼儿园行政人员，但理想的教科研模式最好有专家参与，进行专业的纵向引领；三是研究的目的是以研究为手段解决实践中所遇到的问题，并借问题的有效解决进而促进幼儿园办园质量的提升，因而评价教科研活动的“成果”应以“实际问题的真实有效的解决”为标准；四是研究方法以教育行动研究法为主，但不能简单地将教科研活动与教育行动研究相等同起来，教科研活动成效所体现的是一种研究的价值取向，而非一种具体的研究方法。

（二）幼儿园教科研活动的意义

1. 有利于鼓励教师以研究立身，走研究型教师之路

对实践研究的重视，就是对一线教师参与教育研究价值的认可，这可以增强教师参与教科研活动的热情与信心。一旦真正走进了研究，教师不但可以通过研究获得解决问题的有效措施，更主要的是有助于他们养成以研究的眼光来审视寻常工作的习惯和能力，养成较好的问题意识和研究意识。从某种意义上来说，研究对一线教师而言就意味着学习，有了不断的学习，教师就有了不断获得新知、不断更新观念，从而不断地促进其专业发展的可能。事实表明，优秀的幼儿教师都是在教育教学的同时积极地开展相关的研究，使自己从经验型教师逐渐成长为研究型、专家型教师。

2. 有助于引领园长以研究立园，走研究兴园之路

园长是开展教科研活动的责任人，教科研活动在幼儿园能否得以有效地开展，在很大程度上取决于园长的重视与实际支持的程度。一位真正重视并支持教科研活动的园长，他必然会在日常管理工作中注入研究的元素，能不断地从研究的角度来处理管理中所遇到的种种棘手的问题，从而使管理水平逐渐从经验型走向研究型，不断地提高幼儿园的管理效益，为幼儿园的可持续发展、为教师的专业成长创造良好的外部环境。

二、幼儿园教科研活动制度的建设

有效而健全的教科研制度，能够保证活动质量，确保活动规范高效运转。

（一）架构幼儿园教科研组织机构

组织机构是教科研组织管理的主轴，对于教科研活动的发起起着重要的导引作用。幼儿园可以设置班级教研组、年级教研组、课题教研组、全园教研组四位一体的教研组织机构，实行专人负责，明确职责。班级教研组是组织机构中的基本单位，由班主任担任组长，主要带领保教人员就班级实际教学中、课题研究过程中存在的问题展开研究，并负责将问题向上呈现给年级组长或课题组组长；年级教研组主要由年级组长组织年级组保教人员针对本年龄段的共性问题进行研讨，并负责收集汇总形成报告，及时将棘手的问题上报幼儿园大教研组，起到承上启下的作用；课题教研组由课题组组长负责，教研组长给予协助，重点组织课题组成员针对课题开展情况展开研讨；全园教研组则由园长担任组长，由保教主任担任副组长，重点聆听收集各方问题，进行分析归类定级，明确轻重缓急，聚焦全园急需解决的共性问题，组织相关内容的培训，进行导向和教育策略上的把持，如此，形成园长负总责、保教主任具体负责、课题组长主导、年级组长班级组长引领实施、教师实际操作的运行格局。

（二）确立幼儿园教科研目标机制

目标机制的确立是教科研的灵魂，它对于教科研活动方向的把握起着决定性的作用，必将影响整个幼儿园的教育工作走向。因此，制定科学合理的教科研目标机制尤为关键，幼儿园教科研活动目标应该是：以促进每个幼儿的发展为总目标，以促进幼儿园可持续发展、促进每个教师的专业成长为直接目标。其中，促进幼儿的发展既是幼儿园一切工作的出发点和终点，也应该是开展教科研活动的落脚点，是评价教科研活动效能的着眼点，要求所有的教研活动都要围绕着促进幼儿发展这一目标来组织实施。促进幼儿园可持续发展这一目标，则直接指向幼儿园的自身发展，幼儿园教科研必须对幼儿园的未来发展有清晰的思路和明确的定位，也必须对教科研的课程和内容进行整体规划，统筹安排。促进每个教师的专业成长这一目标，则直接指向保教人员的工作需要和自身发展，幼儿园教科研应以教师为本，在活动过程中重视教师的个体需求和自我教育，注重教师经验的总结与提升，不断提高教师的教育教学实践水平及参与教育科研的兴趣和能力。以上目标之间相辅相成，密不可分，形成良性机制，对幼儿园的整体发展起导向作用。

（三）建立幼儿园教科研运行机制

幼儿园教科研运行机制包括常规的专业发展机制、高效的专项管理机制、科学的教师选拔机制、长效的教师激励机制以及层级的教师评价机制等。

常规的专业发展机制，主要针对教师必备的专业道德、专业知识、专业技能的要求，幼儿园应该提炼概括“教师教育规范”，以此作为对每一位老师的教育教学行为规范，提出要求，指引发展方向。高效的专项管理机制，主要针对教科研活动各个项目，分别就园本课程研究、园本教学研究、园本管理研究、园本教师培训研究等确立专项管理人，并建立各项管理制度，责任到人，职责到位，使幼儿园教科研活动的各项工作分工更加细致化、专业化，从而为教师专业发展提供有力的机制保障。科学的教师选拔机制，主要以教师发展为本，由短期目标向长期目标推进，由个人发展需求向幼儿园人才需求推进，由个人自荐到集体推荐。比如建立干部任免制度、骨干聘任制度、低评高聘制度、高评低聘制度等，以此有效地发现并培养具有良好潜质的青年教师，促使其成长为骨干教师。同时，通过层级带教机制注重培植典型与培养新生力量的均衡，树立榜样，发挥骨干教师的辐射作用，带动更多教师步入良性的专业发展轨道，提高教师整体的专业发展水平。长效的教师激励机制，可以建立教科研活动考勤制度、检查制度、监督制度、总结交流制度和奖励制度，积极为教师的成长提供各方面条件，以此激发教师的驱动力，挖掘教师的内在潜能，促使教师走上专业化发展的道路。层级的教师评价机制，主要根据教师的不同特点、需求，制定层级化的教师评价标准，分别就新教师、成熟型教师、骨干教师等，设立评价标准，建立促进教师专业发展、综合素养提高的评价制度。这可促使教师对自己教学行为进行分析与反思，自觉提高教学水平、完善知识和能力结构，并客观地整合自评、他评和团队综合评价，使评价成为教师专业发展的助推器。

专栏 4-6

身边的故事　　让教师成为教研的主人——幼儿园园本教研培训体会

21 世纪是全面进入信息社会与知识经济时代的世纪，是强调“把人作为发展的中心”的世纪。就担负着教育责任的幼儿园这一组织来说，激发教师的学习动力、锻炼教师的学习毅力、培养教师的学习能力，是至关重要的。如何为教师提供时间和机会，鼓励他们学习、反思及协同工作，使他们乐于工作、乐于创造，在重视个人发展的同时加快幼儿园发展，使幼儿园成为一个可持续发展的学习化组织，是幼儿园值得研究的课题。从近年来的探索实践来看，改变教研方式、推行“园本教研”，是培育学习化组织的有效途径。

“园本教研”是指将教学研究的重心下移到幼儿园，以课程实施过程中教师所面对的各种具体问题为对象，以教师为研究的主体，理论和专业人员共同参与。强调理论指导下的实践性研究，既注重解决实际问题，又注重经验的总结、理论的提升、规律的探索和教师的专业发展，是保证新《纲要》的贯彻实施向纵深发展的新的推进策略。它不再把外出学习当作唯一的学习方式，而是积极提倡学校即研究中心，教室即研究室，教师即研究者。充分利用本地资源，加强园本培训，发挥幼儿园教师集体的智慧，提高培训的质量和效益，实现培训资源共享；加强教师之间、园际之间的沟通与合作，并形成长期有效的机制。只有这样，才能从根本上解决问题，才能使学校具备研究的职能和能力，形成自我发展、自我提升、自我创新的内在机制。

一、“园本教研”催生新的教研方式

传统的教研基本是自上而下的，幼儿园教研围绕上级（教研室）教研转，服从、服务于上级安排，完成上级的要求和任务。教研方式主要是“教练式”，教研组长或者园长为了体现管理和业务的权威，帮助教师挖掘教材、处理教材，手把手地指导教师设计教案、教学方式，甚至一个眼神、一个动作都严格规范；评课也基本由他们一锤定音，教师很少有机会发表自己的意见。正如一位评优课获奖教师所言：“这节课是我上的，但每一句话都不是我说的。”这种方式基本是教研组长或园长向教师的单向传递，教师只是研究或实验的辅助者、配合者，而不是真正的研究主体，教师的积极性、主动性难以发挥。许多教研活动是凭经验、凭权威，教学研究被固定为一种模式，缺乏创新。教研的内容基本停留在教材教法介绍，或围绕优质课、公开课、示范课开展说课、评课活动，或大同小异的经验总结等。这种旧的教研模式，已经远远不能适应课程改革的需要，更不利于学习化组织建设。因此，在教育方式、学习方式发生变化的今天，教研方式也应当随之发生改变。

二、新教研方式的特点

首先，新的教研方式要有利于教师积极性的发挥，而不是限制与束缚，更不能包办代替。应鼓励教师个性化的教学，而不要过多地用条条框框去“规范”教师。

其次，教学研究应该以新《纲要》为导向，紧紧围绕课程实施中的问题开展研究；改革教学研究的形式和方法，灵活运用案例分析、问题解决、调查研究、实践探索、区域交流等多种教研活动方式，努力提高教学研究的针对性和实效性。

再次，教研负责人和园领导的角色也要发生改变，变以“检查”为主为以“研究”为主，不再以“专家”“领导”“检查者”的身份出现，而是参与者、合作者、研究者。要深入教学第一线，及时发现教学工作和教师专业化成长中的实际问题，倾听教师的呼声，了解教师教学中的实际困难，及时提供专业咨询、信息服务与技术帮助等。应当结合听课、评课，与教师展开对话，了解教师的所思、所想、所疑、所惑，以一种积极互动的方式，与教师平等交流，共同切磋，与课改同行，与教师一起成长。

最后，新的教研方式体现教研的场所在幼儿园、教研的主体是教师。“园本教研”要坚持从幼儿园实际出发，从教师的需求出发，创设宽松的环境，催生许多新的教研方式，使教研走近了教师，发挥了教师群体的作用，解决了教学实践中遇到的问题，使教师在不断提出问题、解决问题的过程中实现自己的专业发展，同时也促进了幼儿园的建设。

三、园本教研的方式

方式 1：参与式研讨。它是指在参与式的氛围中，使教师亲身体会主动、合作、探究学习的喜悦和困惑，以达到自身观念、态度和行为上的改变，并能将所学知识和方法运用于自己工作的培训活动。这种方式其目的是最大限度地调动教师的学习热情、已有经验和发展潜力，使他们成为自己学习真正的主人。

方式2：专题性研训。反思很多不见效果的教研活动，究其原因，既有教研活动忽视了教师是根本，急功近利、舍本逐末，也和教研活动目标不明确、目标不集中有关。因此教研、师培必须有机地结合起来，将教研内容专题化、微格化，应针对当前突出存在或急需解决的问题展开，一次甚至几次解决一个问题。可以以集中办班和专题讲座的方式进行，专题培训时间可长可短，可以是一场学术报告、专题讲座，也可以是延续几个月的专项培训。

方式3：课题化研究。课题研讨式培训是通过组织教师参与教育科研，学习新理论、接收新信息、探索新模式、实践新方法，以提升教师精神追求，提高教师教育教学水平和能力。苏霍姆林斯基在《给青年校长的一封信》中指出："如果你想让教师的劳动能够给教师带来乐趣，使天天上课不至于变成一种单调乏味的义务，那你就应当引导每一位教师走上从事科研这条幸福的道路上来。"课题研讨式培训是克服教师职业倦怠、促进教师进一步成长发展的必由之路，它最适合促进骨干教师的提升和发展。任何一所学校必须坚定"开展教育科研必须依靠教师，教育科研必须有利于提高教师"的学校教育科研指导思想。要充分调动全体教师投身科研的积极性，要求每位教师努力承担课题研究。同时，为了防止因为年轻化造成的许多教师无法入手搞课题，可以让幼儿园的科研骨干承担组长一职，将其余教师按照兴趣和教学实际需要分成若干个课题小组，以群众的力量带动个体，让教师在集体中成长。

方式4：案例研究。案例研究可简单地界定为一种运用案例进行教学研究的方法，在过程中，案例作为被剖析的对象，教师们要共同直接参与对案例的分析、讨论、评价、寻找对策等工作。案例研究多采用讨论法，为教师提供一个良好的宽松的创造环境，使她们有较大的自由度、更多展现自己的机会。如我们可以采用呈现案例（文字或录像）—小组讨论分析案例—集体讨论—总结评述的过程研究"如何组织晨间谈话活动""如何进行说课""如何更好地与家长交流"等问题的研究。案例研究的着眼点不仅在于通过案例分析获得其中蕴含的那些已形成的教育原理、教学原则和方法，还在于提高和发展教师创造能力以及解决实际问题的能力，在于培养教师的反思精神，发展他们对自身教学实践进行批判的技能，使他们掌握对教学进行自我分析和反思的方法。更重要的是，通过案例研究，教师获得的知识是内化了的知识，能立即被用到类似的实践情境中去解决类似的疑难问题。

四、新型管理方式

以往的教育改革中为什么会出现"穿新鞋走老路"的现象，原因是教学管理模式未改变。那么，什么样的教学管理有助于激发教师的主体性、积极性、创造性？答案只有一个——赋予自主权，以人为本。

举措1：自我发展计划。学期初，要求每位教师撰写一份“自我发展计划”，园领导根据教师们认真思考自己在工作岗位上或教育技能方面所提出的发展方向后，尽量满足教师的意愿，并给予相应的支持，如在面对不同内容的培训时就可以照顾教师的意向。这样一来，一方面可以增强教师发展的主观能动性，另一方面也是激励和督促教师不断地对自己有新要求、新方向。

举措2：自荐式开课。改变以往公开课“指派式”为“自荐式”，就是将开课的任务要求告知每位教师，如学区开课、送教、研讨课等，让教师自愿报名参加。这样既调动了自荐教师的开课积极性，又避免了因“指派”导致很多教师有“领导不重视我”的想法。

举措3：积极的园际交流。积极开展园际之间的交流，向姐妹园互讨经验。让一线教师在这个过程中担当主角，可以开展各种不同类型的活动，如介绍班级工作经验、介绍年级组工作经验、介绍班级主题活动开展的经验……这些是教师挑战自己、展示自己、激励自己的机会，可促进一线教师逐渐向专家型教师发展。

举措4：邀请式听课。对于教师而言，最怕的就是领导的突击检查，而一个幼儿园的管理又离不开正常的检查，如何在检查与尊重之间做到平衡？“邀请式听课”正好解决了这一矛盾。就是教师们可以根据自己的实际情况预约、邀请检查组去深入式地观摩半日活动，以点见面，通过半日活动看到班级的常规、孩子发展、教师保育员之间的配合、环境的创设等各个方面情况。结束后，检查组会将讨论的检查意见以书面和口头的方式反馈给教师，让教师清楚地知道自己的优缺点。

幼儿园若能更好地设计“园本教研”，改变教师的工作氛围，提升幼儿园的精神文化等，那么教师们必将在教育教学方法上不断改善，从而提高教学效果，促进孩子的成长，推动幼儿园的进一步发展。

资料来源：新浪博客. 让教师成为教研的主人——幼儿园园本教研培训体会. http://blog.sina.com.cn/s/blog_5b1928970100abb8.html. 2008-09-02.

（四）健全幼儿园教科研服务机制

教科研活动的顺利开展，有赖于幼儿园的高度重视和管理上的大力支持。幼儿园必须多方面努力创造条件，不断完善服务机制，在管理策略上予以强有力的支持。第一，时间方面的保证。幼儿园的教科研活动的开展要确定具体时间，具体到每月几次，每周几时。每次活动之前，主持人都要提前将问题抛给教师，给予教师充分思考的时间，对于研讨后形成的方案，也留给教师充足的时间去操作、去验证。第二，经费方面的保障。如聘请专家、购买书籍、添置音像设备、印刷学习资料、外出观摩等，这些经费的来源都由幼儿园自行承担。每学期，幼儿园都要有教科研经费预算，为教科研活动的顺利进行提供有力保证。第三，信息方面的支持。书籍方面，如为教师购买教材、教育书籍，征订教育类书刊；音像信息方面，如优质公开课录像、专家讲座录音等；网络信息方面，如开放互联网、建设幼儿园的校园网，便于教师获取信息，实现资源共享，促进信息交流。信息的收集、积累为教科研活动的开展提供更为广阔的天地。第四，知识服务的提供。为了保证教科研活动高质量进行，幼儿园需要常年聘请专家担任顾问，与幼儿园骨干教师组成智囊团，定期为教师们分忧解难，提供知识服务。

三、幼儿园教科研活动的组织

（一）幼儿园教科研的活动形式

幼儿园教科研活动从参研人员的构成来分，可以是小组式教研和全园式教研。小组式教研，指的是小组人员构成的性质，还可以将小组式教研分为骨干教师引领的先导式教研和研究志愿者共同体的合作式教研。全园式教研也是以小组的形式展开的，但这一小组人员构成的性质，更多的是以自然方式而存在，比如以年段为单位等，它带有较浓厚的科层管理的色彩。小组式教研是全园式教研的前提或基础。

骨干教师引领的先导式教研指的是建立由骨干教师组成的先导小组，共同研讨比较前沿的、探索性的问题。研究志愿者共同体的合作式教研，指的是教师间基于志愿合作的前提下，自由组合成的一个研究小组，对共同感兴趣的问题进行研究。合作式教研的教师构成，最好是有差异性，差异是学习的源泉，这种差异指的是不同的知识结构、经验背景，这种由不同背景的教师而组合的研究小组，有利于教师间通过研究过程中的合作、交流与分享，从不同的角度和侧面来看待所研究的问题。

幼儿园教科研活动从教研的方式来分，可以是现场面对面教研和网络教研。从内容来划分，又可以是专题式教研和常规式教研，专题式教研就是以课题形式进行研究，常规式教研指的是日常的教学研究，包括备课、听课、观课、评课等，邀请专家讲座，经验交流，论文评比等。

幼儿园教科研活动从参研的单位来分，可以是辐射式和联片式的教研。辐射式教研主要是利用优质幼儿园的人力资源、物力资源和信息资源，支持周围的一般幼儿园，共同提高教师的教学研究水平。联片式教研指的是幼儿园之间共同合作，相互开放，相互交流，在立足于自己幼儿园开展教学研究的基础上，充分挖掘不同幼儿园的潜力和资源，从而实现优质资源共享，优势互补，谋求共同发展。

（二）幼儿园教科研活动的互动形式

幼儿园教科研活动的互动形式有圆形式互动、链条式互动、Y形式互动，组织者可以根据教研目标和内容的需要选择适宜的互动形式。

圆形式互动。采用圆桌会议的形式，要求每个人都要发言进行互动研讨。圆形式互动目的是促使“人人都参与、个个有贡献”。

链条式互动。讨论时，首先由一个人围绕主题发言，之后，以其发言为讨论的基点，由坐在发言者右边的人（也可以是左边的人）继续发言，后面谈话者讨论的内容要从对前面发言的评论开始，以此类推。链条式互动目的是促使参研教师能围绕主题研讨，防止“跑题”，同时也有利于大家养成一种倾听别人发言的习惯与能力。

Y 形式互动。有时园本教研互动进行到了一半，产生了不同的意见，为了让更多的教师有发言的机会，可以先分小组讨论，再进行组际间交流。

（三）幼儿园教科研的活动模式

目前，幼儿园教科研有以课例研究或课题研究为载体的活动模式。课例研究，主要是围绕如何上好一节课而进行的，目的是通过“磨课”的形式来提高教学水平，促进教师专业成长，其研究成果的体现方式是优秀活动设计、现场教学展示。课题研究的内容不局限于如何上好一节课的问题，它涉及的面更广一点，比如，可以是关于幼儿自信心的培养研究、幼儿园课程园本化的研究等。它们的关系是课题研究包括课例研究。

1. 以课例研究为载体的教科研活动模式

课例研究是由两个以上的教师组成一个小组，基于对有效教学理念的追求，以真实课堂教学为载体而进行的一种教学行动研究。就课例研究小组的构成方式，可以是以“学科领域”为单位，也可以是以“研究内容”为单位，比如都是研究教师有效教学策略这一内容的；教师既可以是来自同一年段，也可以是跨年段的；所组成的小组既可以是水平相当之切磋型的，也可以是新老搭配之帮扶型的。就课例研究的运作方式而言，主要有“多人上一课”和“一课多人上”两种。

所谓“多人上一课”，指的是研究小组的几个教师连续上同一活动内容，但教学行为却不断地改进。其主要的操作过程是：第一，研究小组共同设计活动，可以是先商定好教学内容，确定好活动目标，然后由执教者先根据商定好的教学内容拟订活动计划。第二，研究小组共同研讨执教者所拟订的活动计划，执教者要详细报告活动计划的思路与理由，参与者提出具体的意见与建议，执教者对拟订活动计划进行修改。有时也可以通过搜集全国各地幼儿园的课例，组织教师们观看并进行相应的讨论：该教师的教学体现了什么教学理念？有何特点？存在什么不足？如何加以“园本化”或有何更好的设计思路？集中研讨结束后请个别教师综合大家的意见再对该课例进行重新设计。第三，由执教者组织活动，其他教师到现场观课。第四，课后组织教师集中研讨，再次修正活动计划。第五，用修正后的活动计划再次付诸实践去实施，可以是由另一个教师（或同一个教师，如果是同一个教师多次执教，那就是属于“一人多次上”形式），在另一个班级实施，其他教师现场观摩。第六，小组会谈，再次讨论活动观摩情形，视具体情况决定该活动内容的教学循环的次数。第七，分享结果，可以采用录像重温的方式（全程播放或选择有意义的教学活动片段），也可以采用现场教学的方式，把课例研究过程报告给本园教师分享。“多人上一课”（或“一人多次上”），围绕一个活动内容进行系列实践和反思活动，集多个视角来看待同一个问题，有助于参研的教师，特别是执教的教师对某一问题获得较深入或多角度的认识，引导教师不断反思和改进教学实践，提升实践智慧和专业化水平。

所谓“一课多人上”，指的是同一活动内容由研究小组不同的教师来上。其主要操作过程是：第一，共同选定一个教学内容，由研究小组两三位自愿的参与者各自独立设计活动计划。第二，在一个相对集中的时间单位，让各参与者“同台献艺”，小组成员共同观摩活动。第三，活动后集中会谈，修正计划，可以是在综合各个计划的基础上整合为一份计划，也可以是各个计划分别再次修正。第四，由另一个教师（或同一个教师），在另一个班级实施，其他教师观摩。余下环节同“多人上一课”。“一课多人上”，更能直观地展示出不同的教师在处理问题及其执教风格的个性化差异，有助于大家在比较中相互学习、扬长避短、共同提高。

就两种形式而言，“一课多人上”这一方式宜选用水平相当的教师，通过他们同台献艺，让大家直观地感受到彼此的特点，而非比个高低。相反，如果在同台献艺的老师选择上水平差异明显，则有可能会给水平较弱的老师造成不必要的心理负担，而影响课例研究的质量。因而，宜先采用“多人上一课”这一形式，等积累了一定的经验后，再尝试“一课多人上”。

其实前面所讲的这两种形式的操作程序，可以简化为：教科研活动的操作程序就是“实践—研讨—再实践—再研讨—再实践”的一个循环过程。教师在这个过程中，不断更新观念，改善教学行为，提高教学效果。

专栏 4-7

身边的故事

研讨—实践—再研讨—再实践

——从研讨散文诗欣赏《春天来了》看园本教研

在这里，我想以欣赏散文诗《春天来了》活动为例，和大家分享我们如何以教研组为单位开展园本教研，如何通过园本教研使一个主题中的素材点成为可操作的集体教学活动，如何促使教师在多次的实践与反思中获得成长。

第一次研讨：执教者最初的活动设计

目标：通过欣赏散文诗《春天来了》，让幼儿感受春天的特征，引起幼儿关注自然环境变化的兴趣。

活动安排：

①出示表现四季特征的图片，让孩子们找出表现春天的图片。

②外出寻找春天并做记录。

③欣赏散文诗《春天来了》，配上相应的图片。

④与同伴分享、交流自己找到的春天。

教研组成员的质疑与反思：

＊执教者在设计活动时考虑了如何整合，也考虑了要发挥孩子的主体作用。

＊从活动安排来看，内容丰富，形式多样，孩子参与的机会也挺多，但活动内容与活动目标的关联程度不高。活动目标是通过欣赏散文诗让孩子感受春天的特征，但从活动设计的全过程来看，孩子欣赏散文诗的机会并不多。有的教师认为整合就是“大拼盘”，就是内容丰富、形式多样，热闹就意味着孩子的参与程度高，其实并非如此。

＊从教研组群体反思来看，群体质疑有一定质量，教师们能发现问题、提出质疑，还提出了建议。但大家所发现的问题仍比较表面，如认为活动时间太长就减少内容，其实时间长是现象，目标与内容是否相关才是本质。所以，群体质疑的质量还有待提高。

教研组成员的行为跟进：

＊教研组长与执教者一起梳理同伴提出的问题。如怎样围绕教学目标解决时间过长的问题；活动过程怎样围绕教学目标层层展开；怎样在活动中发挥孩子的主体性（不只是简单的“动”）；哪些问题是本次集体教学活动的重点以及如何解决；等等。

＊执教者也进行了反思，活动设计中哪些环节是有价值的，哪些环节可以放在其他活动中进行，怎样吸取同伴的合理建议以修改活动设计，并做好课堂实践的各项准备工作。

第一次课堂实践

课堂实践能检验活动设计的实际效果，给我们提供相关信息，如活动目标是否符合本班孩子的实际，在活动过程中重点和难点是否得以注意和解决，师幼在活动中互动的情况如何，等等。

教研组成员的质疑与反思：

＊从说课到第一次课堂实践，我们可以看出执教者根据集体质疑和个人反思并内化后，围绕散文诗调整了活动过程。从目标与内容的匹配程度看，有了明显提高。

＊从教研组群体的两次质疑中，我们不难看出，大家的思路越来越清晰，质疑更有针对性，能够从目标与内容的匹配上看内容安排是否合理。这恰好是本次活动比较关键的问题，可见教师的反思能力在提高。

教研组成员的行为跟进：

＊教研组长与执教者一起与课件制作者沟通，说明设计意图和希望达到的效果，使多媒体更好地为教学服务。

＊执教者也再次进行反思，活动目标到底应该如何定位，应该注意哪些问题才能和幼儿更好地互动，然后再次调整活动设计，并熟练掌握多媒体的操作程序。

第二次课堂实践

目标：通过欣赏散文诗《春天来了》，让孩子理解散文诗的内容并感受文学作品的美。

准备：多媒体课件，头饰若干。

过程：

一、欣赏配乐多媒体课件

师：今天老师带来了一部动画片，你们想不想看？（播放课件。）

师：请你告诉我，你看到了什么？

幼：我看到小草都长出来了，小花开了很多，蝴蝶也飞来了。

师：这么美丽的画面是什么季节？

幼：春天。

师：除了动画片里看到的以外，我们还能从哪些方面感觉到春天？

幼：听见了鸟儿的叫声，闻到了花儿的香味，感觉到春风吹在脸上痒痒的。

幼：树叶、小草都变绿了。

师：你们讲得真好！春天是一个万物复苏的季节，燕子飞来了，小草发芽了，花儿也开了，美极了！

二、感受和欣赏

1. 第一遍欣赏。

师：美丽的动画片配有一首很好听的散文诗，你们想听吗？（教师朗读散文诗。）

提问：①刚才我们听到的散文诗叫什么名字？

②你听到了些什么？

幼：太阳公公说：春天就是你们！

幼：小燕子从南方飞到北方。

2. 第二遍欣赏（教师朗读。）。

师：我们再来听一遍《春天来了》，这次一边听一边看动画片，然后告诉大家散文诗什么地方说到春天已经来了？

幼：小燕子从南方飞到北方说“春天来了，春天来了”。

幼：小草钻出了地面，昂起头说“春天来了，春天来了”。

3. 分段欣赏。

师：我们来看看是不是像你们说的那样。（让幼儿欣赏散文诗的前半部分。）

师：小燕子、小花、小草不知道春天在哪里，它们请谁帮忙找呢？

（让幼儿欣赏散文诗的后半部分。）

4. 讨论：春天到底在哪儿？

师：为什么太阳公公说“春天就是你们，你们就代表着春天”？

幼：小草钻出了地面，小花开了，就代表春天来了，所以太阳公公这么说。

师：那么，春天到底在哪儿呢？

幼：小草变绿了，表示春天来了！

幼：桃花、梨花开了，春天来了。

5. 发散性思维。

师：如果你来做小花、小草、小燕子……还会说些什么呢？

幼：春天到了，布谷鸟叫“春天来了，春天来了”。

幼：小鸟和小蝴蝶说“我们去旅行吧”。

……

三、表达与表现

你们想不想给动画片配音呢？现在，请你们选择一个自己愿意扮演的角色的头饰，我们一起来给小燕子、小草、浪花、小花和太阳配音，好吗？

教研组成员的感受：

*教师通过多媒体课件和优美的语言，让孩子身临其境般感受春天的美景。

*教师根据大家的意见修改了活动目标，把重点放在欣赏散文诗、感受文学作品的美上，这就使目标的指向更明确。整个教学活动突出了“让孩子反复感受与体验”这一主导性目标。

*师幼之间、课件与孩子之间的互动比较有效。

*修改后的多媒体课件突出了主题，背景音乐也很优美，孩子的注意力很快就被吸引了。多媒体课件在教学中发挥了作用，有效帮助孩子理解散文诗。

以上案例让我们看到了主题中的一个素材点如何通过教研活动转化为紧扣教学目标、可操作的教学过程，这个转化过程给了我们以下启示：

园本教研充分展示了个人智慧在集体中提升、共享的过程，这是教师专业发展不可或缺的，也是教师将教育理念转化为教育行为的有效途径。教师的实践智慧是在一次次教学实践与反思中逐步提升的。教师在工作中不断反思，不断发现问题，解决问题，其教育观念才能不断更新，实践智慧才能不断丰富。

园本教研是开发教师个人和集体实践智慧的平台。教研组每一位成员都有自己的特长，思考问题的角度也不尽相同。一方面，园本教研充分激活了教师的个人智慧，促使教师对他人经验做出质疑、判断，对以往经验进行反思和推敲。这是一个肯定—否定—肯定的循环往复的过程，教师通过这个过程将个人经验转化成提高教学效果的策略和智慧。另一方面，园本教研充分激活了教师的群体实践智慧，使个人智慧和集体智慧在课例设计和完善的进程中、在观念碰撞中不断提升，实现了资源共享和优势互补。

资料来源：张慧莉．研讨—实践—再研讨—再实践——从研讨散文诗欣赏《春天来了》看园本教研．幼儿教育，2006（17）：25.

2. 以课题研究为载体的教科研活动模式

“课题研究”指的是借助“研究”这一抓手，对该课题所涉及的有关内容进行较为系统的有目的的高质量的“学习”，并通过“学习”来达到解决教育实践问题、改善教育实践行为、增长教育智慧、提高教育质量的目的，以及在此“学习”过程中养成务实求真的良好的研究作风。

研究课题的确定。从“问题”的发现（提出）到“课题”的确定，需要研究者掌握“聚焦”的一系列技术。“聚焦”的技术包括：在查阅文献的基础上，对问题所涉及的范围做初步的限定；进而对初步所限定的课题所蕴含的信息进行分解，再根据研究的目的、意义以及研究的主客观条件等因素，对所分解出来的“研究问题”进行分析、思考，确定研究的焦点。所确定下来的要研究的重点问题就是研究课题。

考察园本教研课题选定的路径有两种。一是自下而上，即在全园内征集幼儿园急需研究的课题，以个人或班级为单位各自先拟出急需研究的课题，再汇总到科研负责人，由负责人召集有关人员对汇总的诸课题进行合理的筛选，形成幼儿园拟研究的课题，再交付全园教师进行讨论、交流，并在学习、了解相关文献的基础上达成共识，共同完成园本教研课题的确定工作。二是自上而下，即由幼儿园行政领导根据学园各时期的发展规划，特别是中短期的规划，再紧密结合当前幼儿园发展的实际情况，初步拟定出教科研的课题，再交给教师去讨论、交流，并在学习相关文献的基础上，完成教科研课题的确定工作。应该说，教科研课题选定的这两个基本路径都有其合理之处，通过自下而上而产生的课题可能会更符合教师教育教学实际，而由自上而下选定的课题则可能在研究的问题上较能与幼儿园的长远发展紧密联系，系统性比较强。

课题研究的成果形式。幼儿园课题研究的成果体现形式，既可以是教育案例、教育经验总结、活动设计、研究报告等文字材料，也可以是现场观摩与研讨的录影资料等。然而，衡量教科研的效果是教学问题是否得以解决，因此，课题研究的最终成果还需要在实践中验证。只有在实践中验证有效，课题研究才能算是真正结束。

做一做

参观幼儿园，通过去幼儿园见习访问园长或幼儿园科研人员，了解本地幼儿园的课程管理和科研管理的基本状况。

想一想

1. 是否理解以下内容呢？

（1）幼儿园课程管理的概念及意义。

（2）幼儿园科研的概念及意义。

2. 是否掌握以下内容呢？

（1）幼儿园课程管理的内容。

（2）幼儿园课程管理的制度建设。

3. 是否能综合运用以下内容呢？

（1）幼儿园课程管理的要求。

（2）幼儿园科研活动的组织。

试一试

分小组参观幼儿园，了解所在城市几所幼儿园的课程资源及其园本文化，撰写有关幼儿园园本课程的观察报告。

第五章

幼儿园环境与安全管理

本章导航

幼儿园环境与安全管理的意义

幼儿园环境与安全管理的特点

幼儿园环境与安全管理的原则

幼儿园环境创设与管理的内容及制度建设

幼儿园安全工作管理的内容及制度建设

对于家长，幼儿园环境与安全是择园的重要标准；对于幼儿，幼儿园环境与安全是幼儿快乐成长的基本条件；对于教师，幼儿园环境与安全是安心教学的物质保障；而对于幼儿园的管理者来说，幼儿园环境与安全是保证园所正常运转、提高保教质量的重要前提。《幼儿园教育指导纲要（试行）》在总则部分曾明确地提出："幼儿园应为幼儿提供健康、丰富的生活和活动环境，满足他们多方面发展的需要，使他们在快乐的童年生活中获得有益于身心发展的经验。"可见，环境与安全管理已备受关注，无疑是幼儿园工作的重中之重。

本章将着重探讨幼儿园环境与安全管理的意义、特点、原则、内容以及相关制度，帮助读者熟悉幼儿园环境与安全管理的基本概况。

第一节　幼儿园环境与安全管理概述

幼儿园环境是幼儿园的隐形课程和文化，它无时无刻不影响着幼儿的成长与发展。良好的幼儿园环境不仅能有效支持幼儿园的教育教学，更能有效促进幼儿的成长，提升教育效果。此外，良好的环境不仅有利于教职工开展教育教学工作，更能为教职工的发展提供良好的物质环境与心理支持。与此同时，幼儿园安全更是幼儿园工作的重中之重。任何时候，无论开展何种工作，幼儿园管理者都要把幼儿园的安全放在首位，消除幼儿园的安全隐患，确保幼儿与教职工的安全。

一、幼儿园环境管理

幼儿园环境是指在幼儿园内，教育工作者为促进幼儿身心发展所创设的一切物质环境和精神环境的总和。幼儿园的物质环境是指幼儿园内影响幼儿发展的物质要素的总和，包括园内装饰、设备条件、活动材料等。幼儿园的精神环境是指幼儿园内影响幼儿发展的精神要素的总和，包括心理氛围、人际关系等。幼儿园的环境管理即幼儿园管理者有目的、有计划地对幼儿园的物质环境和精神环境进行适宜的创设、利用、调节与控制。创设良好的环境不但是社会及教育部门对幼儿园的希望与要求，也是幼儿园管理者必须思考及努力的工作方向。因此，幼儿园管理者必须对幼儿园环境进行有效管理。

（一）幼儿园环境管理的意义

1. 有利于幼儿园资源的充分利用

幼儿园环境的合理创设与管理过程中，会涉及很多物质资源的利用，如幼儿园活动场地、设备、材料，以及心理资源，如幼儿园良好氛围的营造等。环境创设最明显的价值就在于对物的利用，发挥幼儿园物的价值。这里的物既指幼儿园的场地、材料等，也包括人以及文化要素等。因此，幼儿园环境管理不仅要挖掘幼儿园已有的物质和文化资源，发挥幼儿园这些资源的价值与功能，而且要注重协调这些资源的价值与功能，做到物尽其用、物有所值。

2. 有利于教育影响的全面渗透

环境对人的影响是潜移默化和全面渗透的，环境不仅影响人的认知、行为，还对人的情感以及价值观等产生重大影响。幼儿园的管理者和环境创设者在幼儿园环境的创设以及管理过程中，将教育影响融入环境之中，让每一个环境都会说话，发挥环境润物细无声的作用与价值。因此，幼儿园管理者和教师在创设环境时一定要有目的性和计划性，充分发挥每一块场地、每一个装饰物、每一种颜色等的教育价值。

专栏 5-1

身边的故事

穿越《西游记》

《西游记》是我国四大名著之一，也是人们童年生活不可错过的经典。有关《西游记》题材的动画片或者游戏活动，历来都受到小朋友们的喜爱。2016 年是猴年，某幼儿园的新年主题活动就决定以“西游记”为主题，旨在将传统的名著注入新的活力。在确立好活动主题之后，如何创设《西游记》里面的景色及风貌，如何让孩子可以在玩中欣赏、感受《西游记》故事中的风景、人物和情节等成为一个关键问题。于是，该幼儿园教师在相互探讨中，在调动多方积极性下展开了《西游记》的环境创设工作。

第一，教师们根据幼儿的兴趣和需要选取了环境创设的合适情节。西游记里面的故事情节众多，不可能什么故事都要创设成环境。《西游记》的环境创设应选取幼儿最感兴趣、故事中最具有代表性的情节。教师在与孩子们讨论后，发现“金箍棒”“花果山”“大闹天宫”“三打白骨精”“大战红孩儿”等与孙悟空有关的故事最为孩子们所津津乐道。于是，教师就从这几个情节出发开始了围绕孙悟空故事主题的环境创设。

第二，教师们坚持因地制宜的原则，将故事情节与幼儿园已有的环境特点相结合。结合该幼儿园东楼的特点，教师和孩子一起在大厅画了“花果山”，用纸条做了“水帘洞”，用泡沫球做了蟠桃，用感统器械组合把狭长的楼道变成花果山下小猴子们的游乐园。大家又用收集来的废旧材料制作了一根 7 米高、直径 50 厘米的“定海神针”，高高地立在大厅里。孩子们讨论说：“定海神针是龙王的，应该有虾兵蟹将看守。”于是，教师就和孩子们一起在大厅背景墙上画了海底龙宫、制作了虾兵蟹将。

第三，教师要注意环境的延展性和互动性。根据《西游记》剧情的发展，教师在二楼公共区域里又设计了西游记故事版画墙、绘画柱以及照相微景观区。为了让幼儿与环境真正互动起来、有更多的参与，教师又设计了两个操作体验区——“剪窗花”和“拓版画”，并投放了剪纸材料和拓印材料。孩子们的创意更是层出不穷，中、大班孩子用传统版画和水彩画展示《西游记》的经典故事，小班幼儿则用粘贴方式装饰福字，点缀中、大班孩子的绘画作品。

第四，教师要注意环境创设过程中孩子的参与性。幼儿是教育活动的主体，同时也是环境创设的主体。在整体环境创设过程中，孩子们认为色彩要与主题活动内容吻合，教师就大量运用大红色、金色和黄色，烘托热闹喜庆的气氛。同时，老师们还对幼儿的作品进行巧妙的构思和设计。小班幼儿画的小鱼小虾抽象模糊，教师们便用纸盒托衬这些形象，粘在海底龙宫的背景墙上，让小鱼小虾有了立体感，背景墙也变得生动了。

海底龙宫背景墙

新增加的“前言”部分

最终，教师和孩子一起设计完成了“海底龙宫”“花果山”“水帘洞”，一起绘制了“大画西游”版画。

资料来源：滕瑾，王莹. 幼儿园迎新年活动环境创设案例（有删改）. http://world.jyb.cn/Theory/kcjx/201601/t20160117_649900.html. 2016-01-17.

3. 有利于营造和谐的校园氛围

幼儿园环境的创设与管理可以营造出良好的人文环境以及健康积极的人文氛围。通过对幼儿园物质环境管理，可以使幼儿园更加多彩、活泼，满足幼儿以及幼儿园教职工的需要，带给人们一种愉悦与放松的感觉，更加调动孩子的积极性以及主动性等。幼儿园精神环境的管理，如良好师幼关系的建立，可以给幼儿带来安全、舒适的感觉；良好同伴关系的建立，可以发挥同伴的积极影响作用；幼儿园文化的建设，可以给幼儿以及幼儿园教职工一种良好的文化熏陶，提升其文化素养。这些物质和心理环境创建，都有利于和谐、自由、快乐的幼儿园氛围的营造。

4. 有利于促进幼儿的全面发展和教师的专业成长

幼儿园环境的创设与管理最根本的目的就是为了促进幼儿的全面发展，与此同时，也要能促进老师的发展与成长。环境从根本意义上还是为人服务的，若对人没有价值，那么这样的环境创设是无意义、无价值的。在幼儿园中，人主要表现为幼儿以及教师。因此，幼儿园环境创设一定要时刻注重环境对于人的意义与价值，要杜绝为了环境而环境，为了装饰而装饰的本末倒置的行为。要做到以人为中心，创设为了人、促进人的发展的环境，即促进幼儿的健康成长及教师的专业发展。

（二）幼儿园环境管理的特点

幼儿园环境管理虽较为复杂，但却有规律可循。幼儿园管理者要在环境创设与管理时抓住幼儿园环境管理的特点与规律进行适宜的环境创设。其特点主要表现为如下几点：

1. 安全第一

安全第一是指幼儿园管理者无论在何时都要将幼儿的安全放置在首要地位。幼儿园的教育对象是幼儿，由于他们年龄小、自我保护能力弱，所以只有提供相对安全的环境才能促进幼儿健康、和谐地成长与发展。幼儿园的环境安全不仅表现为安全、卫生的物质环境带来的身体安全，还包括健康舒适的精神环境带来的心理安全。因此，幼儿园管理者或教师在进行环境管理与创设时，要注意保证幼儿身心两方面的安全。一方面，要注意幼儿园的物质安全，如注意活动室的光照、温度、通风，玩具的无毒、地面的柔软，避免墙角碰撞等；另一方面，也要注意幼儿园的心理安全，为幼儿营造良好、宽松的心理环境，为幼儿构建良好的人际关系。

专栏5-2

拓展阅读 **幼儿园“硬”环境渴望安全友好**

2015年5月19日，中国学前教育研究会主办了“关心儿童健康，创设安全友好环境”的座谈会。会议围绕幼儿园“硬”环境中的一些安全问题展开讨论，各方幼儿教育工作者或从理论角度，或从切身体验，发表了自己的见解。

一、幼儿园空气质量安全堪忧

随着学前教育三年行动计划的实施，各地新、改、扩建了一大批幼儿园，随之也产生了空气质量安全的隐患。主要表现为：第一，大量的幼儿园装修，加剧了空气质量污染。据王化敏介绍：“近几年幼儿园大规模装修带来了严重的空气污染，正严重威胁着儿童的健康。”第二，缺乏科学的幼儿园环境检测系统。通常幼儿园在开园前都需要请环境监测部门出具本幼儿园空气质量监测报告，但这些监测标准对儿童是否适用得打个问号。因为大部分空气质量的检测标准是针对成人的。对于成人来说环境检测的合格，并不代表对于幼儿来说环境检测就一定合格。第三，空气质量监测不到位。对于空气质量监测，北京市海淀区幼教督学李如琳发现，“有些民办园空气质量本来是不合格的，看监测人员快到了，他们赶紧把窗户提前打开，就又变成合格了”。此外，对于造成空气污染的因素，她举例说，木质家具用的清漆不一样，也会有不同程度的污染。“幼儿园办学资质审查要过几道关，消防、餐饮、卫生保健等，但唯独缺乏环保部门这一关。”

二、生活空间充满危机

现代幼儿的生活空间被很多不良因素所包围。一方面，电子产品的辐射问题。幼教专家、北京师范大学教授冯晓霞说：“幼儿的学习方式是直接感知、实际操作、亲身体验，信息技术培训专家也认同一个基本原则：凡是儿童能自己在实际操作中现实学习的，绝不用电脑。”然而，现实生活中，很多家长图便利，把自己的电脑或者手机直接丢给孩子玩游戏，孩子一玩就是好几个小时。这不仅导致孩子被电子产品长期辐射，而且也使孩子养成了不好的行为习惯，同时也剥夺了孩子们玩一些传统游戏的机会。另一方面，家长缺乏必要的幼儿安全保健知识。现实中，有的家长买了便宜的地垫供孩子玩耍，不知道材料是不是健康的；有的家长把孩子放在商场封闭的游乐场所，却不知道软塑料空气环境可能是有严重污染的。顾荣芳教授强调：“我们要特别注意向家长宣传，重视儿童的家庭和娱乐场所的空气质量，以及家具、玩具、衣物等的卫生安全。总之，应把健康卫生放在第一位，其次才是美观。”

三、安全友好环境建设有待提高

为了引导幼儿园重视环境建设，学校建设标准国家研究中心编制了《幼儿园安全友好环境建设指南（试行）》（简称《指南》），以期为幼儿园环境建设提供切实的指导和帮助。《指南》摘选了建设部门和卫生部门的有关规定，侧重于指导幼儿园房舍内部和室外活动场地的装修、布置和设施设备的配备，并特别提出了环保要求，对幼儿园的建设者和园长、教师来说，具有很强的实践操作性。然而，对一线幼教工作者来说，他们了解《指南》还有一个过程。中国疾控中心儿保部徐轶群说，虽然幼儿园建筑设计规范已出台多年，但他们在一项全国性的调查中发现：像水龙头、蹲位等基础环境设施的要求，幼儿园达标率不足30%。对此，顾荣芳认为："《指南》中提的很多要求都是过去就有的，可为什么没有被重视？是因为以往我们培训幼儿园教师和家长时，更多的是教育方面的内容，而在卫生方面有所忽略。这是今后应该加强培训的方面。"

座谈会上，中国学前教育研究会发出倡议书，呼吁全社会重视儿童生活环境质量，创设有利于儿童健康成长的安全环境。

资料来源：中国教育报. 幼儿园"硬"环境渴望安全友好（有删改）. http://www.edu.cn/zhong_guo_jiao_yu/yiwujiaoyu/201505/t20150528_1263981.shtml. 2015-05-28.

2. 物尽其用

物尽其用是幼儿园环境管理最为显性的特点，是指幼儿园管理者对幼儿园的物质资源合理而充分地利用，以发挥其最大的价值。任何幼儿园都应发扬勤俭节约、一物多用、物尽其用、变废为宝的精神。这不仅有利于幼儿园可持续发展、提高物品的利用率，也有利于对幼儿进行良好的价值观以及环保教育。因此，一方面，幼儿园管理者或环境创设者要充分利用现有资源，不断挖掘其教育价值。另一方面，幼儿园管理者或环境创设者还要充分利用废旧资源，变废为宝。

3. 教育为先

教育为先是指在幼儿园环境管理过程中，要充分发挥幼儿园环境的教育价值，促进幼儿全面和谐的发展。《幼儿园教育指导纲要（试行）》中明确指出："环境是重要的教育资源，应通过环境的创设和利用，有效地促进幼儿的发展。"这就是说，幼儿园的环境并不是简单的空间和物质材料的累积，而是一个重要的教育手段和方式，对幼儿的发展具有重大的影响。环境对人的影响是潜移默化和深远持久的，因此，幼儿园管理者或环境创设者必须最大限度地发挥和挖掘环境的教育价值。比如，教师可以结合该学期的主题活动进行班级环境的创设，便于幼儿更好地掌握所学内容；幼儿的盥洗室可以张贴一些引导幼儿正确洗手、珍惜水资源的图片等。

4. 以人为本

以人为本在幼儿园中主要指以幼儿为本，是指幼儿园的环境都应为孩子的成长与发展服务，也能调动孩子的积极性与主动性。因此，一方面要充分调动幼儿在环境创设与管理中的主体地位，不仅要倾听孩子的心声，尊重孩子的兴趣与需要，也要调动幼儿积极参与到环境创设的过程中，教师或环境创设者与幼儿一同努力。在实际的动手操作中，这个过程不仅锻炼了幼儿动手、动脑的能力，同时让幼儿在亲身的体验中明白环境成果的来之不易，从而学会珍惜、保护幼儿园的环境。另一方面，发挥环境对人的影响与教育价值。以人为本的根本是为了促进人的发展。因此，幼儿园管理者要使幼儿园的环境对幼儿的身心发展起到积极和正面的影响。

（三）幼儿园环境管理的原则

1. 计划目的性与动态调整性相结合的原则

所谓计划目的性与动态调整性相结合是指在环境管理的过程中，管理者既要心中有明确的目标并朝着目标与教师共建，但是在过程中也要结合实际情况与幼儿的反馈灵活调整。这既有利于环境蕴含目标、发挥环境的教育作用，也有利于环境的与时俱进、灵活变换、符合现实状况，提高环境的适宜性。因此，幼儿园管理者或教师在管理和创设环境时可以结合近期的教育活动，对幼儿园进行针对性装饰，提供相应的物品，同时结合孩子的兴趣、主题和季节的变化等变换和丰富幼儿园的环境。

2. 教育一致性与参与多主体相结合的原则

所谓教育一致性与参与多主体相结合是指在环境管理的过程中，管理者既要保证统一环境的教育总目标不变，又要协调家长、教师、幼儿等多主体参与幼儿园环境，发挥集体的智慧与力量。这不仅有利于增进教师与幼儿之间的联系与互动，加强教师对幼儿的了解与尊重，也有利于加深幼儿园与家长、社区等的了解、信任与合作，提高教育的一致性，从而使整体大于部分之和。因此，教师在环境创设时不仅要调动幼儿、家长乃至社区人员参与环境创设的积极性与主动性，同时也要注意与幼儿、家长以及社区人员的沟通与交流，保证教育的一致性，最大限度地发挥整体的环境创设的力量。

3. 促幼儿发展与助教师成长相结合的原则

所谓促幼儿发展与助教师成长相结合是指在环境管理的过程中，不仅要促进幼儿发展，同时也要推动教师的成长，也就是说幼儿园环境管理是双赢的工作，要促进幼儿与教师的共同成长与发展。幼儿园环境创设并不是让教师牺牲自己去奉献幼儿的成长，而是在环境创设的过程中教师与幼儿一起发展、共同成长。因此，幼儿园环境创设时不仅要注重幼儿园环境对于幼儿的教育价值与影响，更要注重使环境促进幼儿园教师的反思与专业化成长。教师在进行环境创设时要多想一想“这个环境的创设对幼儿有什么意义、对我的成长又有什么价值”。

专栏 5-3

身边的故事　　**幼儿园环境巧创设：“我的地盘我做主”**

你见过用旧纸箱做成的“城堡”吗？你见过用牙膏盒和皮筋做成的钢琴吗？你想过鲜花包装纸和矿泉水瓶如何二次利用吗？某幼儿园的教师们，运用这些废旧材料创设了多彩多样的环境区角。

1. 教师合理规划，"我的地盘我做主"

暑假期间，教师们或根据本班幼儿的兴趣爱好，或根据区域空间的现实特点，或根据自己的爱好特长，构思了各种各样的环境创设的样式。例如，有的教师依据本班孩子喜欢玩过家家游戏的需求，进一步丰富了娃娃家的区角环境。有的班级孩子喜欢玩建筑游戏，教师就想进一步扩展建筑区角的空间。有的教师比较喜欢美术，所以想发挥自己的美术特长，建构丰富的美术区角环境，增强孩子的美术细胞。

2. 幼儿快乐参与，"怎么好玩我做主"

幼儿园的环境是为幼儿服务，让环境"活起来"，幼儿才能"动起来"。因此，很多教师在班级环境的创设时，都高度调动幼儿在环境创设时的积极性和主动性，鼓励幼儿一起参与到班级的环境创设之中。如制定每个区域的游戏规则，要征求孩子们的意见。此外，有的教师还把孩子们的作品在各个区角里展示出来，这不仅装饰了幼儿园的环境，也更好地鼓舞了幼儿，起到了很好的展览作用。

3. 利用废旧物品，"如何使用我做主"

面对各种各样的废旧物品，有的教师嗤之以鼻，有的教师却视若珍宝，并能变废为宝。幼儿园的环保教育不仅仅是书本上的、课堂中的，更是幼儿园教师在一日生活中的行为，更要渗透到幼儿园环境的方方面面。有的教师心灵手巧地将装电脑的纸箱装饰一下，放在建筑区里就变成了城堡；有的教师将装月饼的盒子贴上好看的贴纸，就成了美工区放剪刀的工具盒；还有的教师将化妆品包装和皮筋做成"吉他"、将鲜花包装纸做成腰裙等。

发挥奇思妙想，规划设计方案

发挥美术特长，描绘班级新环境

分享独特创意，带来快乐多多

这个怎么玩？我来试一试

资料来源：郑州教育信息网. 教工幼儿园开展环境创设观摩活动，尽显"我的地盘我做主"（有删改）. http://news.zzedu.net.cn/zzjyxw/10/1381431.shtml.2015-10-09.

二、幼儿园安全管理

人们常说生命第一，安全第一，对于弱小的幼儿来说更是如此。《幼儿园教育指导纲要（试行）》中指出“幼儿园必须把保护幼儿的生命和促进幼儿的健康放在工作首位”。由此可见，幼儿园安全工作应位于幼儿园工作的首位。幼儿园安全涉及很多方面的内容，如：食品卫生安全、饮食安全、环境安全、活动安全、设施安全等。幼儿园安全管理主要包括园内安全制度、日常安全工作管理、安全教育、园所周边安全管理以及安全事故处理等①。

（一）幼儿园安全管理的意义

1．保障全园师生人身、财产安全的必然要求

幼儿园安全工作的管理最根本的就是要保障全园师生的人身和财产安全。人的安全，尤其是人身安全是第一位的。幼儿园的成员大多为妇女和儿童。一方面，他们很柔弱，需要保护。对幼儿来说，他们年龄小，力量柔弱，很容易受到伤害。对教师来说，幼儿园教师以女性为主导，力量也很柔弱，容易受到伤害，抵御外界危险的能力也较低。另一方面，她们是幼儿园的主体和核心，是支撑幼儿园运转的核心力量，必须对她们进行保护。因此，幼儿园必须高度重视安全工作、保障幼儿园全体师生的安全。

2．维持幼儿园正常教育教学的基本保障

幼儿园是保教合一的机构。只有在做好“保”的基础上，才有可能做好“教”，“保”是“教”的前提和基础。只有做好幼儿园的安全工作，幼儿才能健康成长，幼儿园教职工才能无后顾之忧，正常的教育、教学才能开展，幼儿园其他各项工作才能有序进行。因此，幼儿园必须注重安全工作，制定有效的安全制度，保障全园的安全，避免意外事故的发生，为幼儿园正常有序的教养工作创造良好的外部环境和物质基础。

（二）幼儿园安全管理的特点

幼儿园安全管理工作作为幼儿园的首要工作，有着区别于其他工作的显著特点，具体表现在以下几方面：

1．对象的复杂性

对象的复杂性是指幼儿园安全管理工作的对象很多，如饮食安全、环境安全、设施安全、消防安全、意外事故、活动安全等。这些对象不仅多而且十分烦琐，涉及幼儿园的各个方面。针对不同的管理对象，针对性的安全防御措施也应该各不相同。如对于饮食安全，不仅要从食材的买进、清洗、加工到食用这一套过程都必须注意，而且还要注意饮食的卫生，以及不同的天气要用不同的食材，注意各种食材是否相克等。总之，面对这些复杂的管理对象，幼儿园管理者必须做到细心、专心、用心。

---

① 秦旭芳．幼儿园管理的困惑与抉择．北京：科学出版社，2013：158.

2. 途径的多元性

途径的多元性是指幼儿园安全管理工作的方法途径有很多。首先，从幼儿园自身做起，如制定合理的安全管理措施、加强安全教育、创建安全的幼儿园环境等；其次，国家要对幼儿园的安全起到外部支持和保障的作用，制定相关法规，如《中小学幼儿园安全管理办法》《学生伤害事故处理办法》等。最后，社会也要为保障幼儿园的安全贡献自己的力量，如教育部门、安保部门以及大众传媒为幼儿园及中小学生提供的一些安全保障措施。幼儿园也可以邀请社会工作者，如医生到幼儿园为幼儿及教师讲解日常安全以及流行病防预的措施，从而普及安全知识、提高安全意识等。

专栏 5-4

身边的故事　　**某幼儿园进行消防逃生演练**

天河区某幼儿园，全园师生进行了一次激动人心的消防演练。幼儿园邀请了天河区消防中队的消防员来到幼儿园给师生们上了生动的一课，教授师生如何火场逃生以及如何使用消防面具、灭火器等。

为了加强孩子们的安全知识，幼儿园会不定期对幼儿进行安全教育，教给孩子们一些基本的自救知识。尤其是寒假即将来临，很多因小孩子引起的火灾都是他们在家玩打火机、玩蜡烛等造成的，因此，幼儿园建议家长尽量不要单独留孩子在家，平时进行用电安全、玩火安全教育。在公共场所，要教会孩子看清楚逃生路线。

思考：幼儿园安全教育永远是幼儿园的头等大事。幼儿园很多安全事故的发生，不仅仅是由于幼儿园教师或家长疏于防范和管理造成的，很大程度上是由于幼儿缺乏一定的自我保护意识，缺乏必要的自我保护知识。因此，当前很多幼儿园都十分注重对幼儿的安全常规教育。幼儿园实行安全常规教育的方式可以是多种多样的，如讲座、演练、课堂活动等。其中，最有效的方式就是直接的模拟和演练。如上述案例一样，有关消防逃生的知识，只有让幼儿亲身演练，幼儿才能有切身的体会。

资料来源：南方都市报．天河区荟雅苑幼儿园进行消防逃生演练（有删改）．http://epaper.oeeee.com/epaper/G/html/2016-01/13/content_3047.htm．2016-01-13．

3. 要求的全面性

要求的全面性是指幼儿园安全管理工作的标准及要求不仅要严格而且要全面，涉及幼儿园安全领域的各个方面。如门卫安全工作管理，班级交接安全工作管理，幼儿园园所、设施及设备安全管理，教具、玩具、生活用具的安全管理，意外伤害安全管理、饮食安全管理、消防安全管理等。因为幼儿园安全管理涉及幼儿园生活、工作的方方面面，因此幼儿园安全管理工作的要求也必须详尽与具体。这就需要幼儿园管理者制定详尽的幼儿园安全管理工作的制度与措施，囊括幼儿园可能存在安全隐患的各个方面。

（三）幼儿园安全管理的原则

幼儿园安全管理的原则是幼儿园安全管理工作必须遵循的基本要求。幼儿园管理者必须铭记于心，主要有以下几点：

1. 预防为主原则

《中小学幼儿园安全管理办法》中指出，小学、幼儿园安全工作最重要的目的就是预防各类安全事故的发生，即“安全第一、预防为主”。幼儿园安全事故的发生通常都是管理者或责任人平时疏于管理导致的。因此，幼儿园管理者或责任人要做到未雨绸缪，认真对待幼儿园日常安全管理的各项工作，细致检查，并积极采取必要的预防措施，从而避免不必要事故的发生。如平时细心注意户外器材是否随着时间的推移已经磨损、老旧，幼儿当天的纽扣是否扣好、有无异常情况等。

2. 责任到位原则

责任到位是指幼儿园各项安全工作的管理者和负责人不仅要承担责任，还需分工明确、尽职尽责，严格要求自己把工作做到极致。幼儿园很多事故的发生都是由于责任人责任心不强、马虎大意造成的。蝴蝶效应告诉我们，一个螺丝钉的松动就可能引发一场大事故。幼儿园中一件细小的事件，如幼儿的鞋带松动，就可能引发一场惨痛的幼儿事故。因此，幼儿园安全工作的管理者或责任人一定要记住对幼儿、对同事以及对自己的生命承诺，用自己的生命、用自己的心去对待自己的工作。

专栏5-5

身边的故事 **疏忽带来的后果**

正值午睡前夕，某主班教师和保育员正在就餐室督促部分幼儿收拾碗筷，准备午睡。其中，收拾好的一些小朋友先往休息室去。这时，一名幼儿在通往休息室的过道上不小心摔倒，哭了起来。老师闻声而来，立马扶起摔倒的小朋友，简单检查了一下，发现这个小朋友没有什么皮外伤。幼儿自己也没有什么异常反应。于是，教师便安抚其入睡。下午，交接班时，由于疏忽，该教师并未将这名幼儿的情况告知下午班的教师。在孩子们起床后，下午班的教师发现该名幼儿穿衣服时抬不起胳膊。教师翻开幼儿的衣服一看，发现该名幼儿右肩红肿。教师随即将幼儿送往医务室。医务室保健医生检查后，建议送这名幼儿到附近医院检查。在医院检查后，医生诊断该幼儿锁骨骨折。之后，教师立刻通知其父母将幼儿领回治疗。而幼儿父母第二天便向幼儿园提出赔偿的要求。

思考：幼儿是脆弱的，看起来很小的伤害对于幼儿来说可能就是致命的。幼儿园的一日生活是充满隐患的，教师无时无刻都要关注到每一个幼儿。毫无疑问，这个事故发生的主要责任人确实是教师。因为当孩子们在过道玩耍时，教师没有起到安全监督的作用。此外，当事故发生时，教师也没有带幼儿做全面的检查。最后，该教师没有将发生事故幼儿的情况告知下午班的教师，导致这名幼儿的病情进一步恶化。因此，每一位幼儿园教师都应将孩子的安全放在第一位，做好安全常规工作，保证有幼儿的地方必须有老师。

资料来源：丛中笑，王海升. 幼儿园管理（有删改）. 沈阳：辽宁大学出版社，2012：158.

3. 教育支持原则

教育支持原则是指幼儿园安全管理工作不仅仅是预防、控制与管理，更要对幼儿园成员，尤其是幼儿进行安全教育，提高自身的安全意识和防范意识，即通过教育的形式提高幼儿园的安全水平。因此，幼儿园管理者不仅可以通过聘请相关专家，如警察、医生等到幼儿园来给全园师生做安全健康讲座、普及安全知识、提高他们的安全意识，也可以开展各种现场演练活动，如地震逃生训练等。此外，幼儿园还可以将幼儿安全教育贯穿于幼儿一日生活中。

第二节 幼儿园环境与安全管理的内容及制度建设

一、幼儿园环境创设与管理的内容及制度建设

幼儿园环境对于幼儿园、幼儿以及教师的发展具有重要的意义。那么如何对幼儿园环境进行有效和有针对性的创设与管理呢？本书主要从幼儿园环境创设与管理的具体内容以及制度保障两个角度来进行阐述。

（一）幼儿园环境创设与管理的内容建设

幼儿园环境主要分为物质环境和精神环境，不同的环境有不同的建设内容，主要表现在以下方面：

1. 物质环境建设

幼儿园物质环境主要包括幼儿园户外活动环境、幼儿园公共区域环境、幼儿园活动室环境等。

（1）幼儿园户外活动环境创设。

《幼儿园工作规程》指出："在正常情况下，幼儿户外活动时间（包括户外体育活动时间）每天不得少于 2 小时。"由此可知，幼儿一天在户外活动的时间较长，而且幼儿在户外容易做一些活动量较大、运动性较强的游戏，如追逐奔跑等。因此，幼儿园户外环境的创设是否充满童趣、童真，户外活动时空是否充足，户外材料是否安全、卫生、符合标准要求都是户外活动的要素。幼儿园户外环境的创设要因地制宜，依据地形的高低、河流的

走形、山川的分布等，创设出各具特色的活动区角，如沙水区、生态自然区、集体活动区等。

（2）幼儿园公共区域环境创设。

幼儿园公共区域环境主要有大厅、走廊、楼梯、墙面等。大厅是家长、幼儿进出幼儿园的必经之地，是幼儿园教育理念的宣传场所，因此大厅环境的创设要简明、大方、具有本幼儿园最明显的特色；走廊及楼梯是幼儿、教师以及家长每天进出班级必经的区域，因此，教师要抓住走廊及楼梯的环境创设的契机，把走廊作为班级区角活动的延伸地、幼儿作品的展览区或是家园联系栏等；幼儿园墙面有室内、室外之分，也有中、低、高之分。因此，教师要对不同的墙面进行因地制宜的创设。

（3）幼儿园活动室环境创设。

幼儿园的活动室包括活动用地、睡眠用地、盥洗室等，是集教学、游戏、生活于一体的房间，是幼儿园园舍的主体。合理的活动室环境的创设与管理有利于为幼儿营造健康、快乐、舒适的环境，也会给教师的工作带来舒适与便利。在一个活动室中，教师不仅要考虑该区域空间的划分与安置，还要注意室内的颜色、光照，物品种类是否合理，材料装饰是否恰当、匹配，整个环境是否符合本班幼儿身心发展的要求，整个环境是否蕴含教育性，以及室内环境是否发挥隐形课程的价值等。

专栏5-6

拓展阅读

国外幼儿园的设计与经验

一、两个国外优秀幼儿园的实际案例

（一）Jelka 幼儿园

Jelka 幼儿园地处斯洛文尼亚首都城市卢布尔亚娜，是20世纪60年代的一个住宅区幼儿园扩建而来。该幼儿园包括可以供28个孩子使用的两个活动室、两个衣帽间、中心卫生间、员工衣帽间、入口门厅、备用的游乐场卫生间以及带顶的露天天台。两个活动室是坐北朝南的，并且可以通过一面大开窗接受更多的阳光。因此，室内照明充足，让儿童感到暖意洋洋。活动室的设计小巧紧凑，各种家具可以有序排列。坐落在两个游戏室中间的卫生间装有大玻璃窗，这不仅具有很强的视觉效果，而且便于老师的监管。游戏室上带顶的露天平台，不仅可以方便儿童在天气不佳的时候进行户外活动，也可以在夏天为儿童提供一个遮阴避阳的地方。

（二）Kinderkrippe 幼儿园

该幼儿园是应对庭院狭小的问题拓展而成的一个奥地利幼儿园。设计者对幼儿园向东的房间进行了调整，以便以最佳的角度接收阳光。此外，幼儿园内部布局紧凑，功能全面，前厅、衣帽间、花园等容易受到污染的区域严格与其他区域分离。运动区域被安排在建筑的中央，便于幼儿的运动与奔跑。此外，立面覆层由落叶松墙面板制成，有利于抵挡气候突变带来的影响。

二、成功经验

（一）符合幼儿的心理及行为特征

两个幼儿园在材料的选择、空间布局等方面，均考虑了幼儿的发展及兴趣需要。如Kinderkrippe幼儿园的运动区域被置于中间，很好地满足了幼儿的运动需要。Jelka幼儿园的大透明窗照顾了幼儿对于阳光的心理需求，并且便于幼儿观察自然世界。

（二）多层次交往空间的应用

国外的幼儿园大多是混龄制的，这两个幼儿园也不例外。因此，这两个幼儿园在环境设计上都力求打破原来的空间局限，从而促进幼儿同伴交往能力的发展。两个幼儿园的活动室没有采用年龄分班制，而是将不同年龄的孩子自然分配到两个活动室当中，从而使不同年龄的孩子可以相互学习、共同成长。

（三）打破传统的空间格局

我国的幼儿园室内空间大多是固定格局，而国外幼儿园则大多采用开放式、自由式的空间格局。国外幼儿园的平面布置采用单元围绕多功能活动室的格局来划分空间。这突破了用走廊来联系各个空间的空间分割法的局限性，不仅扩大了幼儿的活动范围，又增加了幼儿之间的交往机会。

资料来源：崔璀．幼儿行为心理在幼儿园室内环境设计中的应用研究（有删改）．长春：东北师范大学硕士学位论文，2014：5-8.

2．精神环境建设

幼儿园精神环境主要包括幼儿园各种人际关系以及幼儿园的文化氛围。《幼儿园教育指导纲要（试行）》中指出，“建立良好的师生、同伴关系，让幼儿在集体生活中感到温暖，心情愉快，形成安全感、信赖感”。由此可见，良好人际关系的构建以及良好的心理、文化氛围对于幼儿园精神环境的创设尤为重要。

（1）良好人际关系的建设。

幼儿园的人际关系主要以教师与幼儿、教师与教师、幼儿与幼儿、教师与领导这四类为主。教师与幼儿的关系是幼儿园人际关系的核心，教师应建立一种充满民主、平等、友爱的师幼人际环境，理解、尊重、关爱每一个儿童。教师与教师之间应建立一种相互尊重、合作共赢的人际环境，实现彼此的共同发展。此外，教师还要促进构建幼儿与幼儿之间互助友爱的同伴交往关系，促进幼儿社会性的发展；构建教师与领导之间的理解、信任、合作的人际关系，给予教师足够的自主权，激发教师的主观能动性，促进教师的成长，同时提升领导者的魅力。

专栏5-7

身边的故事

和小误会说 bye

——引导幼儿与同伴和谐交往

和往常一样，中午进餐环节，教师组织班级小朋友们井然有序地开始进餐。就在这时，教师突然听到了两名小朋友的吵闹声，两个小朋友争得面红耳赤，互不相让。原来是吃饭的时候，点点的勺子不小心碰到了龙龙。于是，龙龙就非常生气，质问点点“你干吗打我？讨厌！”并且推了点点一把。点点生气地说：“我没有打你，就是不小心碰了你一下，没有打你。你干吗推我？”说完还气愤地反推了龙龙一把。眼见一场“大战”即将爆发，教师立刻走了过来，先平复了两名小朋友的情绪。然后，教师问点点：“点点，你是故意打龙龙吗？”点点立马回答：“不是，我是不小心碰了他一下，他就推我了。”教师在询问其他幼儿真实情况之后，安静了一会儿对龙龙说：“点点不小心碰到了你，他不是故意的，你能原谅他吗？”龙龙不吭声，教师又对点点说：“你不小心碰到了别的小朋友，应该说什么呢？”点点对龙龙说：“对不起，龙龙。”龙龙不好意思地说：“没关系。”两个小朋友又高高兴兴地继续吃起了饭。

启发：同伴冲突在幼儿园里经常发生，这样类似的故事是每一个幼儿园教师在日常生活中都能接触到的。教师引导小朋友学会克制自己的情绪，文明解决问题是良好同伴关系建立的关键。案例中，教师没有批评、责怪任何一方，没有放大问题，而是很好地引导小朋友解决问题，大事化小，小事化无。此外，当小朋友发生冲突时，教师首先就是要做到平复幼儿的情绪，然后求证事实，而不是听情绪激动的小朋友的一家之言。因此，在平常的教育活动中，教师要注意引导幼儿掌握一些同伴交往的礼仪和技巧，帮助幼儿建立和谐的同伴关系。

资料来源：秦旭芳．幼儿园管理的困惑与抉择（有删改）．北京：科学出版社，2013：155.

（2）幼儿园园本文化的建设。

幼儿园园本文化与风格对于提升整个幼儿园的凝聚力，熏陶幼儿园的教职工，形成本幼儿园独有的人文环境和文化品牌具有重要的意义。幼儿园园本文化建设可分几步：首先，幼儿园可以从挖掘本幼儿园的优势文化入手，打造自己的文化品牌，如有的幼儿园国学课程是它的强项，那么该幼儿园就可以打造成中国风式的园本文化。其次，幼儿园还可以结合当地的社区或者本地的特色，打造本园的品牌文化，如某幼儿园坐落在某个老城区，该地有很多古色古香的老街、传统手工艺等，因此该幼儿园就以此作为切入口打造自己的老街特色文化。最后，幼儿园可以结合国内外幼儿教育的先进理念，打造自己的特色文化。如有的幼儿园借鉴国际的蒙台梭利幼儿教育理念举办特色蒙氏园等。总之，各个幼儿园要结合本园以及当地的实际情况建设有特色、高水平的幼儿园文化。

（二）幼儿园环境创设与管理的制度建设

幼儿园环境创设与管理的真正落实必须有相关制度予以保障，本文主要介绍幼儿园环境管理的常规制度、责任制度以及激励制度。

1. 制定幼儿园环境管理的常规制度

幼儿园环境管理的常规制度主要是指有关幼儿园环境管理与建设的场地、内容、更换时间、标准以及要求等方面的制度。常规制度建立的主要目的在于帮助幼儿园管理者和环境创设者明白幼儿园环境建设的具体内容、方法与要求，从而使幼儿园的环境创设与管理具有目的性、计划性、有效性与针对性，避免盲目与混乱。因此，幼儿园管理者要结合本幼儿园的实际情况以及科学的环境管理理论，参考其他幼儿园环境创设的实践经验并咨询相关专家，制定出科学、合理的幼儿园环境管理的常规制度。

2. 建立幼儿园环境管理的责任制度

幼儿园环境管理的责任制度主要是指幼儿园环境创设与管理由谁负责、负什么责任的制度。责任制度建立的目的是为了使幼儿园环境创设与管理分工明确，使员工各司其职，从而使环境管理更具针对性与有效性。如让教师负责幼儿园活动室的环境创设，园长负责本园特色文化的创设等。因此，幼儿园在制定责任制度时，要注意考虑幼儿园员工的特长、综合素质，同时尊重员工的兴趣与意愿，征求他们的意见与建议，共同商定各自的责任。但各司其职并不意味着各管各的，有些环境创设是集体共同努力的结果，因此幼儿园每一个成员都要有责任共担的意识。

专栏 5-8

拓展阅读

幼儿园环境卫生管理制度评析

幼儿园环境可分为室内环境和室外环境。2015 年，上海市杨浦区公示了幼儿园室内外环境卫生管理的制度的要求。

（一）室外环境卫生管理要求

1. 墙面按园统一规划布置不要随意更改，教育幼儿不在墙上乱涂乱画。

2. 不随意乱扔垃圾果壳等杂物、不随地吐痰；保持操场、花坛、走廊等场所的整洁。

3. 场地做到雨天无积水；阴井、下水道等有定期灭虫消毒措施。

4. 绿化有专人负责管理，做到绿地无杂草、花坛无杂物、定期修剪；教育幼儿不随意攀摘花草树木；加强对幼儿爱护绿化的教育。

5. 操场内或过道上不随意停放自行车和堆放建筑垃圾等杂物，保证幼儿活动的安全和道路的畅通。

（二）室内环境卫生管理要求

1. 由保育员负责教室房舍设备、环境的清洁卫生工作，做到墙面完好无损、布置美观、教育幼儿不抠墙，不弄脏墙面。

2. 不随意在墙上拉线、钉阁板等，确保室内整洁。

3. 建立健全环境清扫制度与四定制度。每月一大扫、每周一小扫、分室分片包工、定人、定点、定时、定期检查。

4. 保育员要管理好室内的设备和自己的工作用具，如抹布、拖把、扫帚等，要按固定地点安放、不随意乱放。

5. 每天擦洗便池和厕坑、保持厕所清洁无尿垢、无臭味、定期打扫走廊和擦玻璃窗，保持园内玻璃窗明亮、走廊清洁。

6. 保持营养室无积灰、无垃圾，并做好灭蝇、灭鼠、灭蟑螂工作。

7. 园内做到无死角、库内存放物不宜过多，应离地、离墙，防虫害和霉变。物品要按类堆放、排列整齐。

评析：从上述要求看来，该制度主要集中在幼儿园的物质环境方面，对幼儿园室内、外环境的核心要求就是整洁与美观。当然，整洁和美观是幼儿园环境所必需的，但幼儿园环境要求是否仅仅就是这些呢？答案是否定的。幼儿园的环境不仅要整洁、美观，更好富有童心与童趣，更要富于教育意义。幼儿园环境建设区别于其他机构环境建设的重要一点在于，幼儿园环境的服务主要对象是幼儿。因此，幼儿园的环境必须充满童心与童趣，适应孩子的需要。此外，幼儿园是一个教育机构，因此幼儿园的环境必须蕴含教育意蕴，发挥环境育人的作用。

资料来源：杨浦教育信息公开网．幼儿园环境卫生管理制度（有删改）．http://news.zzedu.net.cn/zzjyxw/10/1381431.shtml.2015.

3. 创立幼儿园环境管理的激励制度

幼儿园环境管理的激励制度主要是指对于幼儿园环境创设与管理的激励措施方面的制度。激励制度的主要目的是调动所有参与幼儿园环境创设人员的积极性与主动性。因此，对于主动进行建设与管理环境创设并取得积极效果的人员要予以奖励，从而维持他们的积极性与主动性。这里的激励可以是物质激励，但要更加注重精神激励对于幼儿园员工的作用。管理者要避免过多物质激励造成的幼儿园员工之间的攀比、为奖励而进行环境创设的行为，而是要让他们明白环境创设的意义与价值，真正地爱上环境创设与管理。

二、幼儿园安全工作管理的内容及制度建设

安全工作是幼儿园各项工作的重中之重，在幼儿园里有着极其重要的地位和深远的意义。本文主要从幼儿园安全工作的内容和幼儿园制度建设这两个角度来说明如何做好幼儿园的安全工作。

（一）幼儿园安全工作的内容建设

根据《中小学幼儿园安全管理办法》，幼儿园安全工作主要有五大方面：幼儿园安全制度管理、幼儿园日常安全管理、幼儿园安全教育、幼儿园周边安全管理、幼儿园安全事故处理。其中幼儿园制度建设与管理是幼儿园安全管理的基础与保障，因此单独论述。

1. 幼儿园日常安全管理

幼儿园日常安全管理主要是要注重幼儿园一日生活各个环节的安全，如幼儿来园、游戏、早操、盥洗、集体教育活动、户外活动、午餐、午睡等环节的安全。首先，要注意入园与离园的安全。如门卫要加强管理、避免陌生人进入幼儿园，做好门卫的交接班工作，教师要做好幼儿园的接送工作等。其次，要注意幼儿在教育活动中的安全。如要注意教育活动符合幼儿的身心需要、避免活动量过大，活动室空间要与幼儿人数相配、室内的设备、设施要符合卫生安全要求等。再次，还要注意幼儿在游戏中的安全。如在户外运动游戏时要注意幼儿园场地的平整、柔软，大型运动器械要安全、坚固、耐用等；在室内游戏时，要注意空间密度、避免墙角，教玩具的安全、卫生等。最后，还要注意幼儿在睡眠、盥洗等过渡环节的安全。如教师要注意幼儿在盥洗时有序、避免拥挤，幼儿在睡眠时养成正确的睡姿、避免带异物上床睡觉等。

2. 幼儿园安全教育

幼儿园安全教育是提高幼儿园整体安全水平的有效途径。幼儿园安全教育既包括对幼儿园教职工的教育也包括对幼儿的教育。一方面表现为幼儿园管理者对幼儿园教职工安全制度与政策的宣传以及通过对幼儿园教职工的培训，提高他们的安全意识以及预防和应对危险的能力。另一方面，表现为教师对幼儿的教育。教师通过讲解、游戏、表演、演练等活动，对幼儿进行本园安全制度的教育、交通安全教育，教会幼儿认识活动和生活中潜在的危险以及粗浅的自救知识等。总之，教职工以及幼儿的安全教育可以增强他们的自我保护意识，增强他们维护自身以及身边人安全的能力与主动性。

3. 幼儿园周边安全管理

幼儿园周边安全是指幼儿园附近区域的安全管理工作，这有赖于社会各界的共同努力。根据《中小学幼儿园安全管理办法》，“建设、公安等部门应当加强对学校周边建设工程的执法检查，禁止任何单位或者个人违反有关法律、法规、规章、标准，在学校围墙或者建筑物边建设工程，在校园周边设立易燃易爆、剧毒、放射性、腐蚀性等危险物品的生产、经营、储存、使用场所或者设施以及其他可能影响学校安全的场所或者设施。公安机关应当把学校周边地区作为重点治安巡逻区域，在治安情况复杂的学校周边地区增设治安岗亭和报警点，及时发现和消除各类安全隐患，处置扰乱学校秩序和侵害学生人身、财产安全的违法犯罪行为。公安、建设和交通部门应当依法在学校门前道路设置规范的交通警示标志，施划人行横线，根据需要设置交通信号灯、减速带、过街天桥等设施。卫生、工商行政管理部门应当对校园周边饮食单位的卫生状况进行监督，取缔非法经营的小卖部、饮食摊点”。

4. 幼儿园安全事故处理

幼儿园安全事故处理是指针对一些突发性安全事故，如地震、洪水等自然灾害以及火灾、食物中毒等公共卫生事故以及斗殴、抢劫等重大治安事件的应急处理措施。根据《中小学幼儿园安全管理办法》，“在发生地震、洪水、泥石流、台风等自然灾害和重大治安、公共卫生突发事件时，教育等部门应当立即启动应急预案，及时转移、疏散学生，或者采取其他必要防护措施，保障学校安全和师生人身财产安全。校园内发生火灾、食物中毒、重大治安等突发安全事故以及自然灾害时，学校应当启动应急预案，及时组织教职工参与抢险、救助和防护，保障学生身体健康和人身、财产安全。发生学生伤亡事故时，学校应当按照《学生伤害事故处理办法》规定的原则和程序等，及时实施救助，并进行妥善处理。发生教职工和学生伤亡等安全事故的，学校应当及时报告主管教育行政部门和政府有关部门；属于重大事故的，教育行政部门应当按照有关规定及时逐级上报”。

专栏 5-9

身边的故事

惊险的刮胡刀

某幼儿园盥洗环节，幼儿分组进入盥洗室洗手时，突然五六名小朋友相继出现流血现象。看到当时的情况，教师急忙叫来保健医生，为幼儿进行检查、清理伤口。在相继止血之后，教师通过询问得知，原来是早晨来园时，晨晨把爸爸刮胡子的刀片偷偷带进来幼儿园。在中午洗手的时候，把刀片分给自己的几个好朋友。于是，几个调皮的男孩子，学着大人的样子用刀片给自己刮胡子，结果出现了这样惊险的一幕。

反思：思考这一事故发生的原因，我们不难发现除了晨检时，老师疏于检查小朋友带来的利器，家长在家疏于对一些危险生活物品的管理之外，幼儿自身也缺乏必要的安全知识。由此可见，幼儿的安全教育离不开幼儿自身、家长、教师以及相关社会人士的共同作用。教师不仅要做好安全检查与预防工作，更要对幼儿进行必要的安全教育。家长也要以身作则，注意家中危险物品的管理和收藏，教会幼儿一些必要的安全常识。幼儿自己也要学习和掌握一些必要的安全知识，能够主动辨别危险因素，维护自身安全。此外，社会大众也要为幼儿的安全提供安全、健康的社会环境。

资料来源：张慧敏．幼儿园组织与管理（有删改）．北京：人民邮电出版社，2014：128.

（二）幼儿园安全工作的制度建设

我国《幼儿园管理条例》规定，幼儿园应当保障幼儿身体健康，应当建立安全防护制度。此外，《中小学幼儿园安全管理办法》也强调幼儿园安全制度建设是幼儿园安全工作与管理的重要内容。科学有效的幼儿园安全制度能够有效保障全园师生的安全与健康，对突发事故能够起到很好的应急与预防作用。因此，幼儿园必须建立一个全面、规范、细致、科学、可操作的安全制度体系。幼儿园安全制度的种类有很多，如岗位安全责任制度、安全监督检查制度、安全工作考评制度、晨检制度、外来人员登记制度、交接制度、事故报告制度等。

1. 岗位安全责任制度

岗位安全责任制度是指处于一定岗位的人对于幼儿园安全有着自己岗位的专门责任。比如幼儿园的保安要做好外来人员的登记、注意陌生人进入幼儿园等；幼儿园的医护人员要做好幼儿入园的晨检工作；幼儿园的后勤人员，如食堂阿姨要注意幼儿饭菜的卫生与安全；教师要注意幼儿在教育活动时的一切安全；保育员要做好幼儿园的消毒、打扫以及公用设施的检查等。每一个专门岗位的工作人员都要尽职尽责，做好自己岗位上的安全工作。此外，对于不属于自己工作范围却可能存在安全隐患的问题也要及时与负责人进行沟通，帮忙消除隐患。幼儿园员工通过各司其职、相互帮助，共同提升幼儿园的整体安全水平。

2. 安全监督检查制度

安全监督检查制度是指幼儿园管理者采取一定的措施对幼儿园各个方面的安全工作进行监督管理，从而确保幼儿园安全工作责任能够有效落实。首先，安全监督检查制度的实行要成立专门的监督检查的小组，小组成员要熟悉幼儿园安全工作的各方面的内容与细则并且小组成员要严格、客观、公正，避免受外界的干扰。其次，要形成定时检查与监督的常规制度。检查小组要进行定期与不定期的常规制度的检查，提高安全检查的目的性与计划性。最后，要对检查结果予以评价，并提出进一步提高或改善的意见，精益求精。检查小组的最终目的是通过自己的检查和监督工作，对相关负责人的安全工作予以及时的反馈，从而提高幼儿园的安全水平。

3. 安全工作考评制度

安全工作考评制度是指对于幼儿园岗位安全工作质量与水平进行的考核与评价制度。此外，管理者通过考评结果，进一步激励幼儿园各个安全岗位的责任人，进一步加强自己的岗位安全工作，提升整个幼儿园的安全水平。因此，首先，要注意多种方式对幼儿园安全工作进行考评，如平时的观察、专门的安全测量等。其次，要注意多种主体对于幼儿园安全工作的考评，如幼儿园岗位责任人、园长、幼儿、家长、教育行政部门等。此外，还要制定科学合理的考评内容与标准。不同的岗位考评的具体内容和考评标准不同。如对医护人员的考评要集中在对全园师生的安全护理以及救治上，对食堂职员的考评要集中在教职工以及幼儿的饮食卫生与安全上等。最后，要注意考评结果对幼儿园安全工作的激励与提升的作用。幼儿园考评的目的不在于找出幼儿园安全工作的不足，而在于改进幼儿园安全工作，提升幼儿园安全水平。

做一做

参观幼儿园，以小组为单位观察幼儿园不同区域的环境创设，并做成照片集，写出各个区域的特色。

想一想

1. 是否理解以下内容呢？

（1）体会幼儿园环境管理的意义。

（2）理解幼儿园安全管理的重要性。

2. 是否掌握以下内容呢？

（1）幼儿园环境管理的特点。

（2）幼儿园安全管理的原则。

（3）幼儿园环境创设与管理的内容。

3. 是否能综合运用以下内容呢？

幼儿园环境创设与管理的制度建设。

试一试

访谈几位幼儿园教师、园长和家长，多角度了解当前幼儿园存在的安全隐患有哪些，各方都采取了哪些安全措施。

第六章

幼儿园人力资源管理

本章导航

幼儿园员工的选聘与任用的条件与原则

幼儿园不同员工的培训与教育的策略与方法

幼儿园员工的考核与激励的内容、原则与方法

人是社会发展最活跃的因素，人力资源是社会资源中最重要、最有发展前途的资源。现代管理强调人是管理的核心，幼儿园也不例外。幼儿园对本园人力资源的合理管理，不仅有利于提高幼儿园员工素质，最大限度地发挥幼儿园员工的个人优势，而且有利于建设高素质的幼儿园员工队伍，以及发挥幼儿园团队的整体优势，促进幼儿园的有效运营，取得最佳的管理效果。因此，幼儿园员工的有效管理是幼儿园工作必不可少的内容。幼儿园人力资源管理就是幼儿园管理部门对幼儿园教职工进行合理的选拔、聘用、组织、培训，同时对员工的心理与行为进行恰当激励与调控，充分发挥每一个员工的积极性和主动性，以达到人力资源最优化的过程。

因此，本章将着重从幼儿园员工的选聘与任用、培训与教育、考核与激励这几个角度来探讨幼儿园人力资源的管理，从而帮助读者了解幼儿园人力资源管理的基本概况。

第一节　幼儿园员工选聘与任用

幼儿园人力资源管理的第一步就是要选聘与任用高质量的幼儿园员工。选聘是指依据一定的科学标准，科学、合理地选拔和聘用幼儿园员工。任用是指根据岗位需要依据员工的能力特点，将选聘好的幼儿园员工安置到适宜的岗位上。科学选聘与任用就是从源头上

保证幼儿园人力资源的质量。

一、幼儿园员工任职条件与职责

幼儿园领导要明确幼儿园各类工作人员的任职资格，把好用人的第一步。新《幼儿园工作规程》《幼儿园教师专业标准（试行）》是幼儿园管理和教育工作的两个基本法规，对幼儿园员工的任职条件有着明确的规定。新《幼儿园工作规程》第三十八条规定："幼儿园按照国家相关规定设园长、副园长、教师、保育员、卫生保健人员、炊事员和其他工作人员等岗位，配足配齐教职工。"由此可知，幼儿园的员工主要指幼儿园中各类工作人员，主要有园长、教师、保育员、卫生保健人员等。

（一）一般任职条件

新《幼儿园工作规程》第三十九条规定："幼儿园教职工应当贯彻国家教育方针，具有良好品德，热爱教育事业，尊重和爱护幼儿，具有专业知识和技能以及相应的文化和专业素养，为人师表，忠于职责，身心健康。""有犯罪记录者和精神病史者不得在幼儿园工作。"

（二）具体人员的任职条件与职责

1. 园长

（1）任职条件。

新《幼儿园工作规程》第四十条规定："幼儿园园长应当符合本规程第三十九条规定，并应当具有《教师资格条例》规定的教师资格、具备大专以上学历、有三年以上幼儿园工作经历和一定的组织管理能力，并取得幼儿园园长岗位培训合格证书。""幼儿园园长由举办者任命或者聘任。非地方人民政府设置的幼儿园园长应当报当地主管的教育行政部门备案。"

（2）主要职责。

新《幼儿园工作规程》第四十条规定："幼儿园园长负责幼儿园的全面工作，主要职责有：①贯彻执行国家的有关法律、法规、方针、政策和地方的相关规定，负责建立并组织执行幼儿园的各种规章制度；②负责保育教育、卫生保健、安全保卫工作；③负责按照有关规定聘任、调配工作人员，指导、检查和评估教师以及其他工作人员的工作，并给予奖惩；④负责教职工的思想工作，组织业务学习，并为他们的学习、进修、教育研究创造必要的条件；⑤关心教职工的身心健康，维护他们的合法权益，改善他们的工作条件；⑥组织管理园舍、设备和经费；⑦组织和指导家长工作；⑧负责与社区的联系和合作。"

2. 教师

（1）任职条件。

新《幼儿园工作规程》第四十一条规定："幼儿园教师必须具有《教师资格条例》规

定的幼儿园教师资格，并符合本规程第三十九条规定。”《幼儿园教师专业标准（试行）》指出：“幼儿园教师是履行幼儿园教育教学工作职责的专业人员，需要经过严格的培养与培训，具有良好的职业道德，掌握系统的专业知识和专业技能。”《幼儿园教师专业标准（试行）》还指出教师应具备“师德为先、幼儿为本、能力为重、终身学习”这四大理念，以及“专业理念与师德、专业知识、专业能力”这三个维度的专业素质。

（2）主要职责。

新《幼儿园工作规程》第四十一条规定：“幼儿园教师对本班工作全面负责，其主要职责如下：①观察了解幼儿，依据国家有关规定，结合本班幼儿的发展水平和兴趣需要，制定和执行教育工作计划，合理安排幼儿一日生活；②创设良好的教育环境，合理组织教育内容，提供丰富的玩具和游戏材料，开展适宜的教育活动；③严格执行幼儿园安全、卫生保健制度，指导并配合保育员管理本班幼儿生活，做好卫生保健工作；④与家长保持经常联系，了解幼儿家庭的教育环境，商讨符合幼儿特点的教育措施，相互配合共同完成教育任务；⑤参加业务学习和保育教育研究活动；⑥定期总结评估保教工作实效，接受园长的指导和检查。”

专栏 6－1

身边的故事　　《幼儿园教师专业标准》的幼儿教师角色定位

幼儿园教师是履行幼儿教育工作的专业人员。每一类教师都有不同的角色定位。那么对于幼儿的发展而言，幼儿园教师到底扮演着什么样的角色，起到何种作用呢？《幼儿园教师专业标准》（简称《专业标准》）是衡量教师专业水平的准绳。从《专业标准》的视角出发，幼儿园教师应该有怎么样的角色定位呢？

一、良好环境的创设者

儿童的发展来源于主体对外部环境的积极作用。环境是幼儿的第三个老师，对幼儿的发展起着潜移默化和深远持久的作用。《专业标准》十分强调幼儿教师在环境创设中的作用。《专业标准》指出幼儿园教师要根据幼儿发展的年龄特点和兴趣需要，创设适宜于幼儿发展的积极、丰富的物质和精神文化环境。

二、一日生活的组织者

幼儿园的教育渗透在一日活动之中。儿童的全面发展也是通过多个幼儿园的一日生活来实现的。《专业标准》十分强调教师要合理安排和组织幼儿园一日生活的各个环节，寓教育于活动之中，使幼儿在一日生活中得到发展和成长。

三、游戏活动的参与者

幼儿园以游戏作为基本活动。游戏是幼儿的天性和权利。《专业标准》强调教师要善于指导幼儿的游戏，保障幼儿游戏的顺利进行。首先幼儿园教师要尊重儿童的游戏，为儿童的游戏提供各种支持，如材料、场地、时间等。其次，教师要参与幼儿的游戏，成为幼儿的玩伴。幼儿园教师区别于中小学教师的重要一点就在于教师不仅仅是指导者，更是参与者，是儿童的伙伴。

资料来源：杨飞龙，张尧.《幼儿园教师专业标准》定位下的幼儿教师角色（有删改）.教育探索，2014：101.

3. 保育员

（1）任职条件。

新《幼儿园工作规程》第四十二条规定："幼儿园保育员应当符合本规程第三十九条规定，并应当具备高中毕业以上学历，并受过幼儿保育职业培训。"

（2）主要职责。

新《幼儿园工作规程》第四十二条规定："幼儿园保育员的主要职责如下：①负责本班房舍、设备、环境的清洁卫生和消毒工作；②在教师指导下，科学照料和管理幼儿生活，并配合本班教师组织教育活动；③在卫生保健人员和本班教师指导下，严格执行幼儿园安全、卫生保健制度；④妥善保管幼儿衣物和本班的设备、用具。"

4. 卫生保健人员

（1）任职条件。

新《幼儿园工作规程》第四十三条规定："幼儿园卫生保健人员除符合本规程第三十九条规定外，医师应当取得卫生行政部门颁发的《医师执业证书》，护士应当取得《护士执业证书》，保健员应当具有高中毕业以上学历，并经过当地妇幼保健机构组织的卫生保健专业知识培训。"

（2）主要职责。

新《幼儿园工作规程》第四十三条规定："幼儿园卫生保健人员对全园幼儿身体健康负责，其主要职责如下：①协助园长组织实施有关卫生保健方面的法规、规章和制度，并监督执行；②负责指导调配幼儿膳食，检查食品、饮水和环境卫生；③负责晨检、午检和健康观察，做好幼儿营养、生长发育的监测和评价；定期组织幼儿健康体检，做好幼儿健康档案管理；④密切与当地卫生保健机构的联系，协助做好疾病防控和计划免疫工作；⑤向幼儿园教职工和家长进行卫生保健宣传和指导；⑥妥善管理医疗器械、消毒用具和药品。"

二、幼儿园员工选聘与任用的原则

选聘与任用幼儿园员工是人力资源管理的前提任务和基本任务。幼儿园员工的选用直接影响幼儿园管理效率的高低，影响保教目标的实现。选用员工的根本要求是知人善用，使人才各得其所、各尽所能、各展所长。然而在现实的幼儿园员工选用中或多或少都存在问题，如“任人唯全”“因人设事”“任人唯亲”等。因此，幼儿园管理者在选聘与任用幼儿园员工时必须遵循现代的用人观，依据科学的选用原则，具体如下：

（一）工作为重，因事用人

工作为重，因事用人就是指幼儿园管理者必须根据工作要求和岗位特点来选用具备岗位素质、可以胜任这个岗位的员工。相反，“因人设事”可能会导致工作迁就个人的需要，从而一方面造成工作标准的降低，另一方面导致无用工作岗位的膨胀。因此，幼儿园管理者要根据幼儿园的规模和性质，全盘考虑幼儿园的工作和所需设立岗位及人员编制，进而对各个岗位的工作内容和任职者应具备的素质进行综合分析，从而选聘最合适的人承担相应的工作。

（二）知人善用，用人之长

知人善用，用人之长就是指幼儿园管理者必须在了解幼儿园员工的优势与长处、能力大小以及性格特点基础上，根据他们的优势、能力与性格而把他们安排到合适的岗位，最大限度地发挥他们的才能。尺有所短，寸有所长，每个人都有自己的优势与劣势。根据加德纳的多元能力理论，人们的智能差异是客观存在的。一个人只有处在最能发挥其才能的岗位上，才能做到最好，才能达到“人适其职，职得其人，适才适用，人事两宜”的最佳效果。因此，幼儿园管理者要深入了解每一个教职工的思想状况、文化业务水平、工作态度与能力，在全面掌握情况的基础上，妥善安排每位员工的工作，最大限度地发挥其长处，使人力资源得到最大限度的发挥。

（三）严格要求，任人唯贤

严格要求，任人唯贤是指幼儿园管理者要以“贤”为标准，善于发现贤才、选用贤才，严格要求，宁缺毋滥。只有高质量的幼儿园保教团队，才能建设出高质量、高水平的幼儿园，给予幼儿、家长以及社会以高质量的服务。高质量的幼儿园教职工必然来源于高标准的要求。而“贤”就是任用人员的最高标准。因此，幼儿园的管理者要坚持“任人唯贤”的标准，避免“任人唯亲”。正所谓“千里马常有，而伯乐不常有”，这就需要幼儿园管理者有着发现“千里马”的眼光、赏识“千里马”的态度、相信“千里马”的方法，对于那些有才能的人，管理者应予以重任，使其在相应的岗位上充分发挥作用。

（四）充分信任，委以权责

充分信任，委以权责就是指幼儿园管理者要做到“用人不疑、疑人不用”，相信自己选用的员工，并给予他们相应的权责，最大限度地调动他们的主动性和积极性。信任是对人才最有力的支持，其重要表现就是给予人才其职业自主权。管理的权责信任既强调管理者向员工委以工作，同时又赋予其一定权利。幼儿园的员工特别是教师，其文化素质和工作特点决定了他们对成就、自尊和知识的需要比较强烈，他们的个性特长及才能需要得到表现、发挥，并得到他人和社会的认可。管理者要注意满足员工的这种需要，为他们提供表现的机会，满足他们的工作需要和做出成绩的需要，从而调动其积极性和创造性，激发其奋发向上。

第二节 幼儿园教职工培训与教育

人力资源管理的实质是对人力资源的开发和利用，在此过程中，选用人与培养人合二为一、不可分割。只有不断对人进行培训和教育，才能保持组织新鲜的血液。选用合适的幼儿园教职工是幼儿园管理的前提任务，而对选用的幼儿园员工进行培训与教育则是中心环节。2010 年 11 月国务院印发《关于当前发展学前教育的若干意见》提出："完善学前教育师资培养培训体系。建立幼儿园园长和教师培训体系，满足幼儿教师多样化的学习和发展需求。"[①] 由此可见，幼儿园教职工的培训已经成为一种时代和社会的要求。不同的幼儿园教职工自身的发展特点以及需求不同，因此对他们的培训与教育也各不相同。幼儿园教职工的培训与教育，主要有新教师、骨干教师以及管理者的培训与教育。

一、新教师入职培训与教育

一般而言，幼儿园新教师是指进入幼儿园工作岗位或从其他岗位转到幼儿园工作岗位上工作第一年以内的教师。入职教育也叫入职培训、入职引导、初任教师研修等，是一体化教师教育中的重要组成部分。它既不是教师的职前教育，也不是教师的职后教育，而是处于两者之间的一个过渡环节，是连接职前教育和职后教育的桥梁、纽带[②]。幼儿园新教师的入职培训具体就是指为了帮助新教师解决教育教学中遇到的困难，顺利适应幼儿园的保教工作，尽快适应教师角色，以及为以后的专业发展打下基础，而为新教师在第一年提供有计划、有系统且持续的支持与帮助。

（一）新教师培训的必要性及意义

1. 入职培训是新教师专业发展的阶段性需求

从专业发展的阶段特征看，新教师正处于入职适应期，即"求适应、求生存"时期。这一时期的幼儿园新教师有以下特点：从新教师的角色看，新教师正经历着由学生向教师转化的过程。从新教师的能力看，新教师往往缺乏把已有知识运用于教学实践的能力，包括对教学内容的处理能力、运用教学方法和手段的能力、教学组织和管理的能力等。从新教师的知识体系看，新教师缺乏把从学校学到的知识转化为应该传授给幼儿的知识。总

① 田燕，刘明远．江苏省幼儿园园长培训评价及改善意见．学前教育研究，2014（4）：49-54.

② 张志宏．上海市幼儿园新教师入职教育研究．上海：华东师范大学硕士学位论文，2009.

之，他们需要完成从学生到教师的角色转换，担负起教师的岗位责任；适应新的生活环境与教学环境；甚至接受所学理论与实践的巨大反差这一事实等。他们迫切需要理解、支持和帮助，以熟悉教学常规，掌握教学技能，融入新环境，尽快适应新角色，胜任新工作，加速专业成长。因此，入职培训对满足新教师的入职阶段适应性的发展需要，解决新教师在专业发展初期所遇到的问题，促进幼儿园教师专业成长具有重要意义。

2. 入职培训对新教师专业发展历程有着重要影响

入职第一年是教师职业生涯的关键期和奠基期，是新教师在教学实践中熟悉教学常规、掌握教学基本技能及适应新角色的专业过渡期，该阶段所接受的指导和帮助对新教师专业发展的历程有着重要影响。对于刚进入幼儿园的新教师来说，从教第一年所形成的教育信念和教学方式，将直接影响他们将来专业发展的程度、水平和方向。新教师的职业培训，有利于教师建立正确的职业理念，掌握初步的职业技能与技巧，为其长远的职业发展奠定坚实的基础。此外，新教师作为教师群体的重要组成部分，其成长直接关系到教师队伍专业发展的整体水平和稳定性。因此，管理者给予新教师适时的符合其阶段特点的培训与教育，有利于新教师顺利适应岗位以及促进新教师的专业发展。

3. 当前的新教师入职培训存在一些局限性

当前新教师入职培训存在一些局限性，具体表现为：入职培训未受到重视，入职培训的地位未能真正凸显；入职培训的内容缺乏科学论证，或流于空泛或失之狭隘；入职培训的时间安排，培训与辅导的形式、方法缺乏严谨的选择计划，流于形式；入职培训的辅导组织形式与功能不健全；入职培训的考核缺乏统一的规划与设计，考核不严谨；新教师工作压力大，缺乏闲暇时间进行研修；师徒制不健全，指导教师的潜能未充分发挥；新教师对包括内容、形式等在内的培训环节满意度不高，他们普遍认为入职培训对其帮助并不大等①。因此，不管是国家还是幼儿园自身必须高度重视新教师的入职培训，提高入职培训的针对性和实效性。

（二）新教师培训的策略

1. 了解新教师的发展特点与培训需求

促进幼儿园新教师的专业发展，实施有针对性的入职培训，首先需要全面把握新教师的专业情况和发展需要。了解教师的需要，把对新教师自主性的尊重与需要的关注，渗透于入职培训的方式选择、课程设置、活动组织等各个环节，按需培训、因需设教。因此，幼儿园管理者和新教师的培训者必须通过各种措施和途径了解新教师专业发展的阶段特点与培训的需求。如在日常活动中，幼儿园管理者通过对新教师实际工作观察或者与新教师交流过程中，从而了解教师对职业的认知程度、职业心理的成熟度、对幼儿基本知识的理

---

① 王淑华．浅谈幼儿园新教师的专业化培训．大连教育学院学报，2014，30（3）：21-33.

解程度等。同时，新教师的培训者在制定培训计划前应首先征求教师的意见与建议，并以此作为制定新教师培训计划、促进新教师专业发展的基本依据之一。

2. 制定科学培训方案与计划

幼儿园管理者应根据幼儿园的实际情况、新教师的发展特点与培训需求，制定科学合理、有效的培训计划与方案。具体应注意以下几点：其一，针对普适性需求。培训的内容、形式等应针对新教师岗位工作的普适性需求、问题与困惑，为新教师教育实践提供思路与指导，帮助新教师掌握基本实践操作方法和实施策略。其二，设定明确具体的培训目标。围绕《幼儿园教师专业标准（试行）》三个维度，确定具体培训目标，突出实践性和操作性，满足现实的工作需要和幼儿园的发展需要。其三，建立完整的培训系统。依据幼儿园教师专业标准和新教师的实际情况，构建相对完善的教师培训框架系统，有利于提高培训工作的有效性与针对性。

专栏 6-2

身边的故事　　**新教师在岗培训计划**

新学期伊始，某幼儿园教研团队，就教师政策法规的理解、教学技能的提高以及教育教学活动这三大方面对新入职的幼儿园教师进行了在岗培训。培训计划具体如下：

时间	内容	形式	考核
2013.03	《3—6 岁儿童学习与发展指南》解读培训	集体	检查笔记
2013.03	特色教学培训	小组	小组评比
2013.03	结对子	个人	期末展示
2013.03	“教研课”听课、评课	小组	写出听课反思
2013.04	技能（弹唱）培训	小组	月底弹唱考核
2013.04	“教研课”、听课、评课	集体	写出听课反思
2013.05	“健康”教学培训	集体	教案设计
2013.05	技能（绘画）培训	集体	期末绘画展示
2013.05	“教研课”听课、评课	小组	写出听课反思
2013.06	“健康”（户外）教学培训	集体	教案设计
2013.06	“教研课”听课、评课	小组	写出听课反思
2013.06	技能（讲故事）培训	集体	期末绘画展示
2013.07	结对子	个人	期末展示
2013.07	园内观摩“教师技能大赛”	集体	期末展示

从培训计划中可见，该幼儿园对新教师的培训主要集中在理论和实践两方面，注重引导教师将理论运用于实践。此外，该新教师的培训兼具个人、小组和集体三种培训方式，既满足了教师培训的个体需求，也适应了集体培训的综合需求。此外，在考核方面，该培

训将平时考核和阶段考核相结合，考核的方式也多种多样，注重将考核与具体的幼儿教育实践相结合。

资料来源：西安市东城第一幼儿园博客.（2013春）新入职教师在岗培训计划（有删改）. http://blog.sina.com.cn/s/blog_812a5d780101m38j.html.2014-04-02.

3．选择多样的培训形式

培训可根据具体的培训目标采用各种培训形式，每一种培训形式都有各自独特的价值和作用，如：（1）知识讲座式，能够让教师在短时间内接受比较专业的专家观点、理念以及实际做法。（2）参观访谈式，教师通过参观其他幼儿园环境创设、观看其他教师的教育活动等，在与他们的交流与对话中得到启发与提升。（3）互动讨论式，主要针对教学中的实际问题，教师备课、教具材料准备、教育环境创设、幼儿情况分析等，进行研究讨论。（4）观摩教学式，能结合教师一日生活组织与管理、游戏活动的组织与指导、各领域教育活动计划的设计与实施等专题，有针对性地组织新教师参加不同教龄、不同职称、不同风格的幼儿园教师的教学活动，通过集体分析和讨论，提高新教师自身的教学反思能力。（5）专题研讨式，能针对各种幼教领域的热门专题，如幼儿美术教育、幼儿音乐韵律活动、幼儿交通安全教育等，组成小组，通过搜集资料、小组探究、成果展示、答疑解析等环节，引发大家对于专题的了解与思考，从而提升教师的业务能力。

4．创设积极的培训环境、提供外部支持

幼儿园管理者应该为幼儿园教师提供丰富的机会以及外部支持，如：（1）提供展示与锻炼的平台。幼儿园管理者，尤其是园长，要为幼儿园新教师的专业成长提供多种平台，激发新教师广泛参加和开展各类业务活动、实践活动等。（2）幼儿园优秀文化熏陶。通过创设积极向上的幼儿园办园文化、刚柔并济的人文管理、互帮互学的团队智慧、童心童趣的温馨氛围，与全体教师建立幼儿园发展的共同愿景，让教师的专业发展与幼儿园的质量提高形成合力。（3）给予充足的经费保障。新教师的培训离不开一定的物质保障，如聘请培训专家、购买培训书籍等以及相关的培训设备等。幼儿园管理者或上级主管部门必须保证专项资金用于新教师的培训与教育。（4）保证培训的时间、空间以及物质支持。幼儿园要给新教师的入职培训提供充足的时间保障，并且要最大限度地给予物质支持。如幼儿园要重视教职工培训室、图书室的建设，有计划地订购各类书籍及刊物等。

（三）新教师培训的内容

新教师的培训内容应以《幼儿园教师专业标准（试行）》为依据，促进新教师的专业理念与师德、专业知识以及专业能力的发展。同时也要结合新教师阶段性的发展需求，突出新教师在入职适应、教育活动的计划与实施、一日活动的组织与保育的培训与教育。

1．入职适应

入职适应是新教师培训的第一步。只有当新教师很好地适应了幼儿园的环境、适应了幼儿园的工作方式、适应了作为一个幼儿园教师的角色，才有利于对新教师进行接下来的各种培训。新教师的入职适应包括新教师对幼儿园环境的适应、对自己班级的适应、对人际关系的适应、对工作角色的适应以及对外部环境的适应等。这部分培训内容可以有：了解本园的历史，幼儿园各个年龄班的特点，幼儿园的团体互动，一个优秀幼儿园教师应该如何与同事、家长、领导沟通，新教师如何自我学习，新教师如何求助等。

2. 教育活动的计划与实施

教育活动的计划与实施对幼儿园教新师来说，是最重要，也是最难掌握的部分。它主要指新教师要根据幼儿的身心发展特点以及幼儿园的保教目标制定阶段性的教育活动计划和具体的活动方案，并且通过开展趣味性、综合性和生活化的教育活动，促进幼儿的发展与成长。这部分的培训内容可以是：幼儿的身心发展与需要，幼儿园五大领域的活动设计，优秀教育活动计划的赏析，观摩优秀教师的教育活动，教育活动计划的专门训练等。

3. 一日活动的组织与保育

一日活动的组织与保育是新教师直接接触的、最经常的活动。一日活动的组织与保育主要指合理安排和组织幼儿园一日生活的各个环节，将教育灵活地渗透到一日生活中，并且要指导与协助保育员做好班级常规保育和卫生工作。这部分的培训内容可以是：班级常规建立的技巧、一日活动组织与保育的基本内容、如何与保育员合作、如何成为一个有威信的幼儿园教师、优秀教师的一日生活组织与保育的案例观摩等。

（四）新教师培训的方法

1. 师徒制

师徒制是一种通过对资深教师教学实践的观察、模仿以及通过资深教师的具体指导，使新手教师逐渐地体悟职业的隐形经验，不断地掌握专业技能和教育智慧的一种培训学习方式①。师徒制的培训方式可以使新教师获得一些优秀的、具体的、可操作的实践经验、理论与智慧，这往往是书本学习与专家讲座所不能比的。培训者在落实师徒制的过程中要注意：（1）完善指导的内容，丰富指导的方式，为新教师制定切实可行的专业成长目标。（2）明确指导教师的评选资格与工作职责，实施科学的选拔程序。（3）建立保障指导质量的机制。如建立新教师与指导教师之间常规化的联系机制，适当减轻新教师的日常工作量和指导教师的培训制度，提高指导教师的指导水平；给予指导教师适当的薪酬和工作条件，激发指导教师的积极性。

2. 网络学习

信息化社会的到来，使得网络走进了幼儿园。新教师大多为年轻人，他们不仅熟知网络信息，而且也习惯和喜欢使用网络。这就使得网络学习成为培训幼儿园新手教师的一个

① 杨莉君. 论师徒制教师教育模式的改造. 学前教育研究，2009（9）：37.

重要手段。因此，新教师网络学习可以从以下两方面着手：一方面，可以建立园内网。如建立教学资源库，通过开发园本资源，将各个教师的各类教学资料与资源分门归类，以便于新教师的查阅、使用；建立电子教学档案，即每位教师建立自己的电子教学档案，定期将自己的获奖文章、优秀案例、优秀活动教案上传电子教学档案，以供彼此学习与交流；设立新教师论坛，即构建本园教师交流、互动的平台，设立新教师论坛，包括教学活动、家长工作、班级管理、论文撰写等讨论区。另一方面，还可以建立园外网或区域网，如通过与多个幼儿园或高校联手合建一个互联网平台，从而构建园际间合作学习的网络平台，拓宽新教师的教学视野，同时让新教师们在与其他教师的接触中获得更丰富的信息，促进其专业成长。

3. 观摩活动

观摩活动即新教师通过观摩他人的教学活动，从而吸取经验提高自我的过程。观摩活动可以在不同教师群体之间进行，如新教师群体之间的观摩以及新教师对骨干或专家教师的观摩。新教师互相观摩上课有利于在新手教师之间形成对比与参照，吸取同伴的优点与经验。新教师观摩骨干或专家教师上课，可以通过汲取优秀教师教学实践的经验与智慧，以优秀教师为榜样，从而不断充实和提高自己。观摩活动也可以在不同幼儿园教师之间进行，可以在同一幼儿园内部进行，也可以其他幼儿园进行。其中，幼儿园内部的观摩可以根据日常工作有计划地开展，也可以进行某些专题性的观摩。

专栏6-3

身边的故事 **幼儿园教师到影子基地拜师学艺**

幼儿园之间的相互观摩学习，是幼儿园新教师成长的重要途径之一。其中，影子基地就是当下幼儿园教师观摩学习的一种有效方法。影子基地一般指一些师资、环境较强的示范园。这些幼儿园中的优秀老师就是参训老师学习的榜样。参训老师通过到示范园中，如影随形地跟着这些优秀老师，在具体的实践中学习而不断成长，这就是影子基地的作用。某幼儿园通过组织本园教师去示范园中学习、培训，通过让这些教师在示范园中拜师学艺而达到培训教师师资、增强教师专业能力的目的。

培训期间，示范园组织到访的参训教师全方位、多角度了解基地幼儿园的办学情况，开展了听课、说课、同课异构、教学设计、互动交流、经验分享等系列活动。具体培训活动有学员分组构建学习共同体、跟岗实践、带班实践、名师教学观摩、名师面对面教研、学员培训成果展示分享等六个环节。在这次培训中，为了满足参训教师多样化的学习需求，示范园培训人员还增添了实用性强、方便易学的幼儿音乐小律动、手指游戏等内容，并选派在音乐方面有特长的教师做现场展示，给了参训老师以直观的体会。示范园培训人员还设置了培训需求调查表，针对参训教师在培训及日常教育教学中遇到的困难和问题，进行细致解答。与此同时，在环境创设培训方面，示范园培训人员开放了幼儿园楼道及班级环境，让参训教师从幼儿园整体布局、楼道环境和班级主题设计理念中获得环境创设的灵感。最后，就培训结果展示而言，参训教师们经过跟岗、带班、听评课、专家讲座等环节的学习实践后，合作完成了半日活动设计，独立完成了教学活动设计等。

启发：当前幼儿园教师培训的种类和形式日趋丰富，但如何使培训真正地满足参训教师的需求呢？如何才能使培训的效果最大化呢？从上述案例可知，影子学习很好地解决了这一难题。影子学习类似于师徒制似的一对一学习，这很好地满足了每个老师的个体需求。此外，影子培训能够使教师在实践中学习，在解决具体的实践问题中成长。

资料来源：甘肃省教育网．天水200名乡镇幼儿园教师到影子基地拜师学艺（有删改）．http://www.gsedu.cn/xinwzx/gaoxdt/2015/12/14/1450055289606.html.2015.

4．教育会诊

教育会诊模式是一种针对幼儿教育过程中存在的问题，通过由专家、优秀教师和新教师们组成的合作共同体集体研讨或共同“诊断”的方式，帮助幼儿园新手教师解决问题、提升智慧的培训模式。由于教育会诊模式具有场景性、亲历性和合作参与性等特点，并且基于幼儿教育的现实场景和新教师的亲身实践，因此，在这样的情境下新教师们能更好地在专家与优秀教师的引领下，参与到集体的讨论与会诊中，从而使新教师逐步形成自我反思能力，逐步挖掘教育现象和行为背后的教育思想，得到知识的内化和智慧的养成，从而实现对教育理念的理解。教育会诊的具体实施步骤是：（1）问题立项，专家引领。专家、优秀教师与园长共同商议并制定培训计划和培训策略。（2）集体讨论，同伴互助。在宽松融洽、积极思考的研讨氛围中，专家、优秀教师引导新教师把前期的问题观察、理论铺垫和实践体验带到“会诊”的现场，与同伴进行平等的交流和对话。（3）总结反思，螺旋推进。在最后的总结反思中得到智慧的提升。

5．教研活动

教研活动是提高保教质量、提高新教师专业专业知识、专业能力、专业理念的有效途径。教研活动内容丰富，可以学习研讨教育的理论、方针政策、教学方法、保教技巧，也可以就这些问题以及教育实践中遇到的问题开展行动研究，通过研究有效解决教育中的问题与困惑、改进工作、提升教育效果。因此，幼儿园可根据幼儿园的实际结合教育改革的热点问题，组织或鼓励新教师开展教研活动。与此同时，新教师也要增强自己的问题意识与研究意识，积极反思自己的行为、改进教育实践、促进自己专业能力的发展。

二、骨干教师培训与教育

在《教育大辞典》中，“骨干教师”是指“业务能力和学术水平较高，在教育、教学和科研工作中起核心作用的教师”。骨干教师就是指在一定区域范围内，在教师群体中获得骨干教师荣誉称号的，具有较高师德修养、一定的专业优势、较强的教学科研与实践反思能力，能与其他教师有效沟通并对一般教师具有一定示范引领作用的优秀教师代表。幼儿园骨干教师是指在幼儿园中，获得骨干教师荣誉称号且被大家认可，专业素质优良、具有丰富的教学科研经验、人际关系良好并起示范、引领作用的优秀教师代表①。对骨干教师的培训，是指为顺应社会发展和满足教师专业发展的需求，有目的、有计划地组织骨干教师开展各种形式的学习活动，以促进骨干教师的可持续发展。

（一）骨干教师培训的必要性

1. 时代和社会的发展要求我们重视骨干教师的培养

《国务院关于当前发展学前教育的若干意见》指出，应“加快建设一支师德高尚、热爱儿童、业务精良、结构合理的幼儿教师队伍”。我国第四次全国教育工作会议和《国家中长期教育改革和发展规划纲要（2010—2020 年）》提出加强教师队伍建设的任务，并要求通过研究培训、学术交流等方式培养教育教学骨干、“双师型”教师、学术带头人②。由此可见，时代和社会的发展要求我们重视培养优秀人才。

2. 骨干教师的突出重要作用要求我们重视骨干教师的培养

幼儿园骨干教师是幼儿园优秀教师的代表，对于整个幼儿教育的发展具有不可估量的价值。幼儿园骨干教师的数量和质量代表了幼儿园教师队伍的整体水平，一定程度上决定着学前教育的质量与水平。骨干教师的具体作用表现为：他们是幼儿园教师队伍中的“领头羊”，是学前教育事业的重要引领与推动者，对幼儿教师队伍的专业发展起着重要的引领和示范作用；他们是园本培训的组织者与参与者；他们是贯彻《幼儿园教育指导纲要（试行）》的主力军和先锋队；他们是幼儿园开展课题研究的合作者。因此，对骨干教师科学有效的培训，不仅会促进幼儿园骨干教师的专业成长，而且有利于带动幼儿园教师队伍整体素质的提高，从而提高学前教育的质量。

3. 骨干教师培训中存在一些问题，要求我们优化骨干教师的培养

研究表明，目前幼儿园骨干教师的培训存在一些急需解决的问题，如培训形式依旧以

① 余萍. 骨干教师示范引领促进幼儿教师专业发展的个案研究. 重庆：西南大学硕士学位论文，2013.

② 杨婧超. 幼儿园骨干教师培训需求研究——以上海市为例. 上海：华东师范大学硕士学位论文，2012.

常见的培训形式为主，集体性的，教师参与程度低的培训形式较少；培训内容多以教科研能力培训为主，其次为提高自身基本技能和专业素养的相关培训，较少开展那些无法在短时间内看出培训效果的培训；培训的时间和频率安排不合理，大多在工作时间内对骨干教师进行培训，加重了骨干教师的负担。总体来说，骨干教师对于当前的培训较为满意，但认为培训的内容和形式不合适①。因此，我们必须高度重视并优化幼儿园骨干教师的培训，以提高培训的有效性。

（二）骨干教师培训的策略

1. 明确定位，增强骨干教师培训的实效性

正确的培训定位往往会让培训项目更加合理，培训内容更加贴合参与培训者的需求。幼儿园骨干教师培训作为一种职后专业发展方面的培训，不同于传统补偿性或知识更新的教师培训②，它更重要的是让骨干教师提高他们对于自身问题和对专业发展规划的能力。对于骨干教师培训并不是从“零”开始，因此，幼儿园骨干教师培训应关注教师现阶段的不足，引导教师从实践经验中反思学习。如在培训中要增添有关培训的基本理念与方法，使骨干教师不断更新并保持最新的、科学的教育理念与方法，能在教育教学实践中发挥辐射带动作用；还要关注到骨干教师职业道德素质的提高，切不可忽视骨干教师职业道德的保持与升华；更要关注到教师当前发展的“瓶颈期”，切实帮助骨干教师解决教育教学中的困惑和问题，增强其可持续发展的能力。

2. 优化培训内容，逐步提升骨干教师发展的专业性

对于骨干教师的培训优化，要注意以下几点：首先，重视专业理念与师德的培训。在专业理念培训上，要不断更新骨干教师的教育理念，让骨干教师保持科学、前沿的教育理念；在师德的培训上，要避免使用空洞的说教，可利用一些具体的、生活中的实例，引发骨干教师的思考，使骨干教师产生道德共鸣。其次，分阶段整合骨干教师培训的需求。研究表明，不同发展阶段的骨干教师有着不同的培训需求。最后，增设与实践相关的教科研。培训者要突出骨干教师的科研能力的培养。因此，骨干教师培训要提高骨干教师的反思能力，激发他们发现问题、解决问题的能力，培养他们的行动研究能力。

3. 构建一体化的骨干教师培训机制

科学有效的骨干教师培训离不开一体化骨干教师培训机制的保障。理想的骨干教师培训一体化模型应为：结合幼儿园骨干教师专业发展标准，不同专业发展水平的教师进行不同层次的培训，在培训考核和基础上进行新一轮教师专业化水平划分，再依据考核结果决

① 张红岩. 河北省中小学骨干教师培训的现状调查与对策思考. 河北：河北师范大学硕士学位论文，2008.

② 张雁. 农村幼儿园教师分层培训课程模式的构建——以“国培计划”山西省农村幼儿园骨干教师为例. 教育理论与实践，2015，35（2）：35-37.

定教师参加培训的类型，如此螺旋式上升。一体化的培训机制应该让教师培训课程与教师专业发展水平步调一致，避免提供重复性课程或与培训需求不匹配的课程。同时，为解决出现教师培训愿望强烈而培训机会较少的矛盾，一体化的培训课程应结合集中培训与远程培训等多种方式，以终身学习为理念，伴随骨干教师成长的每一步。

（三）培训内容

不同发展阶段的教师培训的具体内容应有所区别，具体表现为：①

1. 适应期的骨干教师：加强骨干教师的基本素养培训

该阶段的骨干教师的教龄一般是5—10年。他们具有较高的工作热情，能积极提升自己的素质，而且对科研工作感兴趣。他们希望可以得到“专业技能和知识方面的提升，以及自身的教科研能力的发展，开阔视野，学习新的理念”。因此，培训者可对该阶段骨干教师加强教育教学能力、教育科学研究、骨干教师基本素质方面的培养。

2. 成熟期教龄的骨干教师：突破“瓶颈期”，促进科研与教育教学能力的进一步提高

该阶段的骨干教师的教龄一般是11—15年。他们具有相对丰富的幼儿教育经验和教育策略，具有一定的教育智慧、科研能力、教育理论的提炼能力，但创新能力还不够强。他们希望可以进一步提高自身的科研能力和教育教学实践能力，以突破“瓶颈期”。因此，对于该阶段的骨干教师应进一步加强教育教学、基本素质以及科研能力的培养，突出他们的科研创新能力、从实践中提炼理论能力等。

3. 稳定期的骨干教师：加强高水平的教育指导

该阶段的骨干教师的教龄一般是16—20年。他们已具有较强的教育研究能力，他们的关注点也由自身的专业能力逐渐转移到幼儿的发展与需要上，开始追求实践智慧的成熟，从实践中提取新的理论。他们非常想得到更高水平的教育指导和学习研讨的机会。因此对于这部分骨干教师，培训者可加强他们在教育科学研究方面、园本研究方面的培训。

4. 精专型的骨干教师：注重国内外先进的理念以及相关教育政策的培训

该阶段的骨干教师的教龄一般达到20年以上。他们已具有很强的教育研究以及教育实践能力，已经形成了属于自己的教育智慧与风格。他们渴望学习到新的教育理论、国内外先进的教育理念以及相关的教育政策。因此，对于这部分骨干教师应加强国外新的教育理念的政策、教育科研等方面的培训。

（四）培训的具体方法

对骨干教师的培训形式多种多样，本章着重介绍一些常见的骨干教师培训的具体形式。

1. 专题讲座

专题讲座是指根据骨干教师工作中的实际问题以及现实需要，通过聘请专家、学者、

① 杨婧超. 幼儿园骨干教师培训需求研究——以上海市为例. 上海：华东师范大学硕士学位论文，2012.

或优秀的教师到幼儿园进行专门的讲座，以解决骨干教师教育教学中的困惑，促进他们专业成长的一种培训形式。专题讲座不仅能够针对教育教学中的一些问题，对幼儿园的骨干教师进行有针对性的培训，而且可以在短时间内将专家最新的教育理念以及优秀教师丰富的实践智慧以一种直接的方式交给骨干教师，节约了骨干教师的培训时间，提高了骨干教师的培训效率。因此，一方面，幼儿园要定期或不定期地组织骨干教师参加专题培训。另一方面，专题培训由于是短时间内把大量的信息传输给骨干教师，为了更好地消化和吸收这些理论的经验，骨干教师要做好事前的准备及事后的温习工作，不懂的问题要及时与专家或名师进行交流。

2. 专业进修

专业进修是指幼儿园为骨干教师提供一些短期或长期的专门系统连贯的理论学习的机会，以丰富骨干教师的理论水平。如幼儿园可以有计划地安排骨干教师参与脱产或半脱产的个人进修；鼓励幼儿园教师通过函授、夜校等形式提高自己的学历水平和专业素养。专业进修不仅有利于进一步提高幼儿园骨干教师的专业水平，还有利于骨干教师将自己的所学传递给幼儿园的其他教师。因此，一方面，幼儿园要制定骨干教师的专业进修制度。骨干教师是优秀幼儿园教师，因此少数骨干教师的专门进修成为一种必要；另一方面，骨干教师要以一种积极的心态对待专业进修，发挥自己的榜样和模范作用，给幼儿以更好的教育，给同行以积极的影响，促进幼儿园更好的发展。

3. 教研活动

教研活动就是指骨干教师就教育教学的问题开展行动研究或是参与幼儿园的园本教研以及申请课题等形式的研究活动。骨干教师的教研活动不同于一般教师的教研活动，骨干教师研究的问题一般具有典型性以及普遍意义，是幼教实践急需解决的问题；骨干教师的研究过程更具科学性和严谨性；骨干教师的研究成果更有科学性以及很强的适用性。骨干教师的科研活动不仅有利于进一步增强骨干教师的教研能力，促进骨干教师的专业成长，而且其教研成果也可以运用到幼儿园的教育实践中，改善幼儿园的教育教学。因此，幼儿园既要提供骨干教师参加教研活动的机会，还要调动骨干教师参加教研活动的积极性和主动性。

专栏 6-4

身边的故事　　　　**欠发达地区幼儿园骨干教师跟岗学习活动**

骨干教师相比新手教师而言，在带班、与家长沟通、教育教学方面都已经相对成熟。但骨干教师自身的专业发展仍然存在诸多问题，如理论理解不深刻、发展达到高原区等。对一些欠发达地区的幼儿骨干教师来说，他们的培训更是尤为重要。因为培训不仅影响着他们自身的专业发展，而且对欠发达地区幼儿园的发展起着至关重要的作用。为了增强骨干教师培训的针对性和实效性，切实提升教师的专业能力和解决教师在教育实践中面临的问题，进一步促进各地幼儿教育均衡发展，提高欠发达地区幼儿园骨干教师队伍素质，2015 年 10 月 19—10 月 23 日，来自广东省欠发达地区的一些幼儿园骨干教师到市二幼进行跟岗实践学习。

首先，参训的骨干教师们每 3—4 人为一组，分别进入小二、中二、大二 3 个班进行跟岗实践学习，体验一日活动的流程与组织。其次，跟岗期间，教师参加了丰富多彩的培训活动。有教学活动的观摩，如中班美术活动《狮子》、大班音乐活动《两只老虎》、大班社会活动《遵守交通规则》等；有教学研讨活动，在观摩各种教学活动后，参训骨干教师与培训方教师一同探讨，相互切磋；有教学比赛活动，参训教师之间相互赛课等。

通过这些活动，欠发达地区的骨干教师收获颇丰。这些教师从示范园优秀教师身上获取了自身所缺乏的一些东西，如对幼儿教育新理念的理解，新颖的教学活动的开展，应该对发展高原期的方法等。

跟岗学习

座谈会

资料来源：茂名教育信息网．市二幼接待“2015 年广东省欠发达地区幼儿园骨干教师跟岗学习活动”（有删改）．http://www.mm111.net/2015/1026/273496.shtml．2015．

三、管理者培训与教育

管理者是指对组织负有贡献的责任，在组织中通过其职位和知识，直接监督和指导他人工作，因而能够实质性地影响该组织经营及经营成果的人，主要包括基层管理者、中层管理者和高层管理者三类。幼儿园的管理者是指在幼儿园中处于领导地位，运用其自身的科学理念、专业知识、专业能力以及人格魅力对幼儿园的人、事、物、财进行管理的人，其突出代表就是幼儿园的园长。

我国幼儿园实行园长负责制，园长是幼儿园行政工作的最高领导。幼儿园园长在幼儿园的管理中处于最高领导的地位，园长的素质直接影响着幼儿园管理水平的质量。因此，本文中幼儿园管理者的培训与教育突出强调幼儿园园长的培训与教育。

（一）园长培训的必要性

1. 幼儿园园长是幼儿园管理的核心人物

园长是幼儿园的领袖级人物，对于幼儿园的发展至关重要。幼儿园园长是幼儿园的最高行政负责人，是幼儿园的法人代表，也是幼儿园的主要管理者。幼儿园园长的办学理念、行为方式和风格直接关系到幼儿园的办学质量，对幼儿园的发展起着关键性和决定性的作用。一个优秀的幼儿园园长能够带动幼儿园员工形成团结一致、奋发向上、努力进取的精神状态，能够调动员工的工作积极性，能够有条不紊地处理幼儿园的各项事务，能够推动幼儿园的持续发展。因此我们要加强对幼儿园管理者的培训，发挥其领导性的作用，为幼儿园整体和长远发展打下坚实的基础。

2. 园长培训是提升园长素质、促进幼儿园有效管理的必然途径

当前我国幼儿园的园长素质高低不同，通过园长培训可以优化幼儿园园长的领导能力，更新其教育理念、丰富其专业知识、提升其专业能力等，从而使园长更能适应幼儿园的管理工作。园长培训可以有效提升园长素质，促进园长的专业成长，提高园长胜任感、自信心和幸福度。此外，园长培训还可以将最新的幼儿教育的理念、国家方针政策以及优秀的幼教实践等交给幼儿园园长，加深幼儿园园长对于国家政策、教育理念等的理解度，同时通过园长的影响力，有利于促进这些教育理念、方针政策以及优秀的幼教实践在幼儿园的传播与实践。最后，园长培训也是缩小各个幼儿园园长之间的水平差距，促进幼儿园之间的均衡发展，推动学前教育公平的有效措施。

3. 当前园长培训存在局限性需要我们重视园长培训

当前园长培训中存在的一些局限性具体表现为：其一，参训者主体地位被忽视，参与培训者学习积极性不高。参训者主体地位被忽视，严重影响了参训者的学习积极性，更无法让他们发挥参与课程培训活动的主动性和创新性，大大降低了培训的质量实效。其二，培训内容针对性不强，难以满足参训者需求。由于一些培训者对幼儿园的教学和管理的情况了解不多，所以培训内容常会重视理论轻实用、重全面轻重点、重基础轻操作，不利于园长经验学习和实践学习。其三，培训方式过于单一，缺乏交流和互动。当前园长培训基本上还是以集中上课、专家报告等大堂灌输、被动听课的形式为主，缺乏师生之间、师师之间、生生之间的交流与互动。当前幼儿园园长培训中存在的这些局限性需要更科学、更有效、更具针对性地加以优化。

（二）园长培训的策略

1. 培训形式多元化

培训者在安排培训时要注意以参训园长为中心，在培训教师的指导下组织园长开展自主学习、主动探究、集体研讨等多种形式的培训活动。如：（1）名著导读与自主研修。根据幼儿园教育教学和幼儿园管理研究现状，相关专家开列园长必读书目，向园长提出读书

建议，指导园长在规定的自主研修时间内自主完成读书任务，并在此基础上组织读书交流，借助园长培训这个平台实现园长之间彼此启发、共同成长的目标，促进园长系统掌握较为前沿的教育理念与管理理念。(2) 专题分析与沙龙研讨。培训者精选一些具有教育价值和管理价值的专题供园长们探讨。(3) 名园观摩与现场对话。培训者带领园长观摩一些优秀园与示范园，在具体形象的观摩以及与名园园长的直接交流中，提升园长的素质与能力。(4) 学术讲座与专业学习。通过专家学者的专题理论讲座，为园长提供时代性、前瞻性的理论，促进园长更新观念、引领园长的发展。

2. 划分园长培训的层次，满足培训者的不同需求

培训者要注意根据不同地区、不同年龄阶段、不同层次的园长需求安排多元化的培训内容。培训内容要充分体现时代性、新颖性，注意吸收新理论、新思想、新知识和新方法。培训课程设置要因地制宜，不强求统一，具体表现为：任职资格培训的对象是幼儿园园长或拟任园长，其目标是帮助园长树立正确、科学的办园思想，具有履行职责必备的思想政治素质、品德修养、知识结构和管理能力。在职培训的对象是在园长的岗位工作 3 年以上，具有一定实践和管理经验的园长，其目标是拓展园长的知识面，引导园长反思与总结其办园理念与管理实践，帮助园长解决在管理中遇到的新情况和新问题，提高园长的管理水平、管理技巧与管理效益。骨干园长培训的对象是在园长工作岗位上积累了较为丰富的管理经验，并具有一定的管理理论水平的园长，其目标是引导园长形成独特的管理风格，把一批骨干园长培养成具有先进的办园理念、娴熟的幼儿园管理技巧、一定创新精神与创新能力的幼儿园高级管理者，促进幼儿园教育改革的深化。专家型园长培训的对象是具有较高的理论修养和科研能力、已形成独特的管理风格，在当地起着引领示范作用的园长，其目标是通过导师制的培训方式，培养一批具有很高的现代管理水平和很强的教育科研能力的专家型园长，使他们成为学前教育领域的优秀带头人，积极推动地区学前教育事业的全面开展①。

3. 重视幼儿园园长领导性的培养

园长是幼儿园的领导核心，成为一个优秀的领导者是幼儿园园长发展的核心内容。因此园长领导性的培养是幼儿园园长培训的重要内容之一，也是区别于幼儿园其他员工培训的显著特点。幼儿园园长领导性的培养可以从以下几方面做起：(1) 引导园长在认清自己领导特性的基础上，将领导的技术逐渐上升为一项艺术。培养园长领导的勇气、谋略，以及能够在必要的时候统筹全局，发挥领导者的风范，采取一定的决断等方面的能力与素质。(2) 引导园长有效担负起幼儿园管理的义务与责任。园长不能一味以领导者的身份自居，卓越的幼儿园园长必然能主动承担其幼儿园的各项责任，能够运用各种权力性或非权

① 王小英，缴润凯. 基于《幼儿园园长专业标准》的园长培训课程的构建. 学前教育研究，2015 (4)：35-39.

力性的领导方式与手段做好幼儿园的各项管理工作，全心全意地为幼儿教育事业做贡献。（3）引导园长不断挑战传统，勇于开创幼儿园管理的新局面，培养园长的洞察力和敏锐的判断力，以及全局性思维和长远的眼光。

（三）园长培训的内容

根据教育部颁布的《幼儿园园长专业标准》，可从价值领导、教学领导和组织领导三个维度出发确定园长培训的六大内容①。

1. 价值领导

价值领导是园长开展各项工作的灵魂。它要求幼儿园园长具备使幼儿园的员工对幼儿园教育工作产生强烈的认同感与责任感，拥有共同的愿景和价值观的能力。价值领导包括规划幼儿园发展和营造育人文化两方面。规划幼儿园发展，是指园长应该坚持正确的办园方向，科学认识学前教育的价值与功能，准确把握国家相关的政策法规，在分析幼儿园的历史传统、发展机遇以及诊断幼儿园发展现状的基础上，凝聚多方智慧，合理制定幼儿园的发展规划，并采取有效保障与监测措施。因此，其培训内容定为我国当前学前教育政策法规解读、国内外学前教育改革现状与走向、国内外优质幼儿园办园经验的比较与分析等。营造育人文化指园长应重视幼儿园文化在价值引领、情感陶冶和行为规范等方面的教育功能，通过综合运用环境陶冶、思想宣传、制度规划、活动渗透等方式构建育人文化，营造精神家园。因此，这方面培训把内容定为幼儿园精神文化的建设、幼儿园物质文化的建设、幼儿园行为文化的建设、幼儿园文化建设的路径与策略等。

2. 教学领导

教学领导是园长工作的重心所在。园长首先应该是一名优秀的幼儿园教师，不仅对幼儿园保教工作有着深刻的理解，而且能够引领全体教师的专业成长。教学领导包括领导保育教育和引领教师成长两方面内容。领导保育教育是幼儿园园长的中心工作，园长应该坚持保教结合的基本原则，珍视游戏与生活的独特价值，熟悉环境创设、一日活动、游戏活动和教育活动与实施的知识及方法，科学指导实施遵循幼儿身心发展规律与幼儿教育规律的保教活动，积极推进幼儿园教科研活动的有效开展，不断深化幼儿园的教育改革，以促进幼儿身心健康和谐发展。所以，其培训内容可以是幼儿园课程资源开发与管理、幼儿园一日活动优化、有效教学的基本理念与策略等。引领教师成长是办好幼儿园的重要环节，是提高保教质量的关键。园长应重视立德树人，培养优良的师德师风。在此基础上，依据教师专业成长的基本规律以及不同水平教师专业发展的不同需求，采取不同方式与不同层次的辅助措施以及相应的激励机制，有效促进教师的专业化发展。学习型组织建设与学习共同体的建立是园长引领教师成长的重要平台。因此，其培训内容可以

① 王小英，缴润凯. 基于《幼儿园园长专业标准》的园长培训课程的构建. 学前教育研究，2015（4）：35-39.

是《幼儿园教师专业标准（试行）》解读、新入职教师的专业化成长、骨干教师的培育等。

3. 组织领导

组织领导是实施价值领导与教学领导的重要保障。为保障幼儿园发展规划的有效落实、保育教育活动以及各项事务的正常运转，园长不仅要做好内部组织管理，还要协调好外部关系。组织领导包括优化内部管理和调适外部环境两方面内容。优化内部管理，是指幼儿园是一个具有内在运行机制的组织系统，园长作为这个组织系统的管理者与第一责任人，应依法办园，实施民主管理与科学管理，建立健全幼儿园的各项规章制度，优化配置人力、物力、财力等多种资源，采取有力的措施激发与协调幼儿园内部各方面的力量，使全体人员能够齐心协力地做好各项工作，最大限度地发挥幼儿园组织系统的效能，不断提高管理水平。因此，其培训内容可以是幼儿园规章制度建设、幼儿园安全管理、园长领导力与执行力的提升等。调适外部环境，是指幼儿园不是一个孤立的存在，作为一个社会性组织，它是一个开放的系统，存在于一定的场域之中，幼儿园的发展与运作必将受到家庭、社区、上级主管部门等的影响，园长应积极与社会各个方面进行有效沟通，力争获得各方的理解、配合与支持。园长还应引领教师做好有效衔接工作，加强园际之间的交流与互助，充分挖掘、整合、利用园外各种教育资源，同时还要热心服务社区和家长。因此，有关这方面的培训内容可以是幼儿园公共关系的管理、幼小衔接的实践策略、国外幼儿园与社区合作的经验借鉴等。

（四）园长培训的方法

园长培训可以通过专题讲座、管理案例现场教研、主题沙龙、工作坊、影子培训、管理经验分享、管理叙事研究等多种形式与方法来实施①。

1. 专题讲座

专题讲座是指以提升参训园长的教育与管理理论水平、开阔其学术视野为主要目标，充分整合园内外的教学资源，主讲教师就某一专题，理论联系实际进行深入浅出的讲解，并根据需要与参训园长开展互动研讨与交流的一种培训方法。

2. 管理案列现场教研

管理案例现场教研是指以优质幼儿园为基地，为参训园长提供学习与研讨的鲜活管理实践案例，在案例中研讨学习的一种培训方法。管理案例现场教研包括三个环节：第一个环节是基地园长做微型讲座，主要介绍幼儿园的办园理念与管理特色等；第二个环节是考察基地幼儿园管理的基本状况；第三个环节是参训园长与基地园长之间的互动研讨与交流。

---

① 王小英，缴润凯．基于《幼儿园园长专业标准》的园长培训课程的构建．学前教育研究，2015（4）：35-39.

3. 主题沙龙

主题沙龙是指将学员分成若干个学习小组，围绕幼儿园教育与管理方面的热点与难点，以主题的形式展开讨论与交流的一种培训方式。一般每个小组负责组织一次主题。主题沙龙通过对专题的讨论，使园长之间有思想的碰撞、论点的交锋，从而既可以使园长们对一些问题有着更为深刻的理解，又可以收获分析问题和解决问题的不同视角。

4. 影子培训

影子培训也被称为体验培训、跟岗培训，指按照既定的研修目标和方案，参训园长和专家形成“如影随行”的近距离接触，在真实的幼儿园管理的场域中，细心观察专家园长的日常领导和管理行为，把“听、看、问、议、思、写”等自主学习行为整合为一体，以深刻感受和领悟专家园长以及基地办园思想、理念、制度、方法等的培训方法。

5. 管理叙事研究

管理叙事研究是指在进行一段时间的理论学习与实践研讨、经验交流之后，培训教师指导参训园长开展初步的管理叙事研究，以将感性经验提升到理性认识的高度，其目的是促进园长对自身管理工作的诊断与反思，以便更好地谋划未来的管理方略。

专栏 6-5

身边的故事　　北干幼儿园：接待区民办幼儿园园长培训班

10 月 20 日，北干幼儿园接待了进修学校的民办幼儿园的园长及教师的培训工作。本次培训采用了师徒结对制、学习分享制、项目负责制、教研督导制等多种手段，并通过教学活动现场观摩、教学活动研讨、案例分享、主题报告等多种形式，有序开展。培训活动主要包括上午和下午两场。

上午场的观摩活动有大班科学活动《贝贝的神秘小黑洞》、园长报告《打造童年的花样生活——园所特色活动的策划与实施》以及专题报告《相信种子，静待花开——教师团队建设的实践与思考》等。下午场的活动安排包括视频案例研修《静心看世界，慧眼查童真》、解读案例《幼儿行为的背后》、探讨拍摄幼儿自主游戏视频的位置与角度以及对所获取视频素材展开解读等。

从这次培训中，我们可以看出该培训内容丰富、形式多样。例如案例研修《静心看世界，慧眼查童真》借助了三个视频案例，以年段研修的方式，研究了幼儿的室内自主游戏。此外，《幼儿行为的背后》的案例解读，旨在帮助参训教师和园长了解怎么样将书中所学运用到实践当中，做到理论联系实际。以这本书为案例背景，教师们通过确定观察重点、制定观察计划、抓拍视频、分析研讨、观察解读等手段，利用分合式的教研活动形式，探讨拍摄幼儿自主游戏的价值，从而更好地指导幼儿游戏。

总之，园长培训的形式可以是多种多样的，最常见就是观摩、讲座、案例分享、读书交谈等。无论何种形式，培训的重点都在于让参培的园长和教师获得一些实际、有效的幼教经验，使得培训效果看得见、摸得着，有效地促进幼儿园的教育实践活动。

资料来源：萧山在线．北干幼儿园：接待区民办幼儿园园长培训班（有删改）．http://www.xsgou.com/news/wenhua/31563.html．2015.

第三节 幼儿园团队建设与员工激励

幼儿园团队建设与员工激励是优化幼儿园员工管理、激发员工的发展动力、提高幼儿园团队水平和质量的重要形式，是人力资源管理不可缺少的工作之一。只有通过幼儿园的团队建设，幼儿园才能建设高素质、高质量的师资团队，使团队充满活力、蓬勃发展。通过员工激励，调动员工的积极性，幼儿园员工才能一直保持积极向上、奋发进取的状态。

一、幼儿园团队建设的内容与方法

幼儿园管理是一个多层次、多因素的动态综合活动的过程。要全面实现幼儿园的保教目标和幼儿园的有效管理，必须有一些专门的团队来统筹管理幼儿园的人、物、财等。团队是一群具有不同技能、相互依存的成员的集合体。建设一支团结奋进的高素质幼儿园团队，是幼儿园的重要任务和使命。好的领导团队、好的保教团队一起合作、奋斗，才能实现幼儿园有效管理与运行。

（一）领导班子建设

1. 领导班子建设的内容

幼儿园的管理首先必须有一个结构合理、权威性的指挥系统来统筹管理幼儿园的诸要素，使幼儿园整体工作高效运转，产生最优管理效应。领导班子是幼儿园的管理中枢，是由幼儿园中具有一定决策权并对幼儿园的发展负责的幼儿园高层管理者组成的队伍，是决定和影响幼儿园发展的核心群体①。一般来说，幼儿园领导班子是由正园长、副园长、党支部书记、教研主任、后勤负责人等幼儿园主要负责人组成。领导班子的建设内容有很多，但主要突出为以下几点：

（1）建设合理结构的领导班子。幼儿园领导班子结构是指构成幼儿园领导集体的人员构成情况，包括数量、性别、年龄、学历、职称、能力、专业等。合理的领导班子的结构主要包括以下几方面：合理的人员数量构成，合理的人员性别以及年龄结构，合理的知识以及能力结构，合理的人格及个性结构。

---

① 张慧敏．幼儿园组织与管理．北京：人民邮电出版社，2014：122.

（2）建设团结协作的领导班子。团结就是力量。团结协作是一个领导班子的凝聚力和战斗力的象征，是一个领导班子良好整体形象的标志。对于幼儿园来说也是如此。只有领导班子团结协作，才能很好地发挥幼儿园各个领导的专业才能与专业优势，做到人尽其才、各得其所；才能鼓舞幼儿园其他教职工的精神，使整个幼儿园团队富有感召力与凝聚力；才能更加高效率、高质量地完成幼儿园的保教工作；才能更好地带领幼儿园的教职工开拓进取，为幼儿园的发展创造更加辉煌的未来。

（3）建设学习型、创新型的领导班子。一方面，随着终身教育、终身学习的理念深入人心，建设热爱学习、学会学习、终身学习的领导班子越发重要。幼儿园领导要将终生学习的理念贯穿到学习、工作、生活之中，让学习成为自己生活的一种常态。同时，幼儿园领导班子在自己学习的同时，也要发挥榜样作用，动员和号召全体教职工一起学习。另一方面，创新是一个国家兴旺发达的不竭动力，是一个民族永葆生命力的源泉，也是一个幼儿园不断向前发展的助推器。没有创新，一个幼儿园就像一潭死水，不会有进步与发展。因此，无论是对自己、对幼儿园乃至家国社会，创新都是必需和必要的。所以，幼儿园领导班子要不断加强学习与创新，在学习中创新、在创新中学习、不断提升领导班子整体素质。

2. 领导班子建设的方法

（1）严格选拔。幼儿园领导班子的选拔，是领导班子建设的第一步。做好这一工作，对幼儿园的发展、提高保教质量具有重要意义。通过科学、合理的选拔产生的领导班子，其结构必然是合理的，能够使领导班子团体的效应达到最大化。因此，首先，必须形成科学有效的领导班子的选拔制度。其次，必须了解每一个成员的年龄、个性、能力、专业等特点。最后，在选拔的过程中要保持公正、公开，严格把关，以防止不正之风。

（2）重视培养。随着我国学前教育的不断向前发展，对人才的要求也日益更新，这就需要领导班子成员必须接受教育和培训，不断与时俱进。此外，人无完人，金无足赤，这就需要领导班子不断通过参与各种培训活动、学习活动不断提高自身的素质。因此，首先，幼儿园以及上级主管部门要注意组织各类幼儿园领导班子的培训。比如，幼儿园通过组织领导班子参与园本培训、暑期园长培训班、各类型专家教育讲座等以提高团队的素质。其次，领导班子要注意自我学习、自我培养。最后，领导班子成员要注意理论联系实践，在幼教以及管理实践中学习，也在实践中提高。

（3）提高威信。威信是一种使人甘愿接受对方的影响的心理因素，是人们对那些有着强烈精神感召力的人所持的信赖和尊重的态度。威信不仅仅是园长的特权，而是所有的领导班子都必须具备的素质。它作为一种非权力性影响力，在不知不觉中进行着、具有潜移默化的效果。有威信的领导班子能使幼儿园教职工感到敬佩而信服，乐于接受其命令与意见。建立领导班子的威信，要做到以下几点：首先，领导班子要具有同心同德的意识。其次，领导班子成员要言行一致，言必行，行必果。最后，领导班子成员要作风正派，公平公正，言而有信，不因私废公。

（4）团结协作。幼儿园的有效管理离不开领导班子集体的力量。领导班子的团结协作是发挥幼儿园集体力量的必要条件。团结协作的幼儿园领导班子不仅能给幼儿园其他员工起到表率作用，而且也是幼儿园良好的团队精神文化与风貌的一种展现，更有利于促进幼儿园的有效管理，给幼儿园的永续发展创造条件。幼儿园领导班子的团结协作，必须做好以下几点：首先，主要领导人的团结是前提。只有“一把手”之间的相互协作与团结，才能为其他成员做好表率。其次，领导班子成员之间要相互包容、求同存异。再次，树立领导班子共同信仰以及价值追求。最后，建立和完善领导班子的分工制度。

（二）保教队伍建设

1. 保教队伍建设的内容

幼儿园保教队伍主要指幼儿园内的专职教师以及保育员。保教队伍的质量是决定一个幼儿园教育质量的关键因素。优质的保教队伍有利于幼儿园保教工作的顺利开展，有利于更好地实现幼儿园的管理目标，给幼儿带来优质的教育影响。根据《幼儿园教师专业标准（试行）》，现从专业理念与师德、专业知识、专业能力这几个角度来论述幼儿园保教队伍应具备的素质。

（1）专业理念与师德。《幼儿园教师专业标准（试行）》从“职业理解与认识”“对幼儿的态度与行为”“幼儿保育和教育的态度与行为”“个人修养与行为”四个角度来说明幼儿园教师应具备的专业理念与师德。“职业理解与认识”表现为幼儿园教师要热爱学前教育事业，具有职业理想，践行社会主义核心价值体系，履行教师职业道德规范，依法执教等。“对幼儿的态度与行为”表现为幼儿园教师要关爱、尊重、信任幼儿，重视生活对幼儿成长的价值等。“幼儿保育和教育的态度与行为”指幼儿园教师要注重保教结合，游戏、环境等对幼儿的影响等。“个人修养与行为”指教师要富有爱心、责任心、耐心和细心，要保持积极的情绪状态和行为状态。

（2）专业知识。《幼儿园教师专业标准（试行）》从“幼儿发展知识”“幼儿保育和教育知识”“通识性知识”几个角度来说明幼儿教师应具备的专业知识。具体表现为：“幼儿发展知识”表现为幼儿园教师要了解有关幼儿的相关法律法规、幼儿的身心发展的规律、特点以及对应的教育措施及方法等。“幼儿保育和教育知识”具体指幼儿园教师应熟悉幼儿园教育的目标、任务、内容、要求等；掌握幼儿园各领域教育的学科特点及基本知识；掌握幼儿园环境创设、一日生活安排、游戏与教育活动、保育及班级管理的方法等。“通识性知识”表现为幼儿园教师应具备一定的自然科学、社会科学、艺术、现代信息技术等方面的知识等。

（3）专业能力。《幼儿园教师专业标准（试行）》从“环境的创设与利用”“一日生活的组织与保育”“游戏活动的支持与引导”“教育活动的计划与实施”“激励与评价”“沟通与合作”“反思与发展”等来说明幼儿园教师应具备的专业能力。“环境的创设与利用”是指幼儿园教师要具备创设有助于幼儿学习成长的心理和物质环境。“一日生活的组织与保育”指幼儿园教师应具备合理安排和组织幼儿一日生活的能力。“游戏活动的支持与引导”是指幼儿园教师具备提供符合幼儿兴趣需要、年龄特点和发展目标的游戏，支持幼儿的游戏、引导幼儿在游戏中获得多方面发展的能力。“教育活动的计划与实施”是指幼儿园教师能够根据幼儿的特点与需要，通过灵活设计有趣的、综合性的教育活动促进幼儿的发展。“激励与评价”是指幼儿园教师要善于运用科学、合理的激励与评价的方式促进幼儿的发展。“沟通与合作”是指教师要善于与幼儿、同事、家长等不同群体进行沟通与合作。“反思与发展”是指幼儿园教师要养成不断反思的意识与精神，用反思促进自身的专业发展。

2. 保教队伍建设的方法

（1）合理的选拔与任用人才。科学、严格的选拔与任用教师队伍，是建设高质量的保教队伍的第一步。因此，可从以下几方面做起：首先，制定科学、合理的选用制度。人才选用制度的建立是选拔与任用人才的根本和依据。其次，公平、公正地选拔与任用人才。在聘用保教人员时，上层领导要组成评审小组，公平、公正地对待每一个应聘者。再者，了解保教队伍的个人特点与能力。了解教职工的长处与短处，才能有针对性地把他们安置到合适的岗位上去。最后，定期了解教职工的工作状态以及与工作的匹配度，对不合理的任用要及时调整。

（2）调动保教队伍的积极性。调动人和人的积极性是幼儿园管理的核心。激励保教队伍，调动保教队伍的积极性，能够极大激发他们的工作热情和参与管理的热情，能够有效促进他们自身的专业发展，能够更好地实现幼儿园的保教目标和管理目标。因此，首先，要了解保教人员的特点和需要。根据其特点与需要，管理者要满足他们合理的精神和物质的要求。其次，创设宽松自由的物质以及精神环境。舒适的工作环境以及积极的心理氛围，能够使保教人员感到轻松与舒适，从而调动他们的积极性。再次，要以人为本，爱护、尊重和信任保教人员。上级领导要爱护、尊重和信任人才。最后，让保教人员参与幼儿园的民主管理。参与管理，不仅可以增强他们的集体荣誉感，使他们更加明确幼儿园的管理运行，也有利于使他们意识到自己在集体中的价值与作用，贡献自己的聪明才智。

（3）注重对保教队伍的培训与教育。如果说选用优秀的人才组成幼儿园的保教队伍是基础，那么对保教队伍的培训与教育则是关键。对保教人员有计划的培训与教育，能有效促进他们的专业成长，保持保教队伍的与时俱进。具体可以通过以下途径对保教队伍进行建设。教研活动，是指保教人员通过对自己保教工作的科学研究，以提高问题解决能力。

观摩活动，是指保教人员通过观摩优秀的保教活动，从优秀教师那里汲取有益的经验，促进自己保教能力的提升。专题讲座，是指通过聘请专家学者给保教人员讲课，带给他们新的理念与保教方法。

专栏 6-6

身边的故事 **始终把团队建设放在核心地位**

质量效益是工作的目的和生命线，而质量又体现在师资队伍的素质上。园长必须把队伍建设始终放在核心地位。如何建设高质量的保教队伍呢？某幼儿园园长提出了“一放”、“二导”、“三把关”的三部曲。

一、放手

“放”即放权、放手之义，指幼儿园管理者要相信手下的教职工，委以职权。如年级组长要带领各班教师定期做好年级的教研工作、组织年级乃至全园的大活动、检查年级各班教师的备课计划，并做具体指导、评析；班级教师就要做好自己个人的教研任务、完成班级的保教活动，制定班级保教计划等；保教主任统管保教大方向；后勤主任注意后勤的诸多事物等。放权、放手、分层管理，不仅解放了园长的工作，也使得各级保教人员管理意识、责任意识进一步提高，业务能力不断提升。

二、导向

“导”就是导向、指导之义，指管理者要通过提高骨干教师能力，向全园辐射，促进整体保教水平提高。而培养骨干教师的途径有：

(1) 以骨干教师为基点的教研活动。由骨干教师组成的课题组先围绕中心课题学习研究，再将课题组的研究成果提炼到年级组，然后通过年纪组下达给每一个幼儿园教师，这样就能成功地使每个教师都能积极参与课题研究。

(2) 骨干教师园内业务学习与培训。这主要是骨干教师根据日常保教工作中反映出来的问题，以小组为单位，自定专题，自我学习。如“素质教育报告”“幼儿心理需求”、“个案制定的要点”“活动角的地位”等。

(3) 骨干教师的外出进修与培训。幼儿园管理者要积极为教师争取各种培训机会，如该园园长鼓励教师在暑假参加市幼专组织的“蒙台梭利教育思想和实践操作”的学习班，“创造教育”学习培训班等。

三、把关

“把关”就是把教育思想、保教质量关，进一步提高教师的思想业务水平。主要的方法就是管理者通过对保教人员保教工作进行点评的形式展开。在点评中，保教人员扬长补短、精益求精。一是针对个人的不足之处，大家积极参与，共同点评与提高。二是针对难点和共性问题，大家一起相互讨论。这就需要利用众人的智慧，教师之间互相启发、讨论、交流各自的经验，如几位青年教师分别根据本班幼儿年龄特点、幼儿心理需求和近阶段的教育目标，从不同角度提出了解决方法。

资料来源：傅坚敏. 始终把队伍建设放在核心地位（有删改）. http://www.yejs.com.cn/Yzzc/article/id/16278.htm. 2007-03-14.

二、幼儿园员工考核与激励

（一）幼儿园员工的考核

幼儿园员工的考核，又称考评，是指依据科学的标准，运用定性或定量的方法对幼儿园的所有教职工进行定期的与不定期的考查与评价。通过考核活动，可以初步了解不同幼儿园的优点及缺点以及本园的人力资源结构。根据考核结果，领导班子可以对幼儿园的员工进行优化组合，对员工有针对性地进行奖惩。通过考核活动，幼儿园员工可以有效提高或改善自己的工作能力。科学的考核机制对教职工的专业发展起着重要的推动作用。不同岗位的幼儿园员工的具体考核内容与考核方式应有所差别，但有基本考核的内容维度与方式是共同的，主要表现为以下几方面：

1. 幼儿园员工考核的内容

（1）思想素质。思想素质是幼儿园教师从事教育活动的基础条件和动力。幼儿园教师的思想素质主要指的是一种职业的理念与职业的道德，主要表现为：首先，贯彻党和国家教育方针政策，遵守教育法律法规。其次，热爱学前教育事业，具有职业理想、敬业精神以及良好的职业道德修养。再次，热爱、尊重、信任每一个幼儿，公平公正地对待每一个孩子，促进孩子们健康、快乐的成长。最后，具有团队合作精神，积极开展协作与交流。

（2）专业素质。专业素质是一个幼儿园教师考核的核心。专业素质，主要指幼儿园教师的专业知识以及专业能力。具体表现为：一方面，幼儿园教师必须具备幼儿教育教学的本体性知识，以及幼儿心理学、营养学等辅助性知识，以及科学文化等广泛的公共知识等；另一方面，幼儿园教师必须具备教育教学的能力、组织开展幼儿园一日生活的能力、环境创设的能力、班级管理的能力、引导幼儿游戏的能力、与家长合作的能力等。

（3）科研能力。教师科研能力的考核评价是衡量教师专业化的重要指标。教师科研能力的考核评价主要表现为以下几方面：首先，教师是否有发现问题、提出问题，并试图解决问题的科研意识。其次，教师是否开展一些具体的科研活动，如参加园本教研、积极参与课题研究等。最后，教师是否有一些科研成果，如科研报告、发表案例、学术论文等。

2. 幼儿园员工考核的原则

（1）考核主体多元化。《幼儿园教育指导纲要（试行）》指出："幼儿园教育工作评价实行以教师自评为主，园长以及有关管理人员、其他教师和家长等参与评价的制度。"因此，考核评价要以幼儿园员工，尤其是教师为主体，并邀请多方共同参与，实现评价的多元化。这不仅体现了尊重员工，调动了幼儿园员工的积极性，也有利于教师评价汲取多方智慧，使考核结果更加科学与合理。

（2）考核方法多样化。多样化的考核方法可以使考核结果更加科学合理。另外不同的考核内容，考核方法的选择也不同。因此，考核方法要依据考核的内容和要求，灵活选择与运用。如教师自评、同行互评、家长评价等。

（3）考核过程公平公正。只有公平公正的考核，其考核的结果才能使员工信服，才能达到考核促进员工发展的效果。反之，不公正、不合理的考核反而会给幼儿园以及幼儿园员工带来负面影响。因此，考核人员要做到公平、公正地对待每一个考核对象。这就需要形成合理的幼儿园员工的考核制度以及合理挑选考核人员。

（4）考核结果定性与定量相结合。定量评价更注重一些可测量的结果，但却容易忽视一些不可测量的情境性因素，如和谐的心理氛围、教师的情绪情感等。定性评价则更注重一些过程性、情境性的因素的考察。因此，在幼儿园员工考核时，考评者要将定性与定量的评价相结合，将可测量的因素和不可测量的因素都考虑在内，合理考察。

3．幼儿园员工考核的方法

借鉴教师考核的方式，按照考核者的不同，将幼儿园员工的考核分为：员工自评、管理者评价、同行互评。

（1）员工自评。员工自评是指幼儿园自我评价的方法，即幼儿园教职工运用自身的教育知识和素养，对自己的教学与工作情况进行评价解释。这种评价方式有利于教职工了解自己教育教学的优势与不足，有针对性地提高。此外，这种方式还有利于养成幼儿园员工的反思意识，促进员工的自我学习与自我成长。

（2）管理者评价。管理者评价是指幼儿园管理者对幼儿园员工及其工作情况进行的一种考察。这一种是幼儿园最常见的考核方法，主要有员工素质的考核、员工工作绩效的考核等。这种考核方式一般依据一定的考核制度，比较合理与科学，但可能存在忽视员工主体地位的问题。

（3）同行互评。同行互评是指岗位相同的幼儿园员工之间进行的评价。如教师之间的互评，就是幼儿园教师之间的相互考察。由于考核评价者和被考核评价者都是同一岗位、同一行业的人员。因此，该方法可以从岗位的角度出发，通过同行之间的观摩、比较、交流，发现自己以及同行的优点与不足，从而达到取长补短的目的。

专栏 6-7

拓展阅读

某幼儿园幼儿教师日常考核内容

（一）行政考核日常工作考核

1．来园：面带笑容，热情接待家长与幼儿，主动用礼貌用语，讲普通话，与家长做好交接工作。

2. 晨检：做好晨检工作，每周晨检活动不少于3种；逐个观察、询问幼儿及其家长并做好记录，发现异常及时处理。

3. 早操：早操前检查幼儿衣服、鞋带；上操时幼儿能够精神饱满，动作规范，全身心投入；幼儿积极参加早操，兴趣高，动作基本规范。

4. 户外游戏：做好游戏前的准备工作，检查幼儿仪表，准备游戏材料；教师积极投入，幼儿积极参与，幼儿有良好的常规，游戏内容新颖，符合本班年龄特点；游戏后指导帮助幼儿收拾材料。

5. 值日教师：课间值好日；做好晨接和离园工作。

6. 计划：每周周计划和每日日计划按时上墙，如有调整在备注栏标明。

7. 午睡：指导幼儿正确的穿衣与脱衣，巡视午觉情况，及时为幼儿盖被子。

8. 上厕：做好幼儿有序上厕，指导幼儿不拥挤，不推闹，便后流水洗手。

9. 吃饭：指导幼儿正确吃饭，做到不浪费；饭前组织幼儿肥皂洗手，饭后组织幼儿擦嘴。

（二）教学常规考核

1. 认真备课，做好课后反思记录；活动安排动静结合，做到各个环节都有事可做。

2. 教学具准备充分，课堂气氛活跃，做到师幼互动，具有一定的组织调控能力。

3. 教学充分利用家长/社区/自然等资源，将活动开展丰富多样，体现幼儿的能动性。

4. 环境创设以幼儿参与为主，体现幼儿的参与性/积极性，能够根据本班幼儿的兴趣预设和生成教学活动。

5. 根据主题变换区角内容，游戏材料的投放具有一定的培养目的。

思考：

1. 该考核内容对幼儿园教师的考核是否合理？

2. 该考核内容是否体现了国家相关法规的要求？

3. 该考核内容是否有需要修改的地方？

资料来源：傅坚敏．始终把队伍建设放在核心地位（有删改）．http://www.yejs.com.cn/Yzzc/article/id/16278.htm.2007-03-14.

（二）幼儿园员工的激励

幼儿园员工积极性的充分调动有利于最大限度地发挥每一个员工的潜能，有利于幼儿园管理系统处于最佳运行状态，高效地实现幼儿园的教育目标和管理目标。因此，幼儿园管理者要善于运用激励机制最大限度地发挥广大教职工的积极性。具体可以从以下几点做起：

1. 了解并满足员工的合理需要

需要是产生动机的基础。幼儿园管理者只有在了解并满足员工需要的基础上，才有可能激发幼儿园员工的工作动机，并调动其积极性。人的需要是多层次的，如生理的需要、安全的需要、尊重的需要、归属与爱的需要以及自我实现的需要。与此同时，不同的年龄、学历、生活背景等的人，其需要也各不相同。因此，幼儿园管理者应了解教职工的个体需要，满足合理需要。如幼儿园管理者要了解员工的经济和物质状况，满足他们提高经济待遇、改善生活条件的需要。幼儿园管理者还要注意满足幼儿园员工文化学习、自我提高的需要等。此外，幼儿园管理者要尊重、信任、支持幼儿园员工的工作，满足他们尊重的需要。

2. 完善考评激励机制，恰当采用奖惩

幼儿园员工的发展与幼儿园考评机制的建立密切相关。考评激励越来越成为幼儿园采用的一种重要的激励方式。一个完善的考评激励机制，能有效地挖掘员工的潜能，极大地调动其积极性。考评激励主要是通过考评幼儿园员工的工作表现，对幼儿园员工进行合理的奖励与惩罚。因此，一方面，幼儿园要制定出一套科学合理的考评激励机制。另一方面，幼儿园管理者要根据考评的结果智慧地使用奖励与惩罚措施。幼儿园管理者既要做到赞美表扬的及时与求实，也要做到惩罚批评的及时、适度、公平与令人信服。

专栏 6-8

拓展阅读

批评也要讲艺术

一次全园大会上，园长表扬一些幼儿园老师在教师节时候，主动加班留园工作，自愿让其他老师参加欢度教师节活动的这种奉献精神。然后，园长又批评某老师说："A 老师在加班时候，一开口就问我加班有没有钱，这让我怎么说你好呢？我们做老师的应该讲点奉献精神，即使有想法也要在合适的场合、选择合适的方式提出，哪能当着小朋友的面就乱讲呢？"

大会结束后，这位挨批评的老师就情绪消沉，工作消极。后来，他就一直躲着园长，不愿再找园长讲话，就连正常的同事关系也难以维系。过了一段时间，园长终于忍不住了。她找这位老师谈心，这位老师说："真没想到您当着那么多人的面，把我的一句玩笑话捅了出来，我还能跟您说些什么呢？太尴尬了。"

思考：每一个人都有自尊心。案例中，之所以这个老师和这个园长的关系变得那么尴尬，就是因为园长当着众人的面批评了这个教师。就像园长说的："即使有想法，也要在合适的场合，选择合适的地方，不能当着小朋友的面乱讲话。"同样的道理，若是园长想指正老师的问题，也应先私下和这个老师进行沟通，而不应该当着所有老师的面点名道姓地批评。这不仅容易造成二者之间的隔阂，也让其他教师对领导产生畏惧心理，不敢在领导面前说出自己的真心话。

资料来源：张燕，刑利娅. 幼儿园管理案例与评析. 北京：北京师范大学出版社，2002：163.

3. 让员工参与幼儿园的管理，倾听员工的意见与建议

幼儿园管理者要鼓励幼儿园员工通过各种方式和渠道参与幼儿园的管理，要善于倾听与接纳员工的意见与建议。这既有利于幼儿园员工在参与管理的过程中，体验到更多的被重视和被尊重的感觉，增强其“主人翁”意识，调动其工作的内在动力和积极性。同时，通过倾听与采纳幼儿园员工的合理建议与意见，有助于为决策提供更多的有益建议，对于正确决策和推动员工对决策的理解有着重要的现实意义。因此，幼儿园管理者要创造条件，调动员工参与幼儿园管理的积极性，如通过园长开放日、教职工代表大会、各种工作小组和全体教职工大会等形式，鼓励保教人员为幼儿园的管理和发展贡献自己的力量。

4. 为员工营造和谐、宽松的环境氛围

在人的发展中，环境对人的影响往往具有渗透性和持久性的特点，它默默地影响着人的性格、爱好、情趣等。和谐、宽松的环境对幼儿园员工具有潜移默化的激励作用。因此，首先，创造适宜、自主的工作环境。只有在自由、开放、适宜的工作环境中，幼儿园教师的工作热情和工作自主性才能得到最大限度的调动。其次，创设良好的组织氛围。幼儿园良好的组织氛围包括幼儿园的教育理念、园风以及团队意识等。这些软环境更能体现一个幼儿园的精神风貌，更能从心灵深处影响幼儿园的员工。最后，营造良好的心理氛围。充满人文关怀、感觉如家般舒适、轻松与温暖的幼儿园能够最大限度地调动员工的积极性。因为员工都热爱这个“家”，都会竭尽全力去建设好这个“家”。因此，幼儿园管理者要做到对员工工作中支持、学习中帮助、生活上关怀，善于与幼儿园员工进行沟通，解决他们工作、学习以及生活中的困惑。

做一做

以本市某幼儿园为例，调查该幼儿园新教师的入职培训现状。

想一想

1. 是否理解以下内容呢？

（1）幼儿园员工的选聘与任用的条件与职责。

（2）幼儿园新教师、骨干教师和管理者的培训与教育的意义。

（3）幼儿园员工的考核与激励的内容、原则与方法。

2. 是否掌握以下内容呢？

（1）幼儿园员工选聘与任用的原则。

（2）幼儿园新教师、骨干教师和管理者的培训与教育的内容。

（3）幼儿园员工考核与激励的原则和方法。

3. 是否能综合运用以下内容呢？

（1）幼儿园新教师、骨干教师和管理者的培训与教育的策略。

（2）幼儿园新教师、骨干教师和管理者的培训与教育的方法。

（3）幼儿园团队建设的内容与方法。

试一试

在学习本章内容的基础上，结合其他相关资料，尝试制定一个针对新教师的培训方案。

第七章

幼儿园公共关系管理

本章导航

幼儿园公共关系管理的含义与对象

幼儿园公共关系管理的作用与原则

幼儿园家长工作的意义、任务与方法

幼儿园社区工作的意义、任务与方法

幼儿园与上级主管部门和媒体的公共关系

任何社会组织都不是单独存在于社会的，在它身边总存在着这样或那样的公共关系。社会组织的这些公共关系直接影响着社会组织的生存和发展，幼儿园也不例外。幼儿园良好公共关系的管理与创建，有利于改善幼儿园的办园条件；有利于创设良好的育人环境，促进幼儿的全面发展；有利于塑造幼儿园的良好形象，提高幼儿园的竞争力。幼儿园不仅是幼儿保育和教育的场所，也是维系千万家庭的纽带、促进社会发展的重要环节。这就决定了幼儿园要与其相关的社会公众，尤其是幼儿的家长、幼儿园附近的社区、上级主管部门以及公共媒体等建立广泛的联系，构建彼此良好的关系。

本章将着重探讨幼儿园公共关系管理的对象、作用、原则，以及幼儿园的家长工作、社区工作，还有幼儿园与上级主管部门和公共媒体的关系，帮助读者了解幼儿园公共关系管理的基本概况。

第一节　幼儿园公共关系管理概述

无论是人还是集体组织，都是处于一定社会关系之中，与周围的社会关系开展交往、相互作用，从而取得各自的发展。那么公共关系到底是什么？幼儿园公共关系又是什么？幼儿园的公共关系在幼儿园的发展中到底扮演着什么样的角色、处于什么样的地位呢？

一、幼儿园公共关系的含义

（一）公共关系

“公共关系”一词源自英文的 Public Relations。Public 意为“公共的”“公开的”“公众的”，Relations 即“关系”之义，两词合起来用中文表述便是“公共关系”，有时候又称“公众关系、机构传讯”，简称 PR 或公关。不同的学者对于公共关系的理解不同，但我们可以从公共关系的基本特征来把握这一概念。

公共关系作为社会关系的一种，有其独有的特征①②：

（1）以公众为对象。公共关系是社会组织同相关公众关系之间的组合。这里的“相关公众”是指那些对该组织的生存与发展具有一定的影响力与制约关系的对象。公共关系包括组织与其内部公众的各种关系和组织与其外部公众的各种关系。

（2）以美誉为目标。拥有良好的声誉，塑造形象是公共关系的核心问题。良好的组织形象是社会组织立足社会的重要一步。

（3）以互惠为原则。公共关系是一种获利行为，它的基本原则是强调平等相待、互利互惠。社会组织要生存和发展必须得到公众的支持，而前提是必须让公众得到利益。因此，公共关系强调公众利益第一，因为公众感觉获利，是组织获利的一个基本点。

（4）以长远为方针。良好公共关系的形成不是一蹴而就的，需要常年经营。它的树立过程具有长期性，同时一旦树立，就不会轻易改变。

（5）以真诚为信条。对于一个人来说，人无信不立，对于社会组织来说，诚信是社会组织的社会名片和无形资产。在市场经济条件下，公众对真诚的期望越来越迫切。唯有真诚才能长久赢得公众的合作与社会的美誉。

（6）以沟通为手段。公共关系的活动形式是双向的，其主要手段是沟通，主要用各种传播媒介来实现。借助于各种传播媒介，社会组织可以与其相关的公众进行沟通和双向互动。在沟通中，幼儿园可以塑造形象，提升美誉，促成合作，实现目标，积累无形资产。

由此，我们可以认为：公共关系是社会组织借助双向传播、沟通的手段，促进社会组织与公众之间的相互了解、信任和合作，以达到树立良好组织形象、实现共同发展的一种长期的经营管理行为和过程。

---

① 张慧敏. 幼儿园组织与管理. 北京：人民邮电出版社，2014：84.

② 谢秀丽. 幼儿园工作管理. 广州：广东高等教育出版社，2000：233.

（二）幼儿园公共关系

幼儿园作为一种社会组织，也有其社会公共关系。幼儿园公共关系是指幼儿园借助有效的沟通和传播手段，谋求幼儿园与其相关的内外部公众的理解、信任、合作，以达到塑造幼儿园良好形象和实现幼儿园保教目标的管理活动。这一定义包含以下四层含义：

第一，从主客体关系来看，幼儿园是主体，社会公众是客体。幼儿园公共关系是主客体之间相互作用的结果。

第二，从实施手段来看，沟通是幼儿园与社会公众建立公共关系的主要手段。沟通的形式包括口头交流、文件传递、活动举办、资源共享等多种形式。

第三，从目的来看，从主体的角度来说，幼儿园公共关系旨在优化幼儿园发展的外部社会环境，赢取社会公众支持的最大化。从客体角度来说，幼儿园公共关系有利于为社会公众提供幼儿园的便利条件。

第四，从职能来看，幼儿园公共关系是幼儿园管理者有目的、有计划的管理活动，具有管理职能。

二、幼儿园公共关系的对象

从幼儿园公共关系的定义我们可以知道，幼儿园的公共关系对象指向的是幼儿园公共关系的客体，即与幼儿园相关的内外部公众。幼儿园的社会公众是指与幼儿园有着直接和间接联系的，并具有影响作用的个人、群体以及组织，主要包括内部公众和外部公众。

（一）内部公众

幼儿园内部公众，主要指幼儿园内部人员，他们是与幼儿园关系最密切和核心的公众，包括幼儿、教职员工、主办者等。

1. 幼儿

幼儿是指在幼儿园中接受正规幼儿园教育的所有儿童。幼儿是幼儿园教育活动的主体，是幼儿园数量最大的公众。幼儿园与幼儿的公共关系是幼儿园最基本的公共关系。幼儿与外界有着非常广泛的联系，幼儿园与幼儿的公关关系可以对家长和社区的公共关系产生极大的影响，对于幼儿园的发展具有重要意义。

2. 教职员工

幼儿园教职员工是指在幼儿园中为实现幼儿园教育目的，从事保育、教育、管理、后勤、科研等的所有正式工作人员，包括教师、保育员、后勤人员、管理人员、科研人员等。教职员工在实施幼儿园教育活动、实现幼儿园保教目标中发挥着主导作用，是幼儿成长的引导者和促进者，是幼儿园保教工作开展的最基本条件。他们在幼儿园公共关系中具有双重身份，既是幼儿园对内公共关系的客体，又是幼儿园对外关系的主体。

3. 主办者

幼儿园的主办者是幼儿园的投资方，他们可以是企业、事业单位，也可以是个人。他们是幼儿园办园经费的直接来源，也是幼儿园发展规划和重大决策的制定者。他们对于幼儿园的建立和发展有着直接的影响。

（二）外部公众

幼儿园外部公众，主要指幼儿园以外与幼儿园密切相关的个人、群体和组织，如幼儿家长、社区、主管部门、公共媒体、同行等。

1. 幼儿家长

幼儿家长是指幼儿的监护人，如幼儿的父母、养父母、祖父母或其他监护人。他们既是幼儿园的服务对象也是幼儿园教育的合作者，是幼儿园的首要外部公众。他们是幼儿园工作的支持者、评价者和宣传者，他们是最直接、最敏感、最有影响力的外部公众。家长对于幼儿园工作的理解与支持直接影响幼儿园的教育效果和外在形象。

2. 社区

社区是指共同区域范围生活的人群。社区及其公众是幼儿园公共关系的重要客体。社区中的人力、物力、财力以及自然资源等，对于延伸幼儿园教育、弥补家庭教育的不足具有重要意义。

3. 主管部门

幼儿园主管部门是对幼儿园工作起着指导、监督和检查作用的上级教育行政部门和其他政府部门。幼儿园部门是幼儿园最权威的外部公众。幼儿园只有与上级主管部门建立良好的公共关系，才能为幼儿园的发展争取到有力的政策、经济和法律方面的支持。

4. 公共媒体

21 世纪是信息化的时代，公共媒体在这个时代扮演不可替代的重要角色。这里的公共媒体主要指新闻传媒和网络。公共媒体的出现对于幼儿园的发展起着双刃剑的作用：一方面，幼儿园可以借助公共媒体进行宣传，与社会大众进行沟通与交流，塑造自己的良好形象；另一方面，公共媒体对幼儿园的不实报道，或者幼儿园对于公共媒体的滥用都可能对幼儿园造成致命打击。

5. 同行

幼儿园同行是指与幼儿园经常发生直接或间接联系的同一行业或行业相似的个人和组织。他们既是幼儿园的竞争者，也是幼儿园的合作者。

三、幼儿园公共关系的作用

幼儿园公共关系是以互惠互利为原则的，因此，良好的幼儿园公共关系的建立必然是公共关系的主客体双方都得到相应的发展。

（一）对幼儿园发展的积极作用

1. 有利于幼儿园顺应时代发展，与时俱进

自20世纪90年代我国教育体制改革以来，优胜劣汰的市场原则影响着幼儿园的生存与发展。市场经济要求社会组织不能困在自己的小圈子里面，要走到社会公众中去，推广自己，营销自己，赢得社会各方面的支持，为自己的发展找到物质支持、人力支持和资源支持。此外，公共关系管理学认为现代化的组织系统是一个开放性的系统，它的生存与发展需要以和周围环境建立广泛的横向联系为基础①。因此，这一切都要求幼儿园必须顺应时代发展的要求，加强自身与社会公众之间的沟通和联系，建立良好的公共关系，谋求内外部社会公众的理解、信任与支持，以达到保障和促进幼儿园自身的发展、实现幼儿园教育目标、塑造幼儿园良好形象的目的。

2. 有利于改善办园条件，提高办园水平和质量

幼儿园与其内外部相关的社会公众建立良好的社会公共关系，有利于赢得相应的物质支持、财力支持、人力支持以及自然资源支持等。这些支持能极大改善幼儿园的办园条件，提高幼儿园的办园水平。幼儿园与家长良好的公共关系，有利于取得家长们的人力资源支持，如当教师开展认识交通标志的教育活动时，可以请职业是警察的家长来帮忙，这有利于幼儿更加直观地感受这节课。幼儿园与社区良好的公共关系，有利于为幼儿园取得各种便利的社区资源，如社区图书馆、社区医院等。幼儿园与上级管理部门的良好公共关系的建立，有利于为幼儿园赢得各种物质支持，如上级管理部门对幼儿园图书的赠送、运动器材的赠予，以及组织幼儿园教师的培训与观摩等。

3. 有利于幼儿园教育目的的实现，促进幼儿的全面发展

幼儿园与社会公众建立良好的公共关系不仅仅是幼儿园自身发展的需要，更是实现幼儿园保教目标、促进幼儿全面发展的需要。现代幼儿教育要求促进幼儿身体、认知、社会性等多方面全面和谐发展。因此，单单靠幼儿园是难以达成这一要求的，它有赖于社会各界的支持，尤其是家长、社区和上级主管部门。良好幼儿教育的实施，需要幼儿园与家长、社区、上级主管部门等加强密切的沟通和交流，让家长、社区理解、认识幼儿园的教育，更好地形成教育合力、取得最佳教育效果。幼儿园良好公共关系的形成将为幼儿园实施优质的幼儿教育、达到幼儿园教育目的、促进幼儿全面和谐的发展提供便利。

4. 有利于塑造幼儿园的良好形象，提升幼儿园的竞争力

良好形象是社会组织的社会名片，是社会组织的无形资产，幼儿园也不例外。良好的幼儿园形象的塑造对于幼儿园的长远发展、提升幼儿园综合竞争力至关重要。幼儿园良好公共关系的目标之一就是要塑造幼儿园的良好形象，获得社会美誉，提升幼儿园的竞争

① 史爱芬，田玉娟，冯谦，董丽娟．论城乡结合部幼儿园公共关系管理．教育教学论坛，2013（7）：258-260.

力。通过公共关系，幼儿园可以塑造其良好的公共形象，提高本园的知名度，增强公众对幼儿园的信心，获得公众对幼儿园教育的信任、配合与支持。幼儿园还可以通过较好的生源间接提升幼儿园的竞争力。

（二）对社会公众的积极作用

1. 有利于提升社会公众对于幼儿教育的理解、信任与支持

幼儿园可以通过多种形式，在与社会公众的沟通和交流中建立良好的公共关系。在这一过程中，幼儿园也与社会公众加深了彼此之间的理解、信任与合作，赢得了社会公众的支持。如，幼儿园通过家园联系手册的形式，让家长了解幼儿在幼儿园的一日生活与今日所学，知道该从什么方面配合幼儿园的日常活动；幼儿园通过组织孩子调查“垃圾宝宝去哪儿了”的社会实践活动，引发社会公众对于环保问题的思考，加深社会公众对幼儿园教育内容的理解，从而使社会公众更好地配合幼儿园的工作；此外，幼儿园通过与上级主管部门良好的沟通，也可以获得上级主管部门相应的物质和人力方面的支持。

2. 有利于向社会公众提供幼儿教育的科学和专业的服务

幼儿园之所以能与社会大众建立良好的公共关系，赢得社会大众的理解、信任和尊重，是因为幼儿园为社会提供着它们的专业服务。有的幼儿园通过家长学校的形式向家长传播了科学的育儿理念和育儿知识，帮助家长解决育儿难题，提升家长的育儿效果，促进幼儿的健康成长。有的幼儿园通过开放幼儿园的图书馆或开放幼儿园的户外运动器材给社区的孩子，满足社区家长和幼儿的需要。有的幼儿园还组织幼儿参与一些有益的社会公益实践活动，一方面可以养成幼儿关心社会问题、参与社会实践的意识，提高幼儿的社会实践能力，促进幼儿社会性的发展；另一方面，也能为社会提供一些力所能及的帮助。

3. 有利于在全社会范围内形成重视幼儿教育的氛围和风气

近些年，社会各界对于幼儿教育愈发重视，但与一些发达国家相比，我国仍然没有形成全社会都足够关注幼儿教育的社会风气。造成这一现象的原因有很多，其中重要一点就是幼儿园缺乏与社会的沟通与互动。随着社会主义市场经济的推进，越来越多的幼儿园打破自身的地域限制，走向社会，与社会公众进行沟通与交流，让社会公众逐渐认识、了解了幼儿教育作为国民教育的基础和终生教育的奠基阶段，对于一个国家乃至一个社会的发展具有重要的意义。随着幼儿园各种公关活动的开展，幼儿园良好公共关系的建立，也让全社会逐渐形成了重视幼儿教育、支持幼儿教育的风气，为幼儿园的发展、幼儿教育的普及创造了良好的社会氛围和外部环境。

四、幼儿园公共关系管理的原则

幼儿园公共关系管理的原则是幼儿园有效开展公关工作、构建良好社会公共关系所必须遵循的基本准则，主要有以下几种：

（一）互惠互利原则

公共关系中，公共关系双方都是相互联系、相互依存的。社会组织要生存和发展必须得到公众的支持，而前提必须让公众得到利益，公共关系强调公众利益第一。因此，幼儿园要树立公共利益第一和为社会服务的观念，并积极履行社会职责，为社会公众提供有效的服务，同时也充分利用社会支持为自身的发展创造条件。在实施公关活动中，幼儿园要注意平衡彼此的利益，依据双方利益的共同点，开展平等互利和真诚的合作。

（二）信誉至上原则

信誉是指社会组织在公众心目中的信用与声誉。人无信不立，对于社会组织也是如此。幼儿园公共关系中，必须以诚信为先，有了诚信，才能有后来的声誉。因此，幼儿园要坚持信誉至上的原则，一方面要做好日常本职工作，另一方面要通过与社会公众真诚的交往建立起互相信任的关系。幼儿园要注意不能欺骗公众、言而无信，要认真对待公众的批评意见，甚至敢于说出自身的不足，并积极改正，以获得社会公众的敬服与信任。

（三）全员参与原则

幼儿园公关工作不是园长或少数管理层的事情，而是幼儿园全体员工的事情，他们的每一个举动、每一句话，都是公关工作的内容。因此，幼儿园要注意激发和引导全体员工的主人翁意识，激发他们的向心力、凝聚力，形成集体的荣誉感，高效完成本职工作。同时，每个人都要树立公关意识，自觉以自己的言行努力建设和维护好幼儿园的良好形象。

专栏 7－1

身边的故事　　**孩子入园事件背后的启发**

一名家长为孩子联系入园的事，带着 3 岁的男孩到一所幼儿园实地考察。在园长的陪同下，他们进入了小班，看到幼儿园的孩子们正在开心地游戏，小男孩也不由自主地参与其中。正当园长和老师向家长介绍幼儿园的环境、设施时，这名小男孩突然大哭起来。保育员连忙上前，看到男孩脚下一片湿地，知道原来是孩子尿尿了。保育员马上抱起小男孩，先帮他清洗干净，然后找来一套干净的园服帮他换上。于是，男孩又高高兴兴地和小朋友一起玩去了。保育员再将尿湿的裤子洗干净，交给家长。虽然简简单单的几个动作，却让这名幼儿的家长深受感动，牢牢地记在了心里。这位家长随后就给男孩在这所幼儿园办理了入园手续。

启发：从案例中可知，当时该名幼儿还未办理这个幼儿园的入园手续。但保育员却平等地对待这名幼儿。在这名幼儿尿裤子时，保育员没有责骂、嘲笑，而是立刻安慰这个孩子，并且将孩子抱起洗净，给他换上干净的园服。这使得家长也十分感动，因为她自己的孩子并未正式入园，就受到了保育员一视同仁的悉心照料。于是，这在无形之中，就让家长相信这所幼儿园的保教人员是有素质、爱孩子的，能够放心地让孩子入园学习。由此可见，幼儿园良好社会形象的建立不仅仅是园长一个人的工作，它更需要每一个教职工的全面参与。

资料来源：罗长国，胡玉智．幼儿园管理（有删改）．北京：高等教育出版社，2011：227.

（四）双向沟通原则

双向沟通是指公共关系的主客体双方借助一定的沟通媒介，彼此之间平等交流，从而加深彼此的了解与信任的过程。幼儿园的公关工作是以双向沟通为基础的，幼儿园必须通过多种方式加强幼儿园与内外部公众之间的交流与联系。如：对于外部公众，幼儿园可以主动开展幼儿园开放日，以加强幼儿园与家庭、社区之间的联系；幼儿园可以通过公共媒体来宣传自己，让外部公众了解幼儿园。对于内部公众，幼儿园中的教师与幼儿、园长与教师、其他工作人员等要建立良好的沟通机制，从而使幼儿园成员之间相互理解、支持。

（五）持之以恒原则

良好的公共关系的形成是一个长期的过程，需要公关主体持之以恒的努力。幼儿园公关工作不是少数几个人的事，不是停留在口头的宣传，也不是一蹴而就的事情，它需要每一位成员日复一日长期的努力。幼儿园的公关工作说到底就是一个与不同的人、组织、机构持之以恒地打交道的过程。这就需要幼儿园永远不骄不躁、心平气和、持之以恒地做好这件事。

第二节　幼儿园公共关系管理的内容

在幼儿园的公共关系中，外部公共关系尤为重要。幼儿园的外部公共关系主要包括幼儿家长、社区、上级主管部门以及公共传媒等。幼儿家长是幼儿园的首要外部公众；社区为幼儿园提供了生存和运转的基本环境，他们与幼儿园交往息息相关；上级主管部门以及大众传媒与幼儿园利益相关，对幼儿园的发展影响巨大。注重家庭教育、强调教育机构与家庭、社区的互动关系，以提高教育影响的一致性、有效性已经成为当今世界幼儿教育的发展趋势。此外，我国《幼儿园工作规程》和《幼儿园教育指导纲要（试行）》中也多次强调幼儿园应与家庭、社区密切合作，紧密联系。因此，本节以论述幼儿园的家长工作和社区工作为重点，同时也说明幼儿园如何处理与其他公共关系，尤其是幼儿园上级主管部门和公共传媒的关系。

一、幼儿园家长工作

（一）幼儿园家长工作的意义

幼儿园家长工作是指幼儿教师或幼儿园主动地以多种形式与幼儿家长进行沟通与交

流，为家长提供育儿支援，从而使家园双方相互配合，共同促进幼儿健康、和谐、全面成长的活动总和。

《幼儿园工作规程》指出，幼儿园应主动与幼儿家庭沟通合作，为家长提供科学育儿宣传指导，帮助家长创设良好的家庭教育环境，共同担负教育幼儿的任务。此外，《幼儿园教育指导纲要（试行）》指出："家庭是幼儿园最重要的合作伙伴。应本着尊重、平等、合作的原则，争取家长的理解、支持和主动参与，并积极支持、帮助家长提高教育能力。"

家长既是幼儿园的服务对象也是幼儿园教育的合作者，是幼儿园的首要外部公众。幼儿园与家长的公共关系是幼儿园公共关系的一个重要方面，是幼儿园管理工作的有机组成部分。家长工作对于实现幼儿园教育目标十分重要。幼儿园家长工作的意义具体表现为以下几方面：

1. 有利于家园共育，形成教育合力，高效实现幼儿教育目标

通过积极的家长工作，幼儿园可以让家长对幼儿园教育有一个具体和科学的理解，使幼儿园与家长在教育理念、内容、原则、方法等方面达成一致的见解，双方日常教育活动中配合一致，形成教育合力，从而高效地实现幼儿园教育目标，促进幼儿的全面、和谐发展。反之，如果家长工作被忽视，幼儿家长对幼儿园的教育理念、内容、方法等不理解，对日常的保教工作不支持，甚至有负面情绪和敌对的思想，那么幼儿园日常教育活动将很难开展，预期的教育效果也很难达到。

2. 有利于指导和帮助家长，提高家庭教育水平

家长是儿童的第一任老师，家庭是儿童的终身教育场所。家庭教育对人的影响是潜移默化和深远持久的。然而家长毕竟不是专业的教育工作者，很多家长往往依据自己的感觉和经验教育幼儿，在教育观念与教养方式上存在着种种误区和偏差。通过家长工作，家长可以在与幼儿园教育工作者的沟通中获得科学的育儿理念，树立起正确的教育观和教养观，掌握科学的教养方式，提高科学育儿的自觉性，发挥家庭教育的优势，提高家庭教育的水平。

3. 有利于开发家长资源，调动家长参与幼儿园教育和管理的积极性

一方面，家长是幼儿园的服务对象。作为服务对象的幼儿家长，他们的关心、支持、监督与评价，是使幼儿园走向社会、获得广泛支持、扩大教育和服务功能，以及树立良好园所形象，从而扩大影响力的重要途径。另一方面，家长是幼儿教育的合作者。他们并不仅仅是被动的服务对象，也是幼儿园的合作者，幼儿园的家长工作能够调动家长参与幼儿园管理活动的积极性和主动性，充分利用各种家长资源，为幼儿园的发展创造良好的条件。

4. 有利于塑造幼儿园的良好形象，提升幼儿园美誉

幼儿家长是最了解幼儿园的外部公众。通过家长工作，幼儿园可以让家长更加深刻地

理解幼儿园的办园特色、办园理念，更加配合与支持幼儿园的教育活动，更加深刻地感受自己孩子在幼儿园教育中取得的进步和发展。这些都有助于家长向社会进行积极主动的宣传，帮助幼儿园树立良好的社会形象，提高幼儿园的社会声誉。在家长与社会其他公众的互动和交流中，可以进一步扩大幼儿园的影响力，提升幼儿园美誉。

（二）幼儿园家长工作的任务

1. 加强家园联系，实现家园共育，形成教育合力

幼儿园与家长的联系与沟通是做好幼儿园家长工作的前提和基础。家园联系不仅有利于幼儿园，尤其是教师，及时了解幼儿的家庭环境与家长的教养方式等，便于幼儿园及其教师为家长提供有针对性的引导和帮助，也便于家长及时了解幼儿的在园情况，了解幼儿园的教育需求等。家园配合，能够使幼儿在园获得的学习经验更好地在家庭中得到延续、巩固和发展；同时，使幼儿在家庭获得的经验能够在幼儿园的学习活动中得到应用。因此，幼儿园要和家长加强联系，相互理解、相互信赖、共同配合，实现家园共育，保证教育的一致性，取得最佳教育效果。

2. 指导家庭教育，提高家庭教育质量

幼儿园做好对幼儿家长的家庭教育指导工作，是幼儿园对幼儿实施全面和谐教育的重要保证。幼儿园作为正规教育机构，幼儿教师以及幼儿园中其他教育工作者作为专职的教育人员，要主动承担起宣传、引导和帮助家长的责任。幼儿园要积极主动指导家庭教育，根据家长对幼儿的教育理念、教育内容、教育方法等，有针对性地向家长传递正确的育儿理念和指导家长掌握行之有效的育儿方式。其具体表现在：帮助家长树立正确的儿童观、教育观；指导家长认识家庭教育的重要性；向家长宣传家庭教育的科学内容；养成家长科学的育儿方法。如孩子报名时向幼儿发放“家长须知”，一方面有利于家长配合幼儿园工作，另一方面也指导家长开学应从哪些方面让孩子做好准备。

3. 了解家长需求，为家长提供有效服务

幼儿园作为正规的教育机构，兼具教育性和公益性。坚持服务社会、互利互惠，是幼儿园公共关系的原则之一。了解家长的需求，为家长提供有效服务是幼儿园家长公关的任务，也是幼儿园的教育任务之一。因此，幼儿园要增强服务意识，以质量求生存，以服务求发展。幼儿园要主动了解家长的需求、愿望和要求，面临的困难和问题，并结合自身条件，尽力发掘内部潜力，为家长提供服务，较好地发挥幼儿园的社会职能。如，适当延长幼儿园的服务时间以满足家长的需要；开展家庭教育讲座，开展咨询活动等。

4. 争取家长配合与支持，通过家长加强与社会联系

家长是与幼儿园关系最密切的外部公众，也是最了解幼儿园的外部公众。同时，家长来自各行各业，是幼儿园重要的社会资源。因此，一方面幼儿园要调动家长参与幼儿园工作的积极性，争取家长对幼儿园工作的理解、配合并积极参与、协助幼儿园的管理。另一

方面，幼儿园要通过家长工作，有效组织和利用社会资源，争取并动员社会各方对幼儿园的支持，帮助解决幼儿园面临的问题和困难，改善幼儿园的办园条件，使幼儿园在社会各界的支持中不断发展，如运用家长资源开展日常的教育活动；家长为幼儿园的发展建言献策等。

专栏 7－2

身边的故事

幼儿园家长工作的原则

一、经常性原则

经常性原则是指幼儿园的家长工作要具有长期性，并非临时抱佛脚。只有长期坚持做好家长工作，教师才能与家长建立良好的关系，做好家园合作工作。因此，教师在平时可以通过接送孩子时与家长小谈，也可通过电话、微信等形式，与家长保持稳定的沟通。

二、全面性原则

全面性原则是指幼儿园的家长工作应面向全体家长，为全体幼儿服务，促进幼儿的全面发展。因此，保教人员应主动、真诚地与每一位家长进行合作，一视同仁地对待每一个幼儿。部分幼儿家长会因为保教人员对自己的态度来猜测保教人员对其孩子的态度。因此，如果保教人员对家长有的过热，有的过冷，则会引起家长的一些不当猜想，对保教人员的师德产生怀疑，也难以真正建立与保教人员的友好关系。

三、差异性原则

差异性原则是指在做家长工作时，幼儿园的保教人员应注意幼儿及幼儿家长的个体差异性。因此，每一个人都具有自己的独特需要和心理特征，如有的家长理性，有的家长感性；有的家长乐观，有的家长悲观等。这就需要保教人员在与各种家长打交道的时候，注意家长的需要和特性，将自己的想法更好地告知家长，从而赢得家长的尊重。

四、互尊互利原则

互尊互利原则是指保教人员同幼儿家长要相互尊重、相互包容、相互学习、共同成长。保教人员和家长是伙伴，是合作者，而非上级和下级的关系。现实生活中，有的保教人员过于害怕家长的权威，而不敢提出自己的见解；有的保教人员又目空一切，自视甚高。这些都不利于良好家园关系的建立。保教人员和家长是合作者，二者要达成孩子利益最大化的共识，坚持教育的一致性。

资料来源：夏如波，吉兆麟，谢春姣．学前教育学（有删改）．南京：南京大学出版社，2013：203-205.

（三）幼儿园家长工作的方法

幼儿园家长工作的方法多种多样。按照时间阶段划分有：日常性家长工作，如面谈、家长须知等；阶段性家长工作，如家长会、家长开放日等。按照范围划分有：以班级为单位的家长工作，如每日交流、家园联系栏等；以全园为单位的家长工作，如家长会、家长委员会。按照家长的参与人数划分有：个别联系，如谈话、电话联系等；集体联系，如家长会、亲子活动等。按照工作方式划分有：口头沟通，如谈话、家访等；书面沟通，如成长手册、家长问卷等；活动参与，如亲子活动、节日活动等；会议沟通，如班级家长会、全园家长会等。参照以上，本书从个别联系与集体联系两个角度介绍幼儿园家长工作的具体方法。

1. 个别联系

个别联系是指幼儿园或教师或其他保教人员与一个或少数几个家长有针对性地进行单独交流与沟通的方式。主要有日常交谈、电话联系、家园联系手册、家访、网络平台互动等。

（1）日常交谈。

教师可以利用幼儿入园和离园的时间与幼儿家长进行交流与沟通，告知家长幼儿在幼儿园的今日所学、一日表现，及时与家长交换意见，并且根据孩子的特点提供具体的、针对性的发展建议。但幼儿教师与家长交流时要注意技巧，尤其是谈论有关幼儿的一些不太好的表现时。

专栏 7-3

身边的故事

应该怎么说

本班的旋旋小朋友到现在还不能独立穿好衣服，于是我决定和他的家长聊一聊。第二天早晨入园时，我看见了旋旋的妈妈，就说道："旋旋妈妈，您好！您家陆旋在生活自理方面不太强，衣服到现在还不能自己穿好，现在天气就要转凉了，为了宝宝的健康着想，这几天是否能在家教一教？"没等我话说完，旋旋的妈妈脸色一变，打断道："难道到这里来的孩子都会穿衣服？不会穿就要老师慢慢教，不然送幼儿园干吗？"她又说："现在的孩子大多是独生子女，在家当然是大人帮他们脱。不会穿衣服有什么奇怪的！"接下来又讲出许多很难听的话。

当时我听了这些话感到很生气，同时也感到委屈。说老实话，我也是好心提醒她，也是为了让孩子更聪明、更能干。可这个家长怎么这么不讲道理啊！事后，我冷静下来想一想，是否是我说话的态度不好。可我回想了一下，我说话的态度也没有什么不好的。那么究竟是哪里出了问题呢？带着困惑，在下午备课时，我请教了大余老师。大余老师听后分析道："我们对家长提出配合的要求，可以从各个角度去提，如从体谅大人，让孩子做些力所能及的事，这样大人就可以省些力，孩子多做做也会变得聪明等。这样家长可能就容易接受。也可以先说些孩子进步的地方，再提些希望，这样家长也容易接受。如果一针见血提出批评的话，家长就不容易接受了。"

启发：语言是很有艺术性的，作为一位教师更要善于掌握语言的艺术。同样一句话，有艺术地讲和没艺术地讲收到的效果是不同的。语言的艺术就在于你要站在他人的角度考虑问题，想想别人对于什么样的话比较认可。如同大余老师说的，从做这件事可以让家长省心、可以让孩子变聪明的角度出发，配之以委婉的语言，家长也许更愿意接受。

资料来源：周剑. 开始我的幼教生涯（有删改）. http://www.yojochina.com/jiaoshi/jiaoxue/2009081115557.html. 2007.

（2）电话联系。

教师或园方不方便家访也无法与家长面对面交谈时，电话将是一个有利的帮手。对于现在忙碌、快节奏的生活来说，电话家访更加方便简洁。

（3）家园联系手册。

家园联系手册是教师与家长进行沟通的一种常见书面表达方式。通过家园联系手册，教师可以与家长定期或随时进行联系，互通信息，交换意见，分享对幼儿情况的看法，探讨个别教育的计划与措施。

（4）家访。

家访是指幼儿教师进入家中，与幼儿的家长进行沟通的一种方式。家访的目的在于了解幼儿的特点和家庭的需要，有针对性地开展教育工作。与此同时，教师介绍幼儿在幼儿园的成绩、进步与存在的问题，针对幼儿的具体表现，与家长共同商讨教育幼儿的措施，实现家园共育，更高效地达成教育目标。

专栏 7-4

小贴士

有“备”而访

一、“备”目的

教师在每次家访前都要问自己这样一些问题：此次家访要干什么？解决什么问题？学期初，可能是了解幼儿家庭成员情况、家庭教育状况、孩子在家中的表现等；学期中，可能是反映孩子近段时间在园的表现等。

二、“备”家长

每个家长学历不同、个性脾气不同、职业不同、学识阅历不同、育儿观念不同，对教师的家访也会存在不同的态度。所以家访前，教师应对家长的各方面情况有所了解，尽量做到信息全面，才能掌握家访的主动权。教师要注意哪些话该说，哪些话不该说，不能不看对象就信口开河。

三、“备”孩子

家访前，教师必须对孩子的在园表现、学习习惯、兴趣爱好、同伴交往、个性、优缺点等全面掌握，以便家访时信手拈来，提高家访的实效性。

四、“备”时间

家访时间的选择和控制，关系到家访的质量和有效性。在时间的选择上，切不可盲目家访，做“不速之客”，教师要尽可能考虑家长的职业、家庭情况，提前预约时间。家访的时间宜控制在半小时到一小时之间，以不妨碍家长工作、学习和生活为前提。提前预约是家访前不容忽视的环节，除了约定时间之外，教师还可以就此次家访的重点内容与家长简单提及，让家长有充分的准备和思考时间，以待家访时再深入探讨。

五、“备”谈话内容

1. 家访的内容应多样：教师在学期中需要时都可以安排家访，比如需要了解孩子的家庭教育情况、孩子取得进步、发现孩子有问题、孩子之间发生争执、孩子在园发生了安全事故、孩子有家庭困难等等。

2. 谈话的内容有中心：家访谈话不是随意交谈，教师不能海阔天空想说什么就说什么，否则就起不到家访的真正作用了。教师要在有限的时间内精心组织谈话内容，务必突出重点，分清主次，掌握好先说什么，再谈什么，不随意更改话题内容。

3. 把握好谈话的主动权：从家访的主动性来看，教师是家访的发起者，又是预先准备的一方，在家访的谈话中，教师自然占了主动地位。在谈话中，家长往往只是接收教师发出的信息，承诺配合教师协同教育孩子，在家访中处于被动地位。认识到这一点，教师在家访中，应尽可能巧妙地控制整个谈话内容和现场的谈话气氛，要表现出对家长的尊重，要和家长交流话题，谈双方共同感兴趣的一些教育话题，使用好谈话的主动权。

4. 注意谈话的鼓励性、互动性和真实性：家访时，教师要注意，家访不是“告状”，“告状”式家访不但不能建立合作关系，反而容易对教师、家长和孩子之间的关系产生负面影响，产生破坏性后果。在家访时应以鼓励、表扬为主，宜多发现孩子的长处、闪光点，多鼓励，少埋怨，用发展的眼光看待每一个孩子。同时，教师要注意谈话内容的互动性，教师不可“一言堂”，“一言堂”式的家访只能让家长被动地接受和参与，使谈话内容消极地互动，收不到理想的家访效果。同时，谈话内容不能夸大其词、华而不实，要言之有物、朴实真切。

资料来源：幼师家访应有“备”而访（有删改）. http://www.yejs.com.cn/Yjll/article/id/31968.htm. 2010-08-30.

（5）网络平台互动。

信息化的到来，使家园互动的形式更加丰富多彩。幼儿园或教师与家长可以通过QQ、微信、微博、电子邮件、班级网站等进行及时交流与沟通。

2. 集体联系

集体联系是指幼儿园或教师或其他保教人员与多个家长进行集体的交流与讨论的方式，主要有家长会、家园联系栏、家长开放日、家长学校、家长委员会等。

（1）家长会。

家长会一般在学期初、学期末或是依据需要和计划召开。如开学的家长会，一般是讲解本学期的教育目标和教育计划以及家园合作的要点，回答家长普遍关心的问题。

（2）家园联系栏。

家园联系栏一般布置在幼儿园或班级门口比较明显的位置，用来介绍幼儿园的教学计划、家教知识、幼儿作品等。

（3）家长开放日。

家长开放日是指幼儿园定期或不定期对家长开放，家长可以观摩或参与幼儿园的教育活动，如六一、新年之际的联欢活动，举办春季亲子运动会，园庆活动等。

（4）家长学校。

家长学校是指由幼儿园组织的，有目的、有计划地对家长进行幼儿教育方面培训的制度。家长学校的主要目的在于使家长获得科学的育儿知识，树立科学的教育观，运用正确的教育方式与方法，以提高育儿能力。

（5）家长委员会。

家长委员会是幼儿园民主管理的基本形式。《幼儿园工作规程》指出："家长委员会的主要任务是：对幼儿园重要决策和事关幼儿切身利益的事项提出意见和建议；发挥家长的专业和资源优势，支持幼儿园保育教育工作；帮助家长了解幼儿园工作计划和要求，协助幼儿园开展家庭教育指导和交流。"

二、幼儿园社区工作

随着终身教育理念的提出，人们认识到教育或学习不仅仅发生在学校、教育机构等正式教育场所，而且也可以发生在非正式教育场所，如家庭，社会等。同时，随着社会的发展和教育改革的深入，幼儿教育社会化、社区化，幼儿教育与社会、社区紧密结合，学前社区教育正在成为历史的必然，这也是世界学前教育的发展趋势。此外，我国《幼儿园工作规程》指出："幼儿园应加强同社区的联系与合作，面向社区宣传科学育儿知识，支持社区开展有益的文化教育活动，争取社区支持和参与幼儿园建设。"

（一）幼儿园社区工作的意义

社区包括一定的地域、一定的生活服务设施、一定的行为规范和社会生活方式，以及地方乡土观念等最基本的元素。社区及其公众是幼儿园公关关系的重要课题。幼儿园的社区工作对一个幼儿园及其所在社区的发展至关重要。幼儿园社区工作的意义具体表现在以下几方面：

1. 有利于幼儿园充分利用社区资源

社区资源包括人力资源、环境资源、文化资源等。社区里来自各种职业背景的人可以为幼儿园的发展贡献自己的力量，如社区医生可以被请到幼儿园中普及卫生保健知识；社区良好的自然环境与人文环境给幼儿的身心发展提供了良好的外部条件，如幼儿可以在社区图书馆中看书，可以在社区操场上嬉戏；社区丰富多彩的文化资源不仅可以熏陶幼儿身心，而且其中具有乡土特色的资源还可以被幼儿园利用，直接运用到教育活动中。

2. 有利于营造良好的幼儿教育环境

幼儿的成长是多种因素综合作用的结果，其中环境扮演着很重要的角色。对于幼儿来说：家庭、幼儿园与社区的环境尤为重要，当这三者形成一致和一贯的教育合力时，便能最有效地促进幼儿的成长。幼儿园社区工作能够使幼儿园、家长、社区有机结合，为幼儿教育营造良好的教育环境，发挥教育整体优化功能，提高教育质量。

3. 有利于使幼儿教育更好地立足当地实际，因地制宜，形成特色

幼儿园通过对社区乡土资源的运用，一方面能够对幼儿进行当地特色文化的教育，继承和传播当地的乡土文化，如少数民族幼儿园小朋友学唱本地和本民族的童谣等。另一方面也能将这一资源加以转化，形成幼儿园的特色课程。如某幼儿园利用当地的老街文化，创造了自己的园本课程。幼儿园园本课程的一个重要来源就是本地或本幼儿园的特色。挖掘和发挥本地文化特色作为幼儿园课程的要素，可以使园本课程大放异彩。

4. 有利于发挥幼儿园的社会服务功能，促进社区的发展

幼儿园社区工作可以发挥幼儿园的社会服务功能，发挥教育对当地社会和社区发展促进的作用。幼儿园作为社区中的重要教育机构，可以通过社区的公关关系发挥其服务作用，将正确的教育理念传播到社区中，帮助社区整合资源，解决当前存在的问题，提供多样化、个性化的服务，切实推动社区幼儿教育的发展①。如幼儿园开展重阳节探望老人活动、六一感恩汇报演出等。

（二）幼儿园社区工作的任务

我国《幼儿园工作规程》指出："幼儿园应加强与社区的联系与合作，面向社区宣传科学育儿知识，开展灵活多样的公益性早期教育服务，争取社区对幼儿园的多方面支持。"《幼儿园教育指导纲要（试行）》指出："充分利用自然环境和社区的教育资源，扩展幼儿生活和学习的空间。幼儿园同时应为社区的早期教育提供服务。"从中我们可以发现幼儿园社区工作的任务是：幼儿园通过主动加强与社区的联系，充分挖掘和利用社区资源，同时积极为社区服务，宣传幼儿教育知识，开展文化教育活动等，实现幼儿园与社区相互促进、共同发展。具体表现为：

1. 主动加强与社区的联系与交流

幼儿园应积极主动地通过多种方式加强与社区的联系、交流与合作。幼儿园主动加

① 刑利娅. 幼儿园管理. 北京：高等教育出版社，2010：220-221.

强与社区的联系不仅是幼儿园体现其公益性、服务社会的表现，更是幼儿园获取外部支持的重要来源。如：幼儿园可以建立与社区的定期联系制度；幼儿园课程通过丰富多彩的活动服务社区、参与到社区生活中；此外，幼儿园也可以主动寻求社区的资源与帮助。

专栏7-5

身边的故事　　南阳实验幼儿园开展社区散居儿童亲子活动

2012年3月9日上午，南阳实验幼儿园党员教师发起并组织的社区散居儿童亲子活动正在幼儿园热烈举行，14位小客人和他们的家长参与了此次活动。

亲子活动伴着“和快乐在一起”的音乐声拉开序幕，宝宝和家长们在南阳实幼党员教师的带领下，跟随着音乐舞动了起来。随后的亲子游戏“小蚂蚁搬豆”、“送彩球宝宝回家”及音乐游戏“拔萝卜”得到了大家的一致喜爱，将活动氛围推向了高潮。游戏不仅增进了亲子间的情感交流，也锻炼了幼儿走、跑、爬行的能力以及小肌肉的灵活性。此外，活动中颇有新意地穿插了小班哥哥姐姐的精彩演出，如歌舞表演《鲁冰花》、儿歌朗诵《想妈妈》、歌唱表演《我的好妈妈》等。

这一活动自然地将幼儿园、家长以及社区共同联合了起来，它不仅加强了社区人员和家长对幼儿园的认同，树立了该幼儿园的良好形象，同时也很好地发挥了幼儿园教育的辐射作用。

资料来源：李祎超，陆玮芳．南阳实验幼儿园开展社区散居儿童亲子活动．http://www.age06.com/Age06.Web/DetailForQX.aspx? InfoGuid=e488a6da-f02e-4fd8-bda5-d4c3d080734d.2012-03-11.

2．充分挖掘和利用社区资源

社区中含有各种丰富多样的资源，如人力资源、物力资源、环境资源、文化资源以及其他多种资源等。幼儿园要注意挖掘并充分利用这些资源，努力办好幼儿园，提高教育质量，为社会提供更好的服务。

专栏7-6

拓展阅读　　《利用社区资源开展幼儿园科学活动探究》课题实施计划

一、研究缘起

《幼儿园教育指导纲要（试行）》指出：“充分利用自然环境和社区的教育资源，扩展幼儿生活和学习的空间。”伟大的幼儿教育家陶行知先生也主张生活即教育。他提出：“以社会为学校，奉自然为宗师。”陈鹤琴也提出：“大自然、大社会都是活教材”。他认为，学前儿童是在周围的环境中学习的，应该以大自然、大社会为中心组织课程内容。可见大自然永远是我们取之不尽、用之不竭的学习对象、方式和场所。我园地处农村，自然资源更为丰富，具有开展科学活动得天独厚的条件，如山川溪流、各种瓜果蔬菜、气候的阴晴变化等。因此，我园尝试《利用社区资源开展幼儿园科学活动探究》课题研究活动。

二、研究的目的

《利用社区资源开展幼儿园科学活动探究》的课题研究活动的目标有三点：首先，对于幼儿而言，此次研究可以让幼儿在探究中加深对家乡的认识和了解，激发幼儿对家乡的热爱之情。其次，对于教师而言，此次研究不仅旨在提高教师的科研能力，更在于让教师树立新的教育资源观，提高教师社区资源合理利用方面的理论水平和指导能力。最后，对于幼儿园而言，本研究旨在促进我园科学教育活动生活化，创设出具有本园特色的科学区、自然角，打造本园的特色品牌。

三、研究内容

本课题的研究内容主要包括以下几方面：第一，进行社区资源调查，挖掘适合幼儿探索的自然资源和社会资源，如附近有灵源山和五里工业区等得天独厚的地理环境和自然资源。第二，探讨如何利用社区资源，丰富幼儿园科学活动的课程内容，培养幼儿科学素质。在寻找到合适的探究资源之后，教研成员要开始集思广益，将零散的课程资源转化为一个个生动的主题活动，服务于幼儿的全面发展。第三，探讨如何利用社区资源，创设出具有本土特色的科学区、自然角，形成园本课程。构建园本课程是本次课题的终极目标，也是本次研究的重要内容。如何将实践经验再一次提炼，变成适合于本园的课程，是课题组成员必须攻克的难题。

四、研究的计划

第一阶段（2011/4—2011/6）课题核心成员讨论课题研究的方案，查阅相关文献，制定研究计划。

第二阶段（2011/9—2012/6）全面按照课题研究方案开展研究；对课题研究做阶段性的评价，不断调整研究的方法与措施。

第三阶段（2012/7）收集整理汇编第一期研究材料。

第四阶段（2012/9—2013/9）汇编课题组研究文集，撰写论文，书写结题报告，交流研究成果。

五、预期研究成果

本研究的预期研究结果有：首先，幼儿园创设出具有本土特色的科学区、自然角，幼儿园的环境布置焕然一新。其次，幼儿积极参与活动之中，养成好问、好奇、乐于探究的精神，并对家乡的了解进一步加深，养成较强的家乡情感。再次，本园教师教科研，以及活动指导方面的能力进一步提升。最后，初步构建出特色园本课程，形成若干文本成果。

思考：依据案例，想一想，幼儿园应怎样挖掘周围的自然和社区资源？如何将这些资源融入幼儿园的教育教学活动之中呢？

资料来源：何秀凤．利用社区资源开展幼儿园科学活动探究（有删改）．http://www.lyjyb.org/news/?2672.html．2012-12-24．

3．发挥社会服务的功能，积极提供幼儿园资源为社会服务

幼儿园作为社会系统的组成部分，既依赖社会和社区的支持，也承担着服务社会，尤其是社区的职责。因此，首先，幼儿园要努力完成幼儿园的双重任务。在为幼儿服务、实施素质教育的同时，也要满足社区需要，为社会和社区服务。其次，幼儿园要尽可能实现幼儿园教育资源的社区共享。幼儿园在挖掘和利用社区资源的同时，也要充分利用本园教育资源、环境资源以及物质资源服务社区，实现资源共享。再次，幼儿园要发挥其教育宣传作用，宣传正确的教育理念，教会家长正确的育儿方式。最后，幼儿园要发挥自身的文明辐射作用，提高社区的教育和文明水平。

专栏 7-7

身边的故事　　**幼儿园“社区儿童固定服务日”**

0～3 岁早期教育一直都是学前教育领域不可或缺的重要部分。当前，我国幼儿园的服务对象主要还是 3～6 岁的儿童。而我国学前教育专业师范生教育是突出对 0～6 岁儿童教师的培养。当这些师范生毕业以后进入幼儿园，他们 0～3 岁的教育指导能力有可能就被削弱。所以如何扩展幼儿园的服务范围？如何更好地使幼儿教育惠及大众？如何更好地发挥学前教育师资的价值呢？这些问题一直都是当前幼教界关心的话题。

很多的幼教工作者提出了不同的解决方法。当前，面向社会的 0～3 岁儿童定时或不定时的社区服务活动是比较常见的方法。这一方法不仅可以有效发挥幼儿园对 0～3 岁儿童的教育辐射作用，同时也能加强幼儿园与社会的联系，更能很好地锻炼和增强本园教师的保教能力。

2015 年 9 月 15 日下午，某幼儿园开始了“社区儿童固定服务日”的活动。此次服务日的主题是绿色早教进社区，某幼儿园的老师们面向社区 0～3 岁散居婴幼儿家庭开放了亲子活动免费体验。

活动中，幼儿园教师真诚地招待着每一位宝宝和家长，为每一位家长解答疑惑。这一亲子活动主要由丰富多彩的游戏组成：有培养宝宝音乐节奏感和增加亲子互动的音乐游戏《小小毛巾》《找朋友》，有训练宝宝手眼协调能力和手部精细动作的亲子制作《快乐飞盘》《朋友树》，还有充满趣味和亲情的《快乐亲子操》。教师不仅用亲切的语言指导家长如何与孩子互动，还分别对不同年龄段的家长进行相关的指导，教他们在家里用什么替代物来完成这个活动等。

通过这一活动，家长们对0～3岁的早期教育有了更加直观的认识，获得了更多专业而丰富的婴幼儿教育和健康指导经验。这样的活动也让社区居民享受了身边多元化的早教服务，加深了对学前教育的了解和认可。同时，这一活动也为该幼儿园赢得了很高的社会认可度。

资料来源：中国教育在线浙江站．党员固定服务日（有删改）．http://www.eol.cn/zhejiang/zhejiang_news/201509/t20150915_1316190.shtml．2015-09-15.

（三）幼儿园社区工作的方法

幼儿园社区工作的方法多种多样，本书主要介绍以下几种。

1．设立社区合作管理机制

幼儿园可以以社区为依托，建立社区合作管理机制，请社区委员会、家长担任监督管理人员，协助幼儿园开展工作，更好地处理幼儿园与社区交流及沟通的事务。

专栏7-8

拓展阅读　　**城区幼儿园与社区合作制度**

随着幼儿园规模的不断扩大，大部分幼儿园都有很多的分园。在同一个城区中，若想做好各个分园与总园的联系与沟通工作，离不开社会的支持。某幼儿园有东、西、南、北、中五个分园，分别坐落于老城区的各个方位。为赢得社会的支持，更好地管理分园，加强幼儿园与社区的交流，幼儿园建立了一套幼儿园与社区的合作制度。主要内容包括：

（1）人员安排：聘请街道主任担任社区工作委会会长。

（2）定时沟通制度：平时要与街道、社区加强联系，及时沟通相关信息。

（3）活动参与制度：学期初，邀请社区各相关单位领导共同商讨学期工作；学期中，面向社会，积极组织形式多样的活动，如面向散居儿童的指导活动、六一汇报演出等。学期末，向社区工作委员会汇报幼儿园的学期工作。

（4）进社区制度：幼儿园要安排好走进社区的老师，协助社区调查了解本社区内新出生和入园幼儿的情况。

（5）服务社区制度：在幼儿园教育资源开放范围内，向社区幼儿、家长开放。其中，具体开放项目、开放时间以及开放区域，视幼儿园和社区的实际需求，协商确定。

（6）会议协商制度：定期开会，也可根据工作需要召开临时会议，对各种问题给予答复；等等。

思考：从以上制度你发现了什么？你还能列举一些相关的制度吗？

资料来源：城区幼儿园．与社区合作制度（有删改）．http://www.szwz.gov.cn/szwzweb/zwgkinfo/showinfo.aspx?categoryNum=010002001004&infoid=a0c11e9b-4286-4d7a-a178-203a8c786198．2013.

2．幼儿园资源免费开放

幼儿园的房舍、设备、场地、师资等可以免费对社区开放，为社区散居儿童以及家长提供一定的教育条件。此外，双休日开放幼儿园部分教室，如美工室、游戏活动室等，方便家长就近带着孩子活动。

专栏7-9

身边的故事 **幼儿园如何向社区儿童开放**

社区是幼儿园重要的外部公众。很多幼儿园既想向社区开放，又害怕向社区开放。因为，幼儿园既想通过开放加深幼儿园与社区之间的关系，但同时，幼儿园也担心因为开放而带来一些困扰，如园内外儿童的安全问题、幼儿园设施的管理问题等。我们可以借鉴北京某幼儿园面向社区儿童的开放策略。

1. 提前了解情况

首先，幼儿园印制了"小区学前儿童情况调查表"，请居委会帮助下发，以了解社区内幼儿的情况。其次，幼儿园把"欢迎小朋友"的请帖发到居委会，请他们帮助发到适龄幼儿的家中，以让家长们了解这一消息，做好宣传工作。此外，为使更多的幼儿参加到开放活动中来，幼儿园召开了会议，请居委会主任与家长参观幼儿园的环境设施，使他们了解幼儿园向社区开放的目的与意义。

2. 确定开放时间和值班教师

为了满足社区幼儿和家长的需求，幼儿园决定每周六上午（9～11点）开放。这不仅为孩子来园参加活动提供了时间上的保证，也为家长工作提供了便利。与此同时，每周末幼儿园组织开放活动的教师固定为三个年级的教研组长。这有利于平常的教学活动与每周开放活动的衔接，保证了整个教育活动的连续性和系统性；同时，也利于保证整个开放活动的连续性和系统性。

3. 构建丰富多彩的开放活动，满足多种需求

幼儿园的开放活动，由最初的仅为社区幼儿提供游戏场所和玩具的资源型开放，到后期的教学活动的开放。例如，开展一些音乐活动，教一些儿歌，放一些儿童故事片和艺术片。最后，幼儿园将开放活动定位三部分，即"自由—计划—自由"。开始部分为自由活动，涉及资源共享、音乐活动等；中间部分为有计划、有组织的活动，表现为教师引导儿童进行具体的教育或游戏活动，如幼儿园分别制定了0～2岁、2～4岁、4～6岁幼儿的社区活动计划。最后部分还是孩子的自由活动。这部分为收尾活动，主要是调节、平复儿童的情绪。此外，为了使散居儿童也能体验到幼儿园丰富多彩的生活，幼儿园也开展了部分面向散居儿童的活动，如幼儿运动会、节日演出等。

资料来源：幼儿园如何向社区开放——案例介绍与点评. http://www.jy135.com/html/jiayuanhudong/jiayuanhezuolunwen/2007/0909/8080.html. 2007.

3. 社区联系栏

与家园联系栏类似，幼儿园也可以制作社区联系栏，将幼儿园的最新动态、教育成果

以及相关的育儿知识向社区公众进行宣传和普及。

4. 普及幼儿知识的活动

幼儿园可以开设一些社区工作的家教培训班，对社区公众进行保教知识的培训、指导，引导他们树立正确的幼儿观、教养观，发挥幼儿园的教育辐射作用，营造良好的教育大环境。

5. 参与社区公益事业和公关实践活动

幼儿园管理人员、教师还应积极主动参与社区公关事务以及社区公益事业。如，定期举办育儿交流会，引导社区公众交流育儿心得与体会；组织幼儿参与力所能及的公益性社会实践活动，如重阳节慰问社区老人等。

6. 社区开放日

幼儿园可以在社区开放日这一天请社区公众深入幼儿园之中，更加直观地感受幼儿园，了解幼儿园的教育理念、教育方式、教育内容以及具体的教育成果。

7. 节假日的展出活动

幼儿园可以利用节假日举行一些汇报表演，请社会公众参与其中。一方面，可以与社会大众一起欢度节日，增加节日的气氛，加强幼儿园与社会的联系。另一方面，幼儿园也可以通过这些活动展示教育成果，塑造幼儿园的良好形象。

三、幼儿园其他公共关系

（一）幼儿园与上级管理部门的关系

随着市场经济的发展，虽然幼儿园的办园自主权在逐渐扩大，政府管理部门也逐步由管理者的角色向服务者的角色转变，但上级管理部门仍然运用政策、法规、信息等手段从宏观上调控幼儿园。如果幼儿园能得到上级教育行政部门的认可，赢得上级部门的理解、信任与支持，那么幼儿园将有可能获得来自上级部门的政策、物资、人力资源等多方面的支持，这将使幼儿园获得更大的发展空间。因此，幼儿园必须处理好与上级管理部门的关系，做好公关工作。具体可以从以下几点做起：首先，尊重上级主管部门，接受监督和检查。幼儿园管理者要严格按照上级部门的有关标准，对幼儿园进行合法、合规的有效管理并自觉接受上级部门的检查，积极做好迎接上级部门监督与检查的准备。其次，积极主动地与上级部门进行交流与沟通。幼儿园领导要时常与上级领导保持沟通，尤其是就一些政策法规实施中的问题与困境，要及时向上级部门反馈，争得它们的支持与帮助。最后，幼儿园管理者要熟悉上级教育行政机关的运作特点，以备不时之需。

（二）幼儿园与媒体的关系

随着信息化社会的到来，公共媒体在这个时代扮演着重要角色。这里的公共媒体主要指新闻和网络媒体。公共媒体的出现对于幼儿园的发展起着双刃剑的作用：一方面，幼儿园可以借助公共媒体进行宣传，与社会大众进行沟通与交流，塑造自己的良好形象；另一方面，公共媒体对于幼儿园的不实报道，或者幼儿园对于公共媒体的滥用都可能对幼儿园产生不好的影响。因此，幼儿园必须处理好自身与公关媒体的关系，合理利用公关媒体为幼儿园的发展带来福祉。具体可以从以下两点做起：一方面，幼儿园要发挥公共媒体的积极作用，建立与公共媒体良好的关系，争取传播界对幼儿园的了解，并通过公共媒体实现与社会大众的广泛沟通，增强幼儿园的影响力和竞争力。比如幼儿园可以利用新闻报道、出版园本教材的形式提升幼儿园的知名度等。另一方面，幼儿园也要理性、客观地对待公共媒体，避免对公共媒体的依赖和滥用，避免公共媒体对于幼儿园的不良影响，如幼儿园要防止公共媒体舆论对幼儿园的负面报道等。

做一做

去幼儿园见习，了解当前本地幼儿园家长工作与社区工作的方法有哪些，并进行小组讨论。

想一想

1. 是否理解以下内容呢？

（1）幼儿园公共关系的对象。

（2）幼儿园公共关系对于幼儿园发展的作用。

2. 是否掌握以下内容呢？

（1）公共关系和幼儿园公共关系的含义。

（2）幼儿园公共关系管理的原则。

（3）幼儿园家长工作的意义与任务。

（4）幼儿园社区工作的意义与任务。

3. 是否能综合运用以下内容呢？

（1）幼儿园家长工作的方法。

（2）幼儿园社区工作的方法。

（3）幼儿园与上级主管部门和媒体的公共关系。

试一试

在学习本章内容的基础上，从中国知网上找几篇与幼儿园家园合作或幼儿园与社区合作的相关文章阅读并思考，试写出自己关于幼儿园公共关系管理的心得体会。

第八章

幼儿园组织文化建设

本章导航

幼儿园组织文化的含义与特征
幼儿园建设组织文化的意义
幼儿园组织文化建设的内容
幼儿园组织文化建设的策略

幼儿园组织文化的建设和创新，意味着人们将以新的眼光重新审视和认识学前教育，以新的范畴重新把握和构建学前教育体系，以新的方式重新组织和拓展教育活动，幼儿园组织文化是办园实践的内在动力①。一所拥有良好组织文化的幼儿园不仅有助于为幼儿、教职工创造和谐环境，还有助于提升办园质量，促进幼儿园的可持续发展。

本章将着重介绍幼儿园组织文化的含义与特征、内容和策略等，帮助读者了解幼儿园组织文化建设的基本概况。

第一节　幼儿园组织文化建设概述

幼儿园组织文化是幼儿园所特有的，为幼儿园多数成员所共同遵循的最高目标、价值标准、基本信念和行为规范。在某种意义上可以说，幼儿园文化蕴含幼儿园的办园方向、目标理想、运营策略、社会责任以及园长对理想幼儿园模式的系统构想。

① 姚艺. 对幼儿园组织文化建设的初步思考. 学前教育研究，2004（9）：52.

一、幼儿园组织文化的含义与特征

（一）幼儿园组织文化的含义

1. 文化

“文化”一词来源于古拉丁文 Culture，本意是“耕作”“培养”“开化”。文化有广义和狭义两种解释，广义的文化是指天地万物（包括人）的信息产生融汇渗透的过程，是人类在社会历史实践过程中所创造的物质文化和精神文化的总和。其中物质文化可称为“硬文化”，精神文化可称为“软文化”。狭义的文化是指社会的意识形态，以及与之相适应的礼仪制度、组织机构、行为方式等物化的精神①。通常来讲，文化包括精神文化、制度文化和物质文化。它具有时代性，是动态的、发展的。

每一个组织都有自己特殊的环境条件和历史传统，也就形成了自己独特的哲学信仰、意识形态、价值取向和行为方式，每个组织都会形成自己独特的组织文化。

2. 组织文化

组织文化是组织在长期的生存与发展中逐步形成的，为组织成员所普遍认可和遵循的具有本组织特色的价值观念、团体意识、行为规范和思维模式的总和。它使组织独具特色，区别于其他组织。

组织文化是组织可持续发展的保障。它作为一种全新的行之有效的管理理论，已被各行各业的管理者接受，并在管理的实践中根据自身特点形成了与之相应的企业文化、校园文化、社区文化、园所文化等，取得了明显的管理效果。随着管理实践的不断发展，管理者越来越强烈地意识到组织文化的建设与管理成效的密切关系。国内外许多成果企业的实例都已证明组织文化的巨大作用，这些都对园所管理具有十分重要的借鉴意义。

3. 幼儿园组织文化

幼儿园组织文化指幼儿园在长期发展过程中形成的，为全园师生所认同并遵循的共同价值观、精神信念及行为准则的总和。它基于园所的优良传统和发展趋向，为园所全体成员所认定，渗透于园所的一切活动中，构成了园所生存的基础，是园所发展的动力和成功的关键。幼儿园必须有自己的独特之处，才能有效地发挥组织所特有的价值文化、办园风格以及特色的文化环境的作用。

（二）幼儿园组织文化的特征

在社会发展的大背景下，园长和全体教职员工在长期教育实践中形成的共同认可、共同追求的精神风貌，以及教育风格、文化传承方向所构成的导向文化，就是幼儿园组织文化。它具有如下几个特征：

① 刘晶. 试论音乐艺术在组织文化中的作用. 商场现代化，2007（11）：188-189.

1. 无形性

幼儿园组织文化所包含的共同理想、价值观念和行为准则是作为群体心理定式及氛围存在于幼儿园教职员工之中。在这种组织文化的影响下，教职员工会自觉地按幼儿园的共同价值观念和行为准则去从事工作、学习和生活，这种作用是潜移默化的，是无法度量和计算的，因此幼儿园组织文化是无形的。①

幼儿园组织文化是一种信念的力量。这种力量能支配、决定每个教职员工的行动方向，能引导推动整个组织者朝既定目标前进。幼儿园组织文化是一种道德的力量。这种力量促使教职员工自觉地按某一共同准则调节和规范自身的行为，并转化为教职员工内在的品质，从而改变和提高他们的素质。幼儿园组织文化是一种心理力量。这种力量能使教职员工在激烈的竞争和艰难困苦的环境中也有旺盛的斗志、乐观的情绪、坚定的信念、顽强的意志。这三种力量是幼儿园形成优秀文化的无形力量。

2. 软约束性

幼儿园组织文化之所以对幼儿园发展起作用，并不是靠规章制度之类的硬约束，而是靠其核心价值观对教职员工的熏陶、感染和引导，使教职员工认同幼儿园目标、行为准则及价值观念，自觉地按照幼儿园共同的价值观念和行为规则去工作。它对教职员工有规范和约束的作用，这种约束作用总体来看是一种软约束。

3. 变化性

幼儿园组织文化具有传承性。与此同时，幼儿园组织文化也要随社会大环境及幼儿园内部教育环境的变化而不断地充实和变革。僵化的校园文化最终只会导致幼儿园办园质量的下降。因此，在保持幼儿园组织文化相对稳定性的同时，也要注意保持其弹性，使幼儿园有不断向上的活力。

4. 个性

幼儿园组织文化是共性与个性的统一体，幼儿园首先都必须遵守共同的教育规律和管理规律，因此幼儿园组织文化具有共性的一面。由于历史、地域环境的不同，园长价值观、教师特点、社区环境、发展特点等的不同，幼儿园组织文化必然会形成个性。幼儿园组织文化只有形成鲜明个性，才有活力和生命力，才能充分发挥其作用，使幼儿园长盛不衰。

二、幼儿园建设组织文化的重要意义

幼儿园组织文化的形成过程实际上就是办学理念、价值观念、行为规范等的建立和完善的过程。组织文化建设主要是把幼儿、教师及幼儿园发展的办园理念和目标认真贯彻到

① 姚艺. 对幼儿园文化建设的初步思考. 学前教育研究，2004 (9)：52.

教育工作中来，营造“文化育人”的园所氛围。[1] 这种组织文化使师幼由行为的规范发展到意识浸润、习惯养成，逐渐将文化内化为无意识的自觉与自然。最终，幼儿园主旨文化就会凝聚成为一种内隐的、深层的，但又弥漫在整个幼儿园全部生活时空中的无形力量，形成体现幼儿园追求、价值观和精神传统的文化“场”。一所拥有良好组织文化的幼儿园不仅有助于为幼儿、教职工创造一个和谐环境，还有助于提升办园质量，促进幼儿园的可持续发展。

（一）有利于为幼儿创设良好的成长环境

幼儿园组织文化是一种隐性课程，它所涉及的幼儿园的物质环境、组织制度、幼儿园教职员工的内隐观念都潜移默化地影响着幼儿园的所有员工及幼儿，它从根本上决定着幼儿园教师的态度、精神面貌、行为方式和幼儿园的管理方式，从而间接地为幼儿在幼儿园中的成长提供着积极或消极的环境。《幼儿园教育指导纲要（试行）》明确指出“教师的态度和管理方式应有助于形成安全、温馨的心理环境；言行举止应成为幼儿学习的良好榜样”。因此，建设良好的组织文化就是为幼儿的健康成长创造良好环境。

（二）有利于提高幼儿园的各项工作质量

幼儿园组织文化直接影响着幼儿园的各项工作质量。幼儿园组织文化是幼儿园大部分教职员工认同的内隐观念和内因规则，渗透于幼儿园的一切活动之中。良好的组织文化表现为全员参与、积极向上、管理规范、融洽团结，它能与各项工作相互促进、相互联系。如果组织成员都能将幼儿园所倡导的园风内化为一种自然与自觉，那么在日常的教育教学活动中、在教育科研中、在家长工作中、在幼儿园管理等方面都会渗透并体现良好的幼儿园文化，从而有助于幼儿园工作质量的稳步提高和持续改进。因此，不断加强组织文化建设不仅有利于保证和提高幼儿园的保教质量，更有利于幼儿园出色地完成社会赋予的责任。

（三）有利于促进幼儿园的可持续发展

幼儿园的可持续发展既需要硬性的科学管理，也需要具有软约束性的组织文化管理。幼儿园管理只有科学没有文化会缺乏生气，只有软管理没有硬性的科学管理则无章可循。一个有着共同价值观和行为准则的组织，才能将个人目标与组织目标结合起来，最大限度地实现个人价值和集体价值。组织文化管理下形成的组织成员的主动性、自觉性是任何外力不能取代的，它是在长期的组织文化建设基础上形成的具有特色的园所文化，并且融入每个组织成员的价值观念之中。优秀的幼儿园组织文化建立起来的员工对于幼儿园的认同感和集体责任感，时时刻刻激发教职工工作的积极性和创造性，进而有助于促进幼儿园的可持续发展。

---

① 张娜．浅谈幼儿园文化建设．徐特立研究（长沙师范专科学校学报），2008（4）：56-58．

第二节 幼儿园组织文化建设的内容

幼儿园组织文化的结构主要有三层，第一层是表层的物质文化；第二层是中层的制度文化；第三层是核心层的精神文化。物质文化是组织文化的外部彰显，是幼儿园的“外表”；精神文化是组织文化的核心内容，也是幼儿园的“灵魂”；而制度文化既是组织物质文化建设的有力保障，又是组织文化的外在显现，也是幼儿园的“骨架”。这三部分是相互渗透、互相补充的，它们共同构成了一个有机的文化整体。幼儿园组织文化建设，首先要塑造精神文化，为组织造魂①；其次是加强制度文化建设，通过制度的改革与完善，体现以人为本的管理理念，把精神文化植根于管理制度；最后是建设物质文化，塑造良好的组织形象。

一、幼儿园精神文化塑造

精神文化是幼儿园组织文化最深层、最隐蔽的表现形式，它是幼儿园在长期的发展过程中，大部分组织成员认同和内化的精神成果，表现为幼儿园的园风、教职工的思维方式。② 一般来说，精神文化主要包括幼儿园组织成员的职业价值观、幼儿园精神等。幼儿园价值观是幼儿园组织成员在教育实践过程中所尊崇的基本信念和奉行的目标，是大部分组织成员对于幼儿园存在意义的判断。幼儿园精神是为谋求幼儿园的发展而精心培育，并与幼儿园个性相结合而形成的一种幼儿园主导意识。它主要通过幼儿园所倡导的办园理念、发展目标、办园特色、园风等表现出来，通常都以富有哲理，而且简洁、形象的文字语言表达出来。幼儿园所倡导的价值观、幼儿园精神只有经过内化，才能真正转化为幼儿园实实在在的精神文化。

（一）幼儿园办园理念和发展目标

办园理念作为幼儿园对理想教育的追求，体现了幼儿园对一定教育价值的确认，对幼儿园的发展目标和发展方向有着引导和规范的作用，能够激励全体教职员工坚定地信奉某种教育价值观，并让全体教职员工对幼儿园的未来充满信心。因此，每所幼儿园都有必要提炼自己的办园理念，并使之成为幼儿园办学的指南针与精神支柱。

1. 立足实际，提炼办园理念

幼儿园需要结合自身实际，深入思考幼儿园教育的目的、教育的本质属性、教育质量的评价标准、课程建设与环境创设的特点或突出的地方、幼儿园的办学方向与理想、当今

① 黄珊，肖智泓．浅谈幼儿园组织文化建设的策略．教育实践与研究，2014（1）：22-25.
② 任建龙．幼儿园组织文化的个案研究——以福州T连锁幼儿园为例．福建：西南大学硕士学位论文，2011.

时代对幼儿园的要求等，在此基础上，才有可能提炼出富有思想深度与文化内涵的办园理念。

不论其创办时间长短，每所幼儿园都会有自己的文化与气质，而且随着教育实践的开展与深入，最终都会形成属于自己的、他人不可复制的独特传统与集体风貌。这些精神与文化要素都应该在幼儿园的办园理念中有所体现。对于具有一定历史的幼儿园，则要思考如何实现传承与创新的结合；对于刚创办的幼儿园，则要思考如何既维护幼儿园教育的基本使命又在激烈的竞争中脱颖而出，形成既富有哲理又令人耳目一新的办园理念，以此引领幼儿园创造性地发展。

2. 立足根本，确定发展目标

办园理念实质是对幼儿园办学理想状态的一种行动追求，而确定了发展目标，则使之具有行动的力量，才使得办园理念体现出一定的前瞻性与引领性，同时又使办园理念具有一定的可行性与可操作性。幼儿园在思考和确定发展目标时，要注意以下几点：首先，要充分考虑国际国内教育改革的历史背景与时代要求，把促进教育机会与教育过程公平作为自己办学努力的重要方向之一，积极探索可行策略与措施。其次，要充分考虑幼儿的发展需要。对幼儿园教育来说，幼儿园教育的目的是培养身心全面健康和谐发展的儿童。这就意味着幼儿园不管怎样发展都应当始终为儿童的发展服务，始终以促进儿童身心健康为根本使命，始终应当追求教育质量的不断提升。最后，应得到全员配合与共同认可。幼儿园应当组织全体教职员工自上而下或自下而上地反复讨论幼儿园的发展定位，以此有效促进全员对幼儿园教育本质属性与根本使命的认识与理解，进而认同和接受幼儿园的办园理念。在此讨论过程中，幼儿园管理者应带领全体员工从办园环境、教师发展、课程实施、幼儿成长、家园合作等方面具体思考与分析当前幼儿园教育存在的问题与今后努力的方向，确定切实可行的中长期发展目标及其保障条件，以科学准确地定位幼儿园的发展。

总之，办园理念是幼儿园的灵魂，它对幼儿园的长远发展起着引领作用，决定着幼儿园的发展目标。作为一种精神信仰与教育理想，它虽然还不是现实但最具力量，展示着幼儿园的整体发展水平与认识高度，是提高幼儿园办园水平和实现幼儿园跨越式发展的关键因素。每所幼儿园都应在反思自身发展定位、总结自身发展经验中提炼独特而科学的办园理念。

（二）幼儿园团队文化建设

团队文化是指团队成员在相互合作的过程中，为实现各自的人生价值，并为完成团队共同目标而形成的一种潜意识文化。

1. 幼儿园团队架构

幼儿园可谓“麻雀虽小，五脏俱全”，每所幼儿园都拥有各种团队，包括园务委员会、教师代表会、家长委员会、教研组、科研组、项目组、班组、后勤部、党支部、工会、团支部，每个团队各有特点。

（1）园务委员会。

幼儿园园务委员会对全园工作计划、工作小结、人员奖惩、财务预决算方案、规章制度的建立、修改、废除，以及其他涉及全园工作的重要问题进行审议。

园务委员会主要成员有园长、党支部书记、工会主席、保教主任、教师代表、保健员、财务人员等，其中园长任幼儿园园务委员会主任。

幼儿园园务委员会是幼儿园的最高权力机构，有权审议和监督幼儿园的重大决策，研究全园性的工作计划、总结，修改规章制度，讨论保健、膳食、教育教学等重大问题。

幼儿园园务委员会会议由园长主持，每季度召开一次。与会成员必须以认真负责的态度参加会议的讨论、决策工作，会前做好准备，会上做好记录，积极发言、出谋献策，行使民主权利，真正发挥民主管理作用。

（2）工会。

幼儿园工会是维护教师合法权益、代表教师利益的事业组织，也是园内教职员工自愿结成的群众组织，是联系园方与职工的桥梁与纽带，是职工合法权益的代表者和维护者。主持工会日常工作的是工会委员会，主要成员有工会主席、组织委员、宣传委员、女工委员和经费审查委员。

幼儿园工会的主要职责是代表和维护教职工的合法权益，组织和教育职工依法行使民主权利，参与幼儿园管理。

根据《中华人民共和国工会法》、《工会章程》以及《学校教职工代表大会暂行条例》的精神，幼儿园工会的主要工作内容包括：在幼儿园基层党支部和上级工会组织的领导下，团结教育广大会员群众，努力把工会建成合格、模范职工之家；认真履行工会四项社会职能（维护、建设、参与、教育），发动教职工积极参与学校的民主管理、民主监督；负责学校教职工代表大会筹备、组织工作，并贯彻执行教代会的决议，承担教代会闭会期间工作机构的有关工作；关心和维护教职工的合法权益，及时向幼儿园党政领导反映教职工的意见和要求；配合学校党政部门做好市、区园丁和先进工作者的推荐工作，做好先进事迹、典型经验推广工作；组织和开展有益于身体健康的文体活动，配合有关部门做好教职工健康保护工作；搞好幼儿园园务公开，做好教职工疗休养工作及劳动安全保护工作，开展女教职工工作；加强工会自身的组织建设和思想建设，健全工会各级机构，遵守和健全工会各项工作和会议制度及工会换届选举工作；依法收好、管好、用好工会经费，充分发挥工会经费审查委员会的监督作用。

（3）党支部。

幼儿园基层支部是党的全部工作和战斗力的基础，是党联系群众的桥梁和纽带，是党在社会基层组织中的战斗堡垒。党支部委员会主要成员有党支部书记、纪律委员、组织委员和宣传委员。

幼儿园基层党支部的主要工作包括：幼儿园基层党支部在上级党组织的指导下，配合幼儿园行政班子，围绕幼儿园中心工作，通过提升党员素质、健全组织体系、提升工作能力、广泛联系群众加强党支部建设；通过培养骨干、健全组织，提升党支部整体能力，充分发挥党支部服务群众的宗旨，把党支部建成坚强的战斗堡垒。

（4）团支部。

幼儿园基层团组织是中国共青团在幼儿园内的基层组织，受基层党支部的领导，同时受团的上级组织领导。团的基层组织委员会主要成员有团支部书记、组织委员和宣传委员。

中国共青团是中国共产党领导的先进青年的群众组织，是广大青年在实践中学习中国特色社会主义和共产主义的学校，是中国共产党的助手和后备军。

幼儿园基层团支部的主要工作包括：在团委与党支部的领导下，带领团员学习党、团的章程与知识，继承和发扬党的优良传统和作风；不断健全团支部组织的建设，提高团支部各委员的组织能力，组织召开好团内的民主生活制度，积极开展批评和自我批评；以各种形式的工作和活动培养团员青年的集体意识和强烈的责任感；根据支部内团员教师的特点，认真开展健康有益、丰富多彩的文体活动，带领团员青年积极参加学校组织的各项政治活动、社会实践活动，注意在活动中陶冶情操，培养能力；围绕幼儿园的主要工作，组织团员教师参加各类培训，积极开展保教实践研究。

（5）保教部。

幼儿园教育管理最大的特点是保教结合。“保”是指为保护幼儿生理、心理健康，增强体质、促进生长发育而进行的体格锻炼、预防疾病、执行科学作息制度、保健卫生制度等内容的活动；“教”指有目的、有计划、有系统地创设良好的环境，合理安排幼儿生活、培养幼儿良好的习惯，丰富幼儿知识经验，发展智力，促进其良好的社会适应性等活动过程。保教部即科学规范地实施学前教育课程，改进幼儿园保教管理工作，提高幼儿园教师的专业化水平，保证幼儿园保教质量进一步提升的重要管理部门。幼儿园保教部主要成员有保教主任、教研组长、科研组长和班组长组成。

保教工作内容主要包括：配合园长共同管理全园的保育教育工作；安排全园各班的课程，掌握各班教学情况；组织开展园内的教研、科研活动和日常的保教工作；协调好各年级组工作，发现和解决教育过程中存在的问题，负责教师考评工作；抓好师资队伍建设，帮助教师提高政治思想和业务素质，负责传递现代教育、文化的新信息，并组织教师交流和学习，以保证一线教师知识信息的及时更新并有效运用；做好与家长、社区的协调与合作，向家长、社会宣传园特色教育课程。

（6）教研组。

教研组是幼儿园非行政机构，是在保教主任的直接领导下，由教师按照年龄段（小、中、大）自行组合，进行幼儿保教业务研究的学术性基础组织。教研组主要由幼儿园大班组、中班组、小班组三个教研组组成。每个年龄段推选一名教师为教研组长，组织该组教师开展教研活动。

每个教研组都根据自己所在组幼儿的年龄特点或者选择教师存在的困惑点作为学期教研专题，通过理论学习、案例分析、教学反思等形式开展，并结合幼儿园开展的活动内容，进行随机式的教研内容，如个别化学习材料的投放、运动器械的投放、远足、春秋游等大活动的开展等。

（7）科研组。

幼儿园教育科研，是指运用科学的方法，以学前教育学、幼儿心理学及相关理论为依据，以幼儿教育现象为对象，探索幼儿教育规律和解决幼儿园教育问题为目的的创造性活动，具有问题性、继承性和创新性等特点。幼儿教师是研究者，幼儿教育实践中的问题即课题，幼儿教育过程即研究过程，幼儿教育研究成果即成长。研究内容包括了解幼儿、幼儿园教育实践背景下的教育问题、教师自身的教育问题、总结成果的教育经验、教育理论的实践等。

教科研活动既能促进幼儿和谐发展，又能提升教师专业化水平。教科研活动能促进老师自觉钻研教育理论，运用理论去分析、研究各种教育现象和问题，逐步探索和掌握教育规律，科学地总结经验。科研活动可以有效提高教师的理论素质、业务能力和教学水平，有助于提高办园质量。

幼儿园科研工作领导小组由园长、科研主任和组长组成，在人事干部、保教主任和后勤主任支持下，携同园级以上骨干教师、教研组长、爱好科研的青年教师组成科研骨干团队，分头负责系列课题研究，调动全园教师合作完成幼儿园各项教育教学课题研究工作。

幼儿园教育科研活动内容主要包括：科研培训、专题教研、各级各类课题申请、研讨、实施、成果撰写与整理研究资料。

（8）班组。

班级是幼儿园的基层组织，是实施保教的基本单位，也是幼儿学习和游戏的主要场所。有效组织班级各项工作，提高幼儿园的保教质量，关键在于班级教师。

根据国家相关规定，幼儿园实行“两教一保制”的班级配班制度，每班配备三名保教人员。三位老师之间应和睦相处、精诚合作、取长补短，形成有效的班级管理力量，建设一个宽松、和谐、积极向上的班集体，为幼儿营造一种宽容、理解、尊重、合作的良好精神环境，从而促进幼儿身心的健康发展。

班组成员由两名班主任、一名保育员和幼儿组成。一般来说，小班幼儿 25 名，中班幼儿 30 名，大班幼儿 35 名。

班组工作内容主要包括：主、配班教师主要负责班级的一日活动、环境创设、家长工作、资料等。生活保育老师主要负责班级一日活动幼儿生活各个环节。此外，保教老师定期总结评估保教工作实效，积累资料，接受教研组长指导和检查等。

（9）家长委员会。

幼儿园家长委员会是家长的群众性自治组织，是由本校学生家长代表组成，代表家长参与园内民主管理，支持和监督幼儿园做好保教工作。家长委员会主要成员有主任 1 名、副主任 2 名和委员 4 名。幼儿园家长委员会旨在促进本园与家长的紧密联系，健全和完善互相沟通的渠道，积极探索幼儿园、家庭和社会三位一体的教育新模式，形成良好的教育合力。家长委员会在幼儿园园长的指导下开展工作，并接受家长的监督。

幼儿园家委会的主要工作内容包括：参与园内民主管理，积极为幼儿园的发展出谋划策，协助幼儿园提高办学质量，改善办园环境；加强园内民主监督，对本园的工作计划和重要决策，特别是事关幼儿和家长切身利益的事项进行监督，提出批评和意见；参与学校教学活动，积极投身各种教育实践，全力配合幼儿园用正确的教育理念和方法开展教育教学；组织开展助学活动，召集家长开展各种趣味性、知识性的大型园内外亲子活动；协助开展教学评估，协助幼儿园做好对幼儿园教育、教学和管理的评估工作；组织召开经验交流会，带头学习家教知识，积极宣传和推广家庭教育先进经验，提高家长育儿水平。组织召开家长会议，督促家长履行义务，收集和整理家长意见，及时传达家长的希望和诉求；做好学校和家长之间的信息传递和情感交流工作，协调解决学校和家长之间的矛盾。

专栏 10－1

身边的故事　　**幼儿园党支部组织文化建设的实践与创新**

党支部组织文化建设在幼儿园人才培养中发挥作用。在新形势下能否继续保持幼儿园特色和优势，实现科学、持续发展，从根本上取决于是否拥有一支高素质的幼教人才队伍。我们幼儿园党支部以深入学习实践科学发展观活动为契机，紧紧围绕提升园所科学发展水平的中心工作，充分发挥党员干部的榜样示范作用，大力倡导“一名党员就是一面旗帜”，努力做名师工程的领军者、教研创新的推动者和共建和谐的实践者，真正发挥党员干部的骨干、先锋和示范作用，有效推动了园所科学和谐发展。我们充分发挥党员在教育教学中的骨干作用，着力打造名师队伍，注重选拔培养党员担任名师梯队的骨干，由党员带动班组长，班组长带动班员的方式培养壮大名师队伍，为幼儿园的和谐发展注入了不竭的动力。

党支部组织文化建设在幼儿园教科研工作中发挥作用。在新形势下幼儿园能否始终保持领先地位，赢得发展的先机、获得不竭的动力，关键在于能否不断解放思想、持续推动教研创新。党支部始终强调，作为幼儿园的党员干部，只有带头转变观念，做教研创新的积极推动者，才是真正发挥了党员的先锋作用。

我们以“增强教师教研意识，提高教师教研能力”为目标，将教研工作制度化，完善了横向教研组（业务园长和教研组长）和纵向教研组（年级组长、课题组长）教科研网络体系，建立年级教研学习制、科研课题学习制，让党员骨干担任年级组长、课题组长，带头学习，带头参加实验课题，带头参加教研活动，影响带动教师在“学”上用心，在“研”上下功夫。

同时，党支部坚持开展“两次实践三次反思”等系列教研活动，通过观摩、讨论，加强班组之间、教师之间的学习交流，引导教师在发现中学习、在学习中探索，有效促进教师教育智慧和教学技巧的提高。

党支部组织文化建设在幼儿园品牌创建中发挥作用。在新形势下，能否始终展现良好风貌、凭实力和品牌赢得社会的认同，是幼儿园实现可持续发展的根本。党支部在幼儿园提出了创建和谐园所的发展目标，注重用党员的模范带头作用去带动职工，用岗位奉献的实际行动感召职工，使职工队伍始终保持和谐向上的好风气。党支部以“共建和谐家园”为主题，提出党员要在幼儿园各项工作中起到领军作用，凡事想在前、干在前，为群众排忧解难，以自身的模范行动影响教育职工。结合工作实际加强形势任务教育，通过举办“平凡创造感动”演讲会、“红色之旅”倡议活动，开展“争做名牌幼儿园的名牌职工”大讨论和“找亮点”活动，用身边事教育身边人，营造出“劳动光荣”“快乐工作”的浓厚氛围，进一步促进广大教职员工立足岗位、追求奉献的责任意识。

在此基础上，我们按照党政工团的职责分工，定期组织召开骨干恳谈会、教工座谈会、新员工交流会、个别人员谈心会，深入了解教职工的思想动态，通过建立“有话大家说”的交流平台，把思想统一到提升保教质量、把力量凝聚到推动名园发展上来。

资料来源：茆成英. 幼儿园党支部组织文化建设的实践与思考. 现代营销（学苑版），2010（7）：86.

2. 选择适宜的团队文化

幼儿园团队文化是幼儿园组织文化与各个团队长期形成的传统文化观念的产物，包含价值观、最高目标、行为准则、管理制度、道德风尚等内容。它以全体教工为工作对象，通过宣传、教育、培训和文化娱乐、交心联谊等方式，以最大限度地统一教工意志、规范教工行为、凝聚教工力量，为团队总目标服务。

团队文化已经成为众多组织实践组织文化管理过程中强有力的核心价值观，团队建设也已经成为组织文化深植过程中一个至关重要的课题。加强团队文化的建设具有一定的重要性和必要性。团队文化类型有很多，但是并不是每一种都适合幼儿园，幼儿园应该根据自身发展特点，导入符合自身需求的团队文化。

选好优秀的团队领导，对于幼儿园团队文化建设至关重要。团队的领导有两类：先锋型领导和赤字型领导。前者往往会身体力行，试图通过榜样的力量灌输给团队成员同样的品质。后者强调的是领导要善于根据薄弱环节进行补差，团队缺乏活力，他就提供活力，团队缺少控制，他就提供控制；前者强调对现有资源进行激发，后者强调为团队成员提供发挥才智的空间；前者突出领导对团队要求些什么，后者突出团队对领导要求些什么。

当下，组织结构的扁平化、知识更新的加速化倾向日益凸显，赤字型领导应当成为一种首选模式，注重去培养下属，鼓励和支持下属承担更为艰巨的任务。

成为赤字型领导必须会要求不同层次的管理者进行适当的角色转换。幼儿园管理者们必须实现角色的转变，中层管理者们必须实现从行政管理者到专业服务型教练角色的转变，高层管理者们则必须实现从资源分配者到教育专家角色的转变，高层管理者的主要贡献是为幼儿园提供开阔的视野和强劲的活力。

3. 营造良好的团队氛围

团队氛围是指员工在某个环境中工作时的感受，是团队内部一般的人际环境。团队氛围是团队文化的重要组成部分，也是团队文化建设的重要内容。作为团队的领导者，应该把团队氛围的营造作为一项重点工作。因为良好的团队氛围对外来的信息具有筛选作用，良好的社会风气在具有良好氛围的团队里将引起共鸣，不良的社会风气则会在团队里遭到抵制。良好的团队氛围还能在团队内形成一种“势”和“场”，在这种“势”和“场”的影响下，教工会自觉表现出团队所希望的行为，能够激发成员的工作积极性和创造力，提高团队工作效能。

专栏 10-2

拓展阅读 **海豚型组织更加适合以90后为主体的互联网文化**

海豚，聪明的生物，大脑比重仅次于人类，可以团队行动，几百头海豚一起围攻鲨鱼，也可以两三只独自畅游，创造灵动与快乐。

海豚型组织更加适合以90后为主体的互联网文化。

第一，聪明的个体。组织中每一个人都是重要的，都是贡献价值的，不需压抑个性夸大共性。个体可以是一个人，也可以是一个小团队，目标清晰，搭配得当，自下而上创议变革，创造贡献。

第二，毗连型组织。组织或者平台所起到的感化是平等的毗连，不是层级森严的金字塔，也不是松散协作的联盟，而是基于共同目标所构建的价值共创的平台。组织不需像传统工厂流水线一样，对每一个工作细节都清晰可控、要求严格。而仅仅设定一些基本的行事规范与交付标准，让个体与个体间的对接变得便捷及可连续，并为聪明的个体构建平等、透明的价值评估体系，让个体的回报及时与公正。

第三，创新和快乐的文化。鼓励创新，即意味着企业勇于试错，勇于给有想法的年轻人时机，同时具备随时推倒重来的气势。寻求快乐，人之所欲，隐忍和苦哈哈的文化已经过气了，轻松快乐的空气可以激发更大的灵感。

海豚组织不像狼群，有固定的头狼，团队的状态是敬仰和追随，但一旦头狼死亡，团队会陷进混乱，直至新的头狼产生。海豚组织，无等级的毗连，更像是为同样信念所集合与驱动的团队，不会因为某一两个人的存在而存在，倒是会跨越时间与空间而长久、广泛壮大起来。

资料来源：新浪博客. 海豚型组织更加适合以 90 后为主体的互联网. http://blog. sina. com. cn/s/blog_15ff9231e0102wfna. html. 2016-05-23.

二、幼儿园制度文化建设

幼儿园制度文化是组织文化的规则层面和秩序系统，是精神文化与物质文化的中介。制度文化是组织文化的重要组成部分，是维系组织正常运行必不可少的保障机制，是组织文化建设的根本保障。制度文化是精神文化的基础和载体，制度文化建设必须把理念融入制度，把精神文化根植于日常的规章制度中，在制度中体现出理念的要求。

幼儿园制度文化主要包括幼儿园的组织结构和幼儿园管理制度，幼儿园组织机构的设置和幼儿园管理制度，在一定程度上反映了幼儿园组织管理的理念和幼儿园管理的方式。例如，重视科层制、精细化管理，往往在幼儿园管理组织设置和幼儿园制度制定上总是反映幼儿园领导的意志，而重视人本化管理的幼儿园，其组织机构的设置和制度内容则处处体现出为教工服务的意识。幼儿园组织机构包括正式组织和非正式组织。正式组织一般有明确的目标、任务、结构和相应的机构、职能和成员的权责关系以及成员活动的规范。非正式组织与正式组织相对，它一般是组织内部成员以感情、兴趣、爱好为基础结成的若干人群，这些群体之间不受组织内部层级制度的影响，没有确定的结构关系，但也会形成一些不成文的规章制度，直接或者间接地影响着整个组织，对组织起到积极或者消极的作用。

幼儿园的制度包括幼儿园的各项规章、条例、公约、习俗、园规、教学常规、保育措施、工作手册、岗位职责等，当幼儿园的制度与幼儿园文化融合之后便形成了幼儿园制度文化，这种制度文化直接把幼儿园组织文化外化为师生员工的自觉行动，从而形成一种其他幼儿园无法模仿的幼儿园核心价值观。

专栏 10-3

身边的故事

"刚柔并济"实施幼儿园教师管理制度

科学、合理的幼儿园教师管理制度如果得不到切实履行，教师之间就容易产生矛盾，幼儿园的日常工作也会陷入随意化的怪圈。为此，我园采用"刚柔并济"的方式，充分考虑幼儿园和教师的发展现状，力求在教师管理制度的实施上既能指向制度的目标达成，又能凸出个性化，让每一位教师都能自觉地接受制度的约束。

制度维护“不僵化”。作为一所新办的农村幼儿园，教师在编制政策上能享受一定的优待——进编的门槛与市区幼儿园相比要低些，因此很多教师会选择到我园工作，但是，我园在开办初期尚处于增加班级的状态，对教师的需求量大，也属于缺编单位。为此，我们根据浦东新区教师招录工作相关文件的规定，不得从缺编单位引进教师，市区幼儿不得从农村幼儿园引退教师，制定了幼儿园教师流动管理制度，明确指出在我园师资不足的情况下，教师工作上有调动的需要，必须事先提出申请，由幼儿园根据实情决定是否放行。

小颖老师考虑到在市区幼儿园不容易进编，因此刚毕业就来到我园工作，并顺利拿到编制。婚后，她为了更好地兼顾家庭和工作想要换一所离家更近一些的幼儿园，但是考虑到幼儿园教师流动管理制度的规定，她犹豫了，不知道该不该向幼儿园提出申请。最终她选择保留自己的想法，悄悄地寻找下家。一天，小颖父母情绪激动地来到园长办公室，强烈要求我同意他们的女儿转到A幼儿园。起初，对事情经过一无所知的我感到一头雾水，弄清了事情的始末后，我开始思考如何有效地处理教师管理制度的维护与教师要求之间的矛盾？我先请家长冷静下来，然后从幼儿园的发展现状和教师流动管理制度实施的背景、必要性等方面与其进行深入交谈。他们听明白后，对自己的无理要求表示惭愧，并为自己的行为向幼儿园道歉。小颖也表示，自己应该遵循幼儿园的相关管理制度，事先提出正式的“流动”申请。

制度的维护面向所有的教师，因此每一位教师都必须遵守。当教师为追求自己的利益而违背制度时，我们必须认真对待和处理。虽然此事从表面上看并没有对幼儿园和其他教师造成太大的损失，但是，从维护制度的角度来看，小颖老师的做法必须接受相应的处罚。

于是，我召集全体教师对小颖老师的处罚问题展开了讨论。教师们一致认为如果放弃对小颖老师的处罚，幼儿园教师管理制度就无法继续维持下去，也就失去了它存在的意义，然而小颖老师的行为也有其合情合理的地方，因此，处罚的时候应该酌情考虑。最终，我们决定让小颖老师离开团队，允许她在区域内“流动”。在场的所有教师还承诺再也不会出现类似的情况。当幼儿园教师管理制度的严肃性遭遇挑战，园长在坚决维护的基础上，也要学会调适教师不当行为与幼儿园整体利益之间的关系，避免制度维护“僵化”的现象，从而做出“双赢”的决定。

制度修订“柔性化”。虽说幼儿园教师管理制度是一种具有强制性的管理手段，但是终究还是由人审订出来的，幼儿教师以女性为主，这一群体的情绪比较敏感，家庭、社会、婚恋、生理周期等因素都有可能影响其工作和学习。为此，我国针对这一群体的特点，在教师管理制度修订的过程中更加关注细节，尽可能使制度柔性化。

新一届的幼儿园教师代表大会开始了。按照惯例，我先请所有教师各抒己见，谈谈自己对教师管理制度修订的看法和建议。小张老师提出："我们幼儿园的教师以女性为主，可不可以增加一些'特殊假'呢?"小朱老师说道："快到端午节了，我们这些小青年不会包粽子，能不能让我们进厨房跟师傅们学一学呢?"小邱老师建议："我们开个'谈心房'吧，给教师一点空间，这样教师之间也可以帮一帮。"于是，幼儿园根据教师的想法进行了协商，在原有教师管理制度的基础上增加了"民主生活制度"。

不久，教工之家沙龙活动细则应运而生。"教工之家"里创设了"小咖吧"；工会委员定期、轮流组织主题交流活动，让教师们聊聊家常，释放一下工作和生活中的压力；教师生日到了，幼儿园不但会准备生日蛋糕和小礼物，还会为过生日的教师唱一首生日歌，"教职工生日福利方案"让大家感受到了温馨与喜悦。此外，幼儿园还在制度中增加了"教师子女享受幼儿园开放活动"的条款，让妈妈级的教师每学期可以带孩子参加幼儿园的开放活动。修订后的教师管理制度不仅具备了"刚中带柔"的特点，也让教师感受到幼儿园的温暖。

有人质疑，"柔性化"管理会不会导致教师工作散漫？对此，我认为"柔性化"管理并不意味着制度的无序化，它更强调制度本身的人文关怀。好的幼儿园教师管理制度就应该做到"刚柔相济"，只有这样，才能真正为教师营造有序、自由、生动活泼的工作环境。这也是制度产生的最大效益。

作为新开办的幼儿园，我们还是教师管理层面上的"新兵"，但是几年来积累的教师管理经验让我深切感受到灵活实施教师管理制度的重要性。我们将会继续坚持制度执行"刚性化"，使教师自觉营造一个有序的工作环境；坚持制度维护"不僵化"，促使教师和幼儿园获得"双赢"；坚持制度修订"柔性化"，让教师在温馨的氛围中得到关怀，不断成长。

资料来源：杨丽丽．"刚柔并济"实施幼儿园教师管理制度．上海托幼，2015（1、2）：14-15.

三、幼儿园物质文化创设

物质文化是组织成员创造的各种物质产品和物质设施，它是组织文化最表层的内容。幼儿园物质文化是幼儿园全体组织成员在教育实践过程中创造的各种物质设施的总和，是幼儿园组织文化的物化形态。物质文化是组织文化外显的一层，通常来说，它是一个幼儿园的外在物质形象，主要包括幼儿园的名称、宣传手册、广告、办公环境、教职工服饰、幼儿的服饰、园容园貌、园徽园服、园所环境、师生生活设施、教育教学设备等。幼儿园的物质设施，一方面具有物质的特性，另一方面构成了幼儿园的"组织硬文化"，它既是幼儿园组织文化的“外壳”，又是幼儿园组织文化“内核”的载体，体现着一定的价值目标、审美意向。①

幼儿园要重视创设宜人的自然环境。舒适、恬静、优美、整洁的学习、工作、生活环境，对生活在其中的每个人都起着规范行为的作用。充满美感和诗意的幼儿园物质环境，通过“器物”的文化渗透，有助于唤起幼儿高尚的情操、形成良好的生活习惯，进而有助于幼儿良好品格的养成。与此同时，优美的幼儿园自然环境也对孩子审美情趣、审美观念的形成起着无形的感染和熏陶。心理学家马斯洛也认为，从严格的生物学意义上来说，人需要美，就好比人的饮食需要钙一样，美有助于人变得更健美。

幼儿园也要重视创设育人性的物质环境。教育功能是幼儿园物质文化的重要功能之一，幼儿园物质文化的育人功能主要体现在其构建的目的性上，对幼儿园物质环境进行建构的过程，其实就是对物质环境客体进行精神再造的过程。幼儿园物质环境的创建，主要为教育目的服务。

幼儿园还要重视建立和谐的幼儿园人际交往氛围。幼儿园拥有和谐的内部交往氛围，不仅有助于为孩子创造良好的心理环境，也有助于提高教师的职业幸福指数。

专栏 10-4

身边的故事

营造孩子们喜欢的乐园

徐汇区长桥第二幼儿园（简称“长二”）坐落在一个比较老的小区内，园所面积较小。为了让孩子喜欢幼儿园、爱上幼儿园，在幼儿园健康、快乐、自信地成长，长二因地制宜，从环境入手，关注功能性和互动性，精心打造适合孩子发展的乐园。

近几年来，长二一直在小环境如何发挥大作用方面努力探索与实践。在创设环境时，教师们心中装着孩子，尽可能地把快乐元素渗透于环境的每个角落，放大每一寸空间潜在的教育价值，能引起孩子活动兴趣与探索欲望的活动环境，凸显“玲珑和童趣”。

“玲珑”的校园。相比“高富帅”的幼儿园，长二非常小，然而仔细观察，不难发现在长二的校园中，无论是栽种的树木、花草还是摆放的小房子、小动物，都和孩子一般高，孩子们只要平视就能将所有的布局尽收眼底，让孩子的眼中始终充满美感。学前教育强调“蹲下来和孩子说话”，对孩子来说这是一种极大的关心与理解，是教育者关心儿童内心世界的一种方式。它能营造出一种民主、和谐的相互尊重的关系，当然教育者所要做的不仅仅是形式上的“蹲下来”，而是激发孩子与环境交互作用中主动的欲望，让孩子们有更多的“声音”，真正尊重孩子，尊重他们的需要。

“童趣”的校园。“上坡架竹桥，轮胎垒得高，野趣运动让我们勇敢灵活。溪水小池边，迷你动物园，二步一景告诉我们很多道理”。这是长二园歌中的两句歌词，走进长二

① 任建龙. 幼儿园组织文化的个案研究——以福州T连锁幼儿园为例. 福建：西南大学硕士学位论文，2011.

就如同进入了一个充满童趣的儿童乐园，校园四周的花坛里有孩子们喜欢的白雪公主和七个小矮人，有他们亲手参与互动的快乐小农场，有各种小动物模型及绿化等组合成的迷你动物园，还有富有生机的小小戏水池。操场上有孩子们想玩就能玩的轮胎路、小木桩；草地上有随时都能用于游戏或运动的大轮船、金色小屋。上海市二期课改主张幼儿自主地与环境互动。无声的环境显示的是幼儿与环境是相互尊重的关系。长二的环境创设使孩子们对周围世界充满好奇和探索的兴趣。

“玲珑”“童趣”是长二环境的两个鲜明特征，也是身处老旧小区的幼儿园为孩子们营造的一个乐园。从环境入手，让孩子们充分“享受童年快乐，丰富现在、准备未来”是长二的办园思想，也是长二办“孩子们喜欢的幼儿园”最直接的切入点，在社区里创设一所让孩子健康、快乐、自信成长的幼儿园。

资料来源：王坚，陆怡君．徐汇目标：深挖潜力，创新机制，保持高位均衡．上海托幼，2014（6）：37.

第三节　幼儿园组织文化建设的策略

在多元化的幼儿园办园模式并存的市场竞争机制下，幼儿园要在激烈的竞争中处于领先地位，组织文化对幼儿园的生存和发展起着至关重要的作用。因此，幼儿园用何种策略建设组织文化，打造核心竞争力，就显得非常重要。

一、建构共同愿景——引领幼儿园组织文化

彼得·圣吉在《第五项修炼》中提出了共同愿景的概念：在组织中最能鼓舞人心的领导理念，就是能够凝聚组织、激发组织成员创造力的共同愿景，一个缺少共有的目标、价值观与使命感的组织，很难成大器。从中可以看出共同愿景对一个组织发展的重要作用。

幼儿园组织文化是幼儿园大部分成员所认同和内化的价值观、办园理念，以及在此基础上所产生的物质文化、制度文化、精神文化，而共同愿景是建立在组织及其成员使命和价值一致基础上的共同愿景或者理想。由此看来，树立良好的共同愿景不仅有利于引领幼儿园组织文化建设，而且有助于员工对幼儿园组织文化的内化。

树立良好的共同愿景需要科学地表述共同愿景，并科学地建构共同愿景。科学地表述共同愿景是建构共同愿景的前提，科学地建构共同愿景使幼儿园共同愿景转化为现实。

（一）科学地表述共同愿景

一般说来，科学地表述共同愿景需要注意以下几点，使幼儿园共同愿景的办园宗旨、办园目标等明确化、简洁化。明确、简洁的共同愿景有利于组织成员的吸收，并且确立量化和质化的标准，以此判断共同愿景可否达成、可否实现。共同愿景应该是幼儿园全体员工群策群力，确立可以实现的目标，而非遥不可及的。因此，共同愿景应该依据幼儿园实际状况建立，使其具有实操性。幼儿园的共同愿景是对幼儿园未来发展蓝图的描述，它需要较长的时间才能完成。因此，幼儿园管理者必须将共同愿景分解为阶段性的目标，并按照目标的难易程度规定完成阶段性目标所需要的时间，进而促使组织成员在规定的时间完成预期的目标，并使组织成员不断产生成就感，不断靠近共同愿景。

（二）科学地建构共同愿景

史密斯认为科学地建构共同愿景一般需要经过五个步骤，依次为告知、推销、测试、咨询商议和共同创造。告知是指一个组织的领导要十分清楚组织的愿景是什么，并经过深思熟虑后将愿景用简单、明了、形象的语言告诉组织成员，让员工明白并进行初步的思考。推销是指组织或者上层领导对组织成员进行多方面、多渠道的宣传，使共同愿景深入人心。测试是指在员工对共同愿景有所了解之后，领导层要通过问卷、访谈等形式，了解员工对共同愿景的真实反应，并吸收员工合理的建议。咨询商议是指在保护测试阶段所获得的员工真实反应的基础上，分析、选择、整合员工的真实反应，并及时发布整理后的结果，使共同愿景具有更广泛的群众基础。共同创造阶段其实也就是共同愿景的实践阶段，在这个阶段组织成员一起为了共同愿景努力工作和学习。[①]

除此之外，科学地建构幼儿园组织文化还需要处理好三组重要的关系。

---

① 任建龙．幼儿园组织文化的个案研究——以福州 T 连锁幼儿园为例．福建：西南大学硕士学位论文，2011.

1. 共同愿景与个人愿景相统一

幼儿园领导层应该明确价值只有在自由、民主、自愿选择的基础上才可能称其为一种价值。幼儿园共同愿景的确立应该是幼儿园员工个人愿景相互交融、自下而上形成的集体性产物，这样的共同愿景下，员工不仅能实现自身的价值，也能实现组织的愿景，这样的共同愿景才充满生机。

2. 集体利益与个人利益的统一

实现共同愿景、实现集体利益的同时不能忽略员工个人的利益，将集体的利益与个人利益结合起来，将员工看作幼儿园发展最宝贵的资源。在共同愿景一步步实现、集体利益逐渐增多的同时，也应该重视改善幼儿园员工的生活、工作条件，只有这样才能调动员工学习、工作的积极性。

3. 共同愿景应该是个人价值需要与物质需要的统一

马斯洛将人的需要由低到高分为生理需要、安全需要、社会需要、尊重需要和成就需要，前三个需要为低级需要可以由外在的条件满足，如借助工资满足生理需要，借助法律、制度满足安全需要，借助人际交往满足社会需要。后两个为高级需要，实现的难度大，满足的可能性小，但是通过满足的人的尊重和成就的需要，来调动人的积极性却具有更持久、更稳定的效果。因此，幼儿园共同愿景的实现，必须首先注意满足和不断改善员工生理、安全、社会等低级需要，并在此基础上，不断激发员工成就需要，激发员工实现自我价值。

二、柔化园所制度——保障幼儿园组织文化

随着社会的发展、管理学的发展，人们对人性的研究越来越深入，人们逐渐认识到科学化、精细化管理下的硬性制度已无法适应现代化管理的需求，越来越多的制度应该“柔”化。[①] 现代幼儿园的教师都能满足生理、安全和社会需求，普遍都有实现自我价值的需要，普遍都期望肯定自己的能力和价值，并希望在幼儿园中发挥自己的主观能动性，实现自身的特殊价值，而不是被动执行幼儿园的各项规章、制度。相应地，幼儿园的管理制度也应该逐渐柔化，以便使幼儿园教职工真正感受到幼儿园管理过程中的人情味，使其感觉到在工作中能发挥主观能动性，能发挥自己的才干。

（一）推行幼儿园民主管理

当前，幼儿园需要推行民主管理，以弥补科学化、精细化管理本身的局限，民主管理与科学管理是相互促进、相得益彰的。

首先，民主管理弥补了科学化、精细化管理的局限。科学化、精细化管理将员工看作“车床前的工人”，把整个组织分成金字塔式的、自上而下的等级，并明确各个等级的分

① 任建龙. 幼儿园组织文化的个案研究——以福州 T 连锁幼儿园为例. 福建：西南大学硕士学位论文，2011.

工，工作人员的职责、权利、义务、工资、奖罚都按照严格的明文规定来执行，这种管理方式最大的缺点是强调员工的被动执行，以经济利益诱发员工工作的积极性。民主管理是顺应以人为本管理理念的产物，它要求全园教职工参与管理。在管理过程中，教工既是管理的主体，又是管理的客体，他们所提出的合理建议是可以被采纳的，这种管理方式不仅有助于调动教职员工工作的积极性，增强教师的归属感，而且有助于集思广益、博采众长，并在此基础上进行科学的决策。其次，科学化的管理有助于保障民主管理。民主管理需要制定相应的制度保障其顺利实施。在幼儿园中大力推行民主管理，不仅要建立幼儿园各种教职工参与民主管理的组织，而且需要建立相应的民主管理制度，积极发挥民主管理组织的作用，只有这样才能使幼儿园的民主管理落到实处。

（二）运用幼儿园领导者的人格魅力

管理学中，将领导者的影响力分为权力性影响力和非权力性影响力。权力性影响力是由领导者的职位和其所赋予的权力而获得的，具有强制性和不可抗拒性。领导者的非权力性影响力和权力性影响力是相对的，通常指的是领导者的人格魅力。它与领导者的职位没有必然的联系，而是建立在领导者个人的品格、能力、知识和情感等因素基础之上的。领导者要进行决策，实施有效领导，得到组织成员的拥护，必须借助其自身的人格魅力。现代管理学研究也表明，领导者的人格魅力越大，领导越有威信，教工也越能从心理上感到领导者令人信服、可亲可敬、让人佩服，从而乐于追随领导者，并全力完成领导者的要求。一般来说，人格魅力主要由领导者的个人品格、能力因素、知识因素和情感因素构成。因此，幼儿园领导者要不断提升自己的品格，提高自身的能力，拓展自己的知识面，善于关心、体谅教工，以情动人，不断提升自己的非权力性影响力，使幼儿园行政管理变得更加和谐、高效。

（三）发挥幼儿园非正式组织的积极作用

幼儿园的非正式组织，是正式组织中的部分教工依据自身的兴趣、爱好、情感为纽带，自发形成的组织，这种组织虽然没有明确的规章制度，但是却有“核心人物”和不言而喻的规范和期望。幼儿园的非正式组织在一定程度上有利于弥补正式组织的不足，能为组织成员提供情感的支持和心理上的安慰，能够增强教工的归属感，而且有利于增强幼儿园的凝聚力。非正式组织可能超越僵化的制度化管理的局限，在严格执行幼儿园各项制度的同时营造良好、和谐的人际关系，从而提高幼儿园各项工作的效率。非正式组织之间信息沟通的方式是网状的，这就克服了正式组织垂直式的信息沟通方式，有利于教工及时了解幼儿园目标及其实施状况。[①]

与此同时，幼儿园的非正式组织也可能对幼儿园的发展带来消极的影响，非正式组织可

① 任建龙．幼儿园组织文化的个案研究——以福州 T 连锁幼儿园为例．福建：西南大学硕士学位论文，2011.

能干扰幼儿园的正常管理工作，影响幼儿园的工作效率，形成各种不良作风等。因此，幼儿园领导者应该辩证地看待幼儿园的非正式组织，并正确地引导非正式组织发挥其积极作用。

三、创设人文环境——渗透幼儿园组织文化

人文性的物质环境不仅能使幼儿园教职工产生强大的凝聚力，而且对幼儿的发展起着举足轻重的作用。

根据幼儿园组织文化建设的需要，在园内挖掘体现幼儿园精神文化的人文景观，不仅可以丰富幼儿园的物质文化，而且对幼儿园组织成员具有潜移默化的教育作用。幼儿园物质环境建设的根本目的就是寓情于环境之中，寓教育于情景之中，寓文化于物质之中。在幼儿园物质环境的建设过程中，固然要着眼于幼儿园的自然环境、物质设施等，但在幼儿园这一特殊的场所则要求赋予这些自然、物质设施以人文内涵，使其也有利于达成幼儿园的办园理想，对幼儿园的发展产生正向的作用。

具有人文内涵的物质环境创设需要注意三个方面。首先，每所幼儿园在其历史发展过程中，都留下了不同时期的建筑和人文景观，幼儿园可以利用本园已有的人文景观挖掘其独特的教育价值。其次，幼儿园可以创设人文景观，并赋予其深刻的文化意义。最后，幼儿园还可以巧借自然之物，达到渗透幼儿园组织文化的目的，幼儿园的一草一木都可能成为体现幼儿园组织文化的依托，例如，松树的挺拔、兰的幽香、竹子的虚心、梅花之坚韧等。由此看来，善于运用幼儿园已有的或者新创设的物质环境，渗透幼儿园的组织文化，是建设幼儿园组织文化的一个重要途径。幼儿园在组织文化建设的过程中，应该重视创设富有人文内涵的物质设施，并借此来渗透幼儿园组织文化。

具有人文内涵的环境创设必须突出以幼儿为本的理念。成人不能光以自己的审美眼光来创设环境，而应该根据幼儿的兴趣、年龄特点，创设具有童趣和教育价值的物质环境。在创设幼儿园物质环境时应该考虑以下几个维度：视野向度：露天与遮蔽、朝阳与背阴、近远与高低、色彩的搭配等；表质向度：软与硬、凉爽与温暖、平滑与粗糙、自然与人工；水平向度：平坦与坡面、平面与立体、凸起与凹进；安全向度：难与易、紧张与放松、干预与忽略；限约向度：开放与封闭、集体与个别、高活动量与低活动量；功能向度：单一与组合、单纯与复杂、固定与变化。多维度的考虑使幼儿园环境具有变化性，这样就能最大程度地满足幼儿不同层面的需求，同时也能为幼儿的全面发展提供可能。

专栏 10－5

身边的故事　　**低成本有质量：幼儿园环境创设的核心理念**

和大多数幼教工作者一样，每到一个城市或是街区，我总能在各式建筑物中发现形形色色的幼儿园。我想，不用走进幼儿园，我们大概就能从户外环境中读出这些幼儿园可能

的教育理念和行为。我们知道，环境是幼儿的“第三位教师”。它“能够激发幼儿学习的积极性，指导幼儿的学习，促进幼儿的全面发展”；“对于教师而言，善于调动和组织‘第三位教师’是减轻教师工作负担、改善幼儿行为、提高幼儿园教育工作质量的重要内容。”这些理念也正是《低成本有质量的幼儿园环境创设》一书的作者——四川师范大学的鄢超云老师及其团队想传达给我们的。

那么什么是低成本有质量呢？鄢老师及其团队通过长期研究我国欠发达地区，特别是农村幼儿园的环境创设问题，从多元、开放的视角观照文化、地区的差异，观照幼儿、教师、幼儿园的不同需要，给我们做出了详细的阐述。

所谓低成本，包括经济成本低、时间成本低、运行成本低、改变成本低。所谓有质量，是指幼儿园环境是按照国家、地方制定的有关幼儿园环境的标准，由专业人员创设的，适合不同年龄幼儿日常学习、游戏和生活的。这样的环境不是给成人看的，而是为生活于其中的幼儿去观察、探索、感受、体悟的。

为了进一步与读者讨论“低成本有质量的幼儿园环境创设”这个话题，作者从以下四个方面进行了阐述。

- 户外环境创设。作者从“平整的活动场地”“大肌肉活动环境”“玩沙”“玩水”“种植”“饲养”“功能小屋”七个方面加以阐述。
- 活动室环境创设。活动室的布置包括墙面布置、窗面布置、地面布置和挂饰，它们分别具有记录、展示、操作、标记、空间分割等功能。为了实现这些功能，教师应不仅让幼儿成为活动室环境中材料的使用者，而且应让他们成为材料的布置者和更新者。
- 活动区环境创设。作者提出教师应合理规划各活动区的位置及面积、活动区的人数，制定进入活动区拿取和归还材料等的规则。在规则呈现方式上，以图画、照片、文字相结合为宜。
- 生活环境创设。作者根据生活环境对幼儿身心发展的价值，将幼儿园生活环境分为洗手环境、进餐环境、如厕环境、喝水环境、午休环境。

随着阅读的深入，书中提出的“低成本有质量”理念，让我们意识到这一理念各类幼儿园环境创设中需要落实和坚持的。这是因为学前教育的根本特点是公益、普惠、有质量的，三者必须协调、统一，因为只有普惠的才能是公益的，只有公益的才能真正普及，而普及的必须是有质量的。

资料来源：徐杰．低成本有质量：幼儿园环境创设的核心理念．教育理论与实践，2014（16）．

逐渐地，组织文化作为影响幼儿园效能的重要因素，在园所管理研究领域中越发重视起来，运用文化治校也成为园所管理者的共识。幼儿园组织文化是幼儿园的软管理，是幼儿园管理的一个重要手段，它不同于幼儿园科学化、精细化的管理，但是却与其相辅相成、相得益彰。具有优良组织文化的幼儿园，不仅有助于为组织成员创造具有人文关怀的生活环境，而且有助于提升幼儿园办学质量和打造良好的幼儿园内外部形象，进而增强幼儿园的核心竞争力。

做一做

参观幼儿园，通过去幼儿园见习，了解本地幼儿园精神文化、制度文化和物质文化的建设状况。

想一想

1. 是否理解以下内容呢？

（1）幼儿园组织文化的含义与特征。

（2）幼儿园建设组织文化的意义。

2. 是否掌握以下内容呢？

（1）幼儿园精神文化塑造的内容。

（2）幼儿园制度文化建设的内容。

（3）幼儿园物质文化创设的内容。

3. 是否能综合运用以下内容呢？

幼儿园组织文化建设的策略。

试一试

查阅相关文献资料，以“精神文化”“制度文化”“环境文化”为维度划分几个研究小组，讨论本小组所对应的组织文化建设的具体措施。

参考文献

著作类：

［1］蔡连玉．幼儿园经营与管理［M］．上海：华东师范大学出版社，2013（12）：15-16，99．

［2］程正方．现代管理心理学［M］．北京：北京师范大学出版社，2004：13．

［3］丛中笑，王海升．幼儿园管理［M］．沈阳：辽宁大学出版社，2012：158．

［4］［法］亨利·法约尔．工业管理和一般管理［M］．北京：团结出版社，1999：4．

［5］冯晓霞．幼儿园课程［M］．北京：北京师范大学出版社，1999：26，31，72．

［6］顾明远．教育大辞典［M］．上海：上海教育出版社，1998：1119．

［7］刘云艳．幼儿园组织与管理［M］．北京：中央广播电视大学出版社，2012：4．

［8］罗长国，胡玉智．幼儿园管理［M］．北京：高等教育出版社，2011：227．

［9］罗长国，胡玉智．幼儿园管理［M］．北京：高等教育出版社，2014：127．

［10］［美］哈罗德·孔茨等．管理学［M］．贵阳：贵州人民出版社，1982．

［11］［苏联］苏霍姆林斯基．和青年校长的谈话［M］．赵玮，等译．上海：上海教育出版社，1983：243．

［12］秦明华，张欣．幼儿园组织与管理［M］．上海：复旦大学出版社，2008．34-37，39-43，44-45，70，72-75，120，124，127，128，150，155，158，160，170，184．

［13］上海市教育委员会教学研究室．幼儿园课程图景［M］．上海：华东师范大学出版社，2016：5，54．

［14］石筠弢．学前教育课程论［M］．北京：北京师范大学出版社，1999：73．

［15］唐淑．幼儿园课程实施指导丛书：总论［M］．南京：南京师范大学出版社，2003：52，75．

［16］王海霞．幼儿园经营与管理［M］．济南：山东人民出版社，2013：24．

［17］吴志宏．学校管理理论与实践［M］．北京：北京师范大学出版社，2002：91．

［18］谢秀丽．幼儿园工作管理［M］．广州：广东高等教育出版社，2000：233，210，227，233．

［19］邢利娅．幼儿园管理［M］．北京：高等教育出版社，2010：10，220，221.

［20］翟立林．现代管理学概论［M］．上海：上海社会科学院出版社，1990：11.

［21］张慧敏．幼儿园组织与管理［M］．北京：人民邮电出版社，2014：3-4，66，84，85，94，122，164，165，167.

［22］张济正．学校管理学导论［M］．上海：华东师范大学出版社，1990：190.

［23］张莅颖．幼儿园管理基础［M］．保定：河北大学出版社，2012：68-69，69-70，111，125.

［24］张燕，刑利娅．幼儿园管理案例与评析［M］．北京：北京师范大学出版社，2002：59-60，163.

［25］张燕．学前教育管理学［M］．北京：北京师范大学出版社，2009：18，20，114，158，150，178，234，287.

［26］张燕．幼儿园管理［M］．北京：人民教育出版社，2009：15，35-38，38-40，49，49-50，54-55，118-126.

［27］中共中央马克思恩格斯列宁斯大林著作编译局．马克思恩格斯选集（第 4 卷）［M］．北京：人民出版社，1975：243.

［28］中国学前教育研究会．现代教育管理——幼儿园的改革与创新［M］．上海：华东师范大学出版社，2006（11）：421.

［29］钟启泉，张华．课程与教学论［M］．沈阳：辽宁大学出版社，2014：53.

［30］朱家雄．幼儿园课程［M］．上海：华东师范大学出版社，2008：1，317，318.

［31］左志宏．幼儿园班级管理［M］．上海：华东师范大学出版社，2015：3.

学位论文类：

［1］刘芳．“和合型”教研团队建构研究——基于上海市 M 幼儿园的实践研究［D］．上海：华东师范大学硕士学位论文，2010.

［2］任建龙．幼儿园组织文化的个案研究——以福州 T 连锁幼儿园为例［D］．福建：西南大学硕士学位论文，2011.

［3］杨婧超．幼儿园骨干教师培训需求研究——以上海市为例［D］．上海：华东师范大学硕士学位论文，2012.

［4］余萍．骨干教师示范引领促进幼儿教师专业发展的个案研究［D］．重庆：西南大学硕士学位论文，2013.

［5］张海红．幼儿园园本课程资源整合利用的探索［D］．济南：山东师范大学硕士学位论文，2008.

［6］张红岩．河北省中小学骨干教师培训的现状调查与对策思考［D］．石家庄：河北师范大学硕士学位论文，2008.

[7] 张志宏. 上海市幼儿园新教师入职教育研究 [D]. 上海：华东师范大学硕士学位论文，2009.

[8] 钟鸣. 幼儿班级管理的策略研究 [D]. 长春：东北师范大学硕士学位论文，2010.

期刊类：

[1] 陈从吉. “公建民营”幼儿园办园模式的探索与实践 [J]. 行政事业资产与财务，2014 (4)：78-79.

[2] 但菲. 对现实诉求的主动应答——公办优质幼儿园连锁办园模式探析 [J]. 教育导刊，2013 (11)：60-62.

[3] 何彩平. 从家庭需求看上海市 0～3 岁早教服务 [J]. 幼儿教育，2011 (6).

[4] 黄珊，肖智泓. 浅谈幼儿园组织文化建设的策略 [J]. 教育实践与研究，2014 (1)：22-25.

[5] 柯长瑜. 实施集团化办园，促进学前教育优质均衡发展 [J]. 科学大众（科学教育），2011 (6).

[6] 刘晶. 试论音乐艺术在组织文化中的作用 [J]. 商场现代化，2007 (11)：188-189.

[7] 刘秀红，陈莹. 浅谈幼儿园非正式组织的管理 [J]. 教育导刊，2000 (4)：9-10.

[8] 茆成英. 幼儿园党支部组织文化建设的实践与思考 [J]. 现代营销（学苑版），2010 (7)：86.

[9] 穆英林，徐书芳，李世霞. 深化办园体质改革建立有效管理机制 [J]. 学前教育研究，1999 (2).

[10] 史爱芬，田玉娟等. 论城乡结合部幼儿园公共关系管理 [J]. 学前教育，2013：258-260.

[11] 孙红. 城镇化进程中城市小区配套幼儿园办园模式探究 [J]. 湖北函授大学学报，2014 (15)：56-57.

[12] 田燕，刘明远. 江苏省幼儿园园长培训评价及改善意见 [J]. 学前教育研究，2014 (4)：49-54.

[13] 王海英. “入园难”的原因和可能对策 [J]. 幼儿教育（教育科学），2011 (9).

[14] 王坚，陆怡君. 徐汇目标：深挖潜力，创新机制，保持高位均衡 [J]. 上海托幼，2014 (6)：37.

[15] 王建军. 教师参与课程发展：理念、效果与局限 [J]. 课程·教材·教法，2000 (5)：8-14.

[16] 王淑华. 浅谈幼儿园新教师的专业化培训 [J]. 大连教育学院学报，2014，30 (3)：21-23.

[17] 王小英，缴润凯. 基于《幼儿园园长专业标准》的园长培训课程的构建 [J].

学前教育研究，2015（4）：35-39.

［18］吴刚平．课程资源的理论构想［J］．教育研究，2001（9）：60-71.

［19］肖正德，张素琪．乡村教师学习机会的现状分析及保障体系构建［J］．教育研究与实验，2011（1）.

［20］徐杰．低成本有质量：幼儿园环境创设的核心理念［J］．教育理论与实践，2014（16）.

［21］杨莉君．论师徒制教师教育模式的改造［J］．学前教育研究，2009（9）：37.

［22］杨丽丽．“刚柔并济”实施幼儿园教师管理制度［J］．上海托幼，2015（1、2）：14-15.

［23］杨忠君，时松．对幼儿园管理制度四大基本问题的研究［J］．佳木斯职业学院学报，2015（10）：266.

［24］姚艺．对幼儿园组织文化建设的初步思考［J］．学前教育研究，2004（9）：52.

［25］虞永平．在课程管理实践中提升幼儿园课程建设的质量——厦门市思明区幼儿园课程建设的启示［J］．课程改革探索，2005（10）：52.

［26］张慧莉．研讨—实践—再研讨—再实践——从研讨散文诗欣赏《春天来了》看园本教研［J］．幼儿教育，2006（17）：25.

［27］张娜．浅谈幼儿园文化建设［J］．徐特立研究（长沙师范专科学校学报），2008（4）：56-58.

［28］张雁．农村幼儿园教师分层培训课程模式的构建——以“国培计划”山西省农村幼儿园骨干教师为例［J］．教育理论与实践，2015，35（2）：35-37.

［29］张燕，唐容．关于示范性幼儿园的政策与制度分析［J］．幼儿教育（教育科学），2010（1、2）：55.

［30］郑名，马娥．西北农村幼儿园办园模式分析与现实选择［J］．中国教育学刊，2006（9）：63-64.

网络引用类：

［1］百度文库．幼儿园课程［OL］．http://wenku.baidu.com/view/19745fb8770bf78a65295496.html.2014-03-21.

［2］城区幼儿园．与社区合作制度［OL］．http://www.szwz.gov.cn/szwzweb/zwgkinfo/showinfo.aspx?categoryNum=010002001004&infoid=a0c11e9b-4286-4d7a-a178-203a8c786198.2013.

［3］东阳新闻网．市江北实验幼儿园：安全教育生活化　快乐相伴每一天［OL］．http://dynews.zjol.com.cn/dynews/system/2016/01/15/020106524.shtml.2016-01-15.

［4］甘肃省教育网．天水200名乡镇幼儿园教师到影子基地拜师学艺［OL］．http://

www. gsedu. cn/xinwzx/gaoxdt/2015/12/14/1450055289606. html. 2015.

［5］何秀凤. 利用社区资源开展幼儿园科学活动探究［OL］. http://www. lyjyb. org/news/? 2672. html. 2012-12-24.

［6］贺卓炜. 2015 年幼儿园保教工作计划［OL］. http://www. bynesyey. com/Article/byjy/jhzj/201503/1464. html. 2015-03-09.

［7］湖北省松滋市天天向上幼儿园. 幼儿园一日活动保教细［OL］. http://vip. 520wawa. com/schoolxp/frame1/level3. jsp? level3Kind=info&columnId=23030&infoId=4886651. 2016-03-25.

［8］互动百科. 法约尔的十四条管理原则［OL］. http://wiki. pinggu. org/doc-view-41459. html. 2020-05-29.

［9］黄琼. 综合主题课程的价值把握与［OL］. http://jiaoyan. jxedu. gov. cn/jxedu/jxeduRoot/jxjy/xkjy/xqjy/2016/03/20160324045020648. html. 2016-03-24.

［10］焦作市教育局网站. 焦作市实验幼儿园家长学校工作计划［OL］. http://www. jzedu. cn/kszc/ggw/zhxx/09/45403. shtml. 2014-09-23.

［11］康弘幼儿园. 创家教指导新模式 促进幼儿园课程生活化——四署康弘幼儿园家教活动［OL］. http://www. pudong-edu. sh. cn/Web/pd/45320-450000204507. htm. 2015-06-26.

［12］李祎超，陆玮芳. 南阳实验幼儿园开展社区散居儿童亲子活动［OL］. http://www. age06. com/Age06. Web/DetailForQX. aspx? InfoGuid=e488a6da-f02e-4fd8-bda5-d4c3d080734d. 2012-03-11.

［13］茂名教育信息网. 市二幼接待“2015 年广东省欠发达地区幼儿园骨干教师跟岗学习活动”［OL］. http://www. mm111. net/2015/1026/273496. shtml. 2015.

［14］平都镇人民政府网站. 平都镇公办幼儿园三年发展规划［OL］. http://pdz. afx. gov. cn/Item/283. aspx. 2014-08-26.

［15］三里河社区门户网站. 幼儿园安全检查［OL］. http://oa. ahxf. gov. cn/village/Content. asp? WebID=31780&Class_ID=124395&id=940407. 2013-05-17.

［16］四川大学实验幼儿园. 幼儿园开展团队建设活动［OL］. http://hqjt. sicnu. edu. cn/p/0/? StId=st_app_news_i_x635321994842892500. 2015.

［17］滕瑾，王莹. 幼儿园迎新年活动环境创设案例［OL］. http://world. jyb. cn/Theory/kcjx/201601/t20160117_649900. html. 2016-01-17.

［18］万志凯尔幼教联盟网. 幼儿园管理案例：谈园长的任期责任目标［OL］. http://www. krbb. cn/2010/info_view. asp? id=3307. 2008-02-29.

［19］万志凯尔幼教联盟网. 幼儿园管理的“加减乘除”［OL］. http://www. krbb.

cn/2010/info_view. asp?id=3305. 2008-02-29.

［20］王丽萍．幼儿园小班生活教案《我会系鞋带了》［OL］．http://new. 060s. com/article/2005/11/23/31789. html. 2005-11-23.

［21］无锡市贝尔实验幼儿园课题组．主题墙：幼儿园课程与班级环境创设的有机融合［OL］．http://www. sdchild. com/jyyj/hjcs/30456. html. 2013-08-13.

［22］萧山在线．北干幼儿园：接待区民办幼儿园园长培训班［OL］．http://www. xsgou. com/news/wenhua/31563. html. 2015

［23］新浪博客．海豚型组织更加适合以 90 后为主体的互联网［OL］．http://blog. sina. com. cn/s/blog_15ff9231e0102wfna. html. 2016-05-23.

［24］新浪博客．让教师成为教研的主人——幼儿园园本教研培训体会［OL］．http://blog. sina. com. cn/s/blog_5b1928970100abb8. html. 2008-09-02.

［25］秀客网．幼儿园管理：幼儿园保教人员搭班安排策略［OL］．http://www. bynesyey. com/Article/byjy/jhzj/201503/1464. html. 2015-03-15.

［26］杨浦教育信息公开网．幼儿园环境卫生管理制度［OL］．http://news. zzedu. net. cn/zzjyxw/10/1381431. shtml. 2015.

［27］幼儿园如何向社区开放——案例介绍与点评［OL］．http://www. jy135. com/html/jiayuanhudong/jiayuanhezuolunwen/2007/0909/8080. html. 2007.

［28］郑州教育信息网．教工幼儿园开展环境创设观摩活动，尽显“我的地盘我做主”．http://news. zzedu. net. cn/zzjyxw/10/1381431. shtml. 2015-10-09.

［29］中国成长网．行政考核日常工作考核［OL］．http://www. youjiaotv. com/2009/0527/1210. html. 2014.

［30］中国教育报．幼儿园“硬”环境渴望安全友好［OL］．http://www. edu. cn/zhong_guo_jiao_yu/yiwujiaoyu/201505/t20150528l263981. shtml. 2015-05-28.

［31］中国教育在线浙江站．党员固定服务日［OL］．http://www. eol. cn/zhejiang/zhejiang_news/201509/t20150915_1316190. shtml. 2015-09-15.

［32］周剑．开始我的幼教生涯［OL］．http://www. yojochina. com/jiaoshi/jiaoxue/2009081115557. html. 2007.

政策法规类：

［1］3—6 岁儿童学习与发展指南［Z］．2012-10-16.

［2］幼儿园工作规程［Z］．2016-03-01.

［3］幼儿园教师专业标准（试行）［Z］．2012-02-10.

［4］幼儿园教育指导纲要（试行）［Z］．2001-09.

［5］中小学幼儿园安全管理办法［Z］．2006-09.

图书在版编目（CIP）数据

幼儿园组织与管理/左志宏主编. --北京：中国人民大学出版社，2021.3
21世纪学前教师教育系列教材/朱家雄总主编
ISBN 978-7-300-29092-8

Ⅰ.①幼… Ⅱ.①左… Ⅲ.①幼儿园-组织管理-幼儿师范学校-教材 Ⅳ.①G617

中国版本图书馆 CIP 数据核字（2021）第 035234 号

21世纪学前教师教育系列教材
总主编　朱家雄
幼儿园组织与管理
主　编　左志宏
副主编　郭　绒
Youeryuan Zuzhi yu Guanli

出版发行	中国人民大学出版社		
社　　址	北京中关村大街31号	**邮政编码**	100080
电　　话	010－62511242（总编室）		010－62511770（质管部）
	010－82501766（邮购部）		010－62514148（门市部）
	010－62515195（发行公司）		010－62515275（盗版举报）
网　　址	http://www.crup.com.cn		
经　　销	新华书店		
印　　刷	北京市鑫霸印务有限公司		
开　　本	787 mm×1092 mm　1/16	**版　　次**	2021年3月第1版
印　　张	15.5	**印　　次**	2024年6月第2次印刷
字　　数	314 000	**定　　价**	39.00元

教学支持说明

（教学课件）

中国人民大学出版社教育学科秉承“出教材学术精品，育人文社科英才”的出版宗旨，多年来，出版了大批高质量的教育学、小学教育、学前教育专业教材和学术著作。

我们为本教材制作了相应的 PPT 教学课件，任何一位采用本书作为授课教材的教师均可免费获得该课件。为了确保该课件仅为授课教师获得，烦请您填写如下材料，并将相关信息通过 E-mail 发送给我们，我们将在收到相关信息后通过 E-mail 给您发送该课件。欢迎您加入我们的 QQ 群（教育新视野交流群，群号为 159813080），或登录我社官方网站（www. crup. com. cn），注册并认证成为教师会员，以获得更好的服务。

我们的联系方式：

地址：（100872）北京市中关村大街甲 59 号文化大厦 1202 室

中国人民大学出版社

电话：（010）82502724　62514775（传真）

E-mail：ggglcbfs@vip. 163. com

QQ 群：159813080

兹证明__________大学/学院__________院/系__________专业__________学年第________学期开设的______________课程，采用中国人民大学出版社出版的______________________________（书名、作者）作为本课程教材。授课教师为__________，授课班级共______个、学生______人。授课教师需要与本书配套的教学课件。

联 系 人：____________________

通信地址：____________________

邮　　编：____________________

电　　话：____________________

E-mail：____________________

系/院主任：__________（签字）

（系/院办公室章）

______年_____月_____日